Montréal
et ses environs
2023-2024

Cofondateurs : Philippe GLOAGUEN et Michel DUVAL

Directeur de collection et auteur
Philippe GLOAGUEN

Secrétaire général
Gavin's CLEMENTE-RUIZ

Rédacteurs en chef
Amanda KERAVEL (France)
Benoît LUCCHINI (Étranger)

Directrice administrative
Bénédicte GLOAGUEN

Conseiller à la rédaction
Pierre JOSSE

Responsable voyages
Carole BORDES

Direction éditoriale
Élise ERNEST

Rédaction
Isabelle AL SUBAIHI
Emmanuelle BAUQUIS
Mathilde de BOISGROLLIER
Marie BURIN des ROZIERS
Camille CAMPET
Véronique de CHARDON
Laura CHARLIER
Florence CHARMETANT
Fiona DEBRABANDER
Anaëlle HASCOËT
Géraldine LEMAUF-BEAUVOIS
Alain PALLIER
Anne POINSOT
Alexia POULAIN

hachette

TABLE DES MATIÈRES

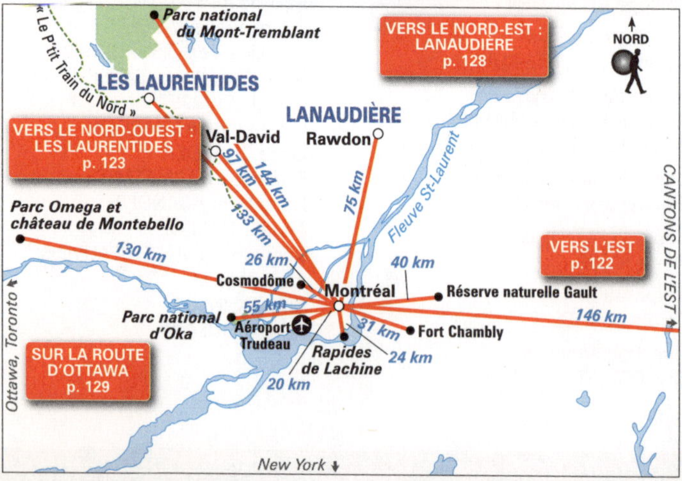

PRÉAMBULE

COMMENT Y ALLER ? 36

MONTRÉAL UTILE 43

MONTRÉAL 71

LES ENVIRONS DE MONTRÉAL 122

HOMMES, CULTURE, ENVIRONNEMENT 132

Le marché Jean-Talon

Pictogrammes du Routard

Établissements
- Hôtel, auberge, chambre d'hôtes
- Camping
- Restaurant
- Terrasse
- Pizzeria
- Boulangerie, sandwicherie
- Pâtisserie
- Glacier
- Café, salon de thé
- Café, bar
- Bar musical
- Club, boîte de nuit
- Salle de spectacle
- Boutique, magasin, marché

Infos pratiques
- Office de tourisme
- Poste
- Accès Internet
- Hôpital, urgences
- Adapté aux personnes handicapées

Sites
- Présente un intérêt touristique
- Point de vue
- Plage
- Spot de surf
- Site de plongée
- Recommandé pour les enfants
- Inscrit au Patrimoine mondial de l'Unesco
- Pas de côté

Transports
- Aéroport
- Gare ferroviaire
- Gare routière, arrêt de bus
- Station de métro
- Station de tramway
- Parking
- Taxi
- Taxi collectif
- Bateau
- Bateau fluvial
- Piste cyclable, parcours à vélo

« OSONS LE PAS DE CÔTÉ »

Le surtourisme ? Tous concernés. Et pourtant, à l'écart des grands flux touristiques, il existe plein de pépites méconnues, souvent oubliées des circuits trop encombrés. Ici un site ignoré ; là un quartier secret ; plus loin un village caché au charme discret, avec un troquet d'une autre époque. Il existe une infinité de lieux peinards que l'on a envie de mettre en avant avec ce pictogramme. Un vagabondage enfin calme favorisé aussi par les **visites aux heures creuses**. Vive le *slow trip* !

#osonslepasdecote

Important : dernière minute

Entre deux parutions du Routard, des événements fortuits (conditions sanitaires, catastrophes naturelles mais aussi formalités, taux de change, conditions d'accès aux sites, fermetures inopinées, etc.) peuvent modifier vos projets de voyage. Pour éviter les déconvenues, nous vous recommandons de consulter la rubrique « Guide » par pays de notre site • *routard.com* • et plus particulièrement les dernières ***Actus voyageurs.***

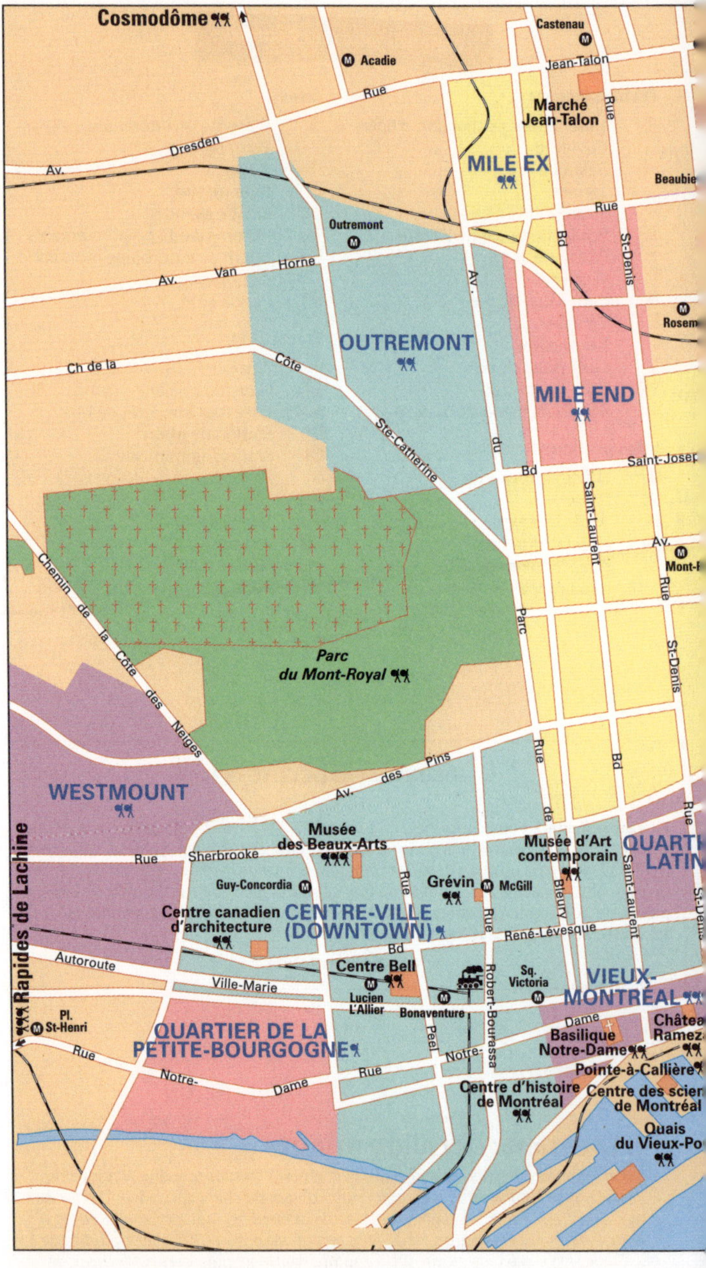
Cosmodôme
Acadie
Castenau
Jean-Talon
Rue
Marché
Jean-Talon
Av. Dresden
MILE EX
Beaubie
Rue
Outremont
Av. Van Horne
Bd
St-Denis
Av.
OUTREMONT
Rosem
Ch de la Côte Ste-Catherine
MILE END
du
Bd
Saint-Josep
Saint-Laurent
Av.
Mont-
Rue
Chemin de la Côte des Neiges
Parc
St-Denis
Parc
du Mont-Royal
Rue
de
Bd
Av. des Pins
WESTMOUNT
Rue
Musée
des Beaux-Arts
Musée d'Art
contemporain
QUARTI
LATIN
Rue Sherbrooke
Guy-Concordia
Rue
Grévin
McGill
Bleury
Saint-Laurent
St-Denis
Centre canadien
d'architecture
CENTRE-VILLE
(DOWNTOWN)
Rue
René-Lévesque
Rapides de Lachine
Bd
Autoroute
Centre Bell
Sq.
Victoria
VIEUX-
MONTRÉAL
Ville-Marie
Lucien
L'Allier
Robert-Bourassa
Bonaventure
Pl.
St-Henri
Dame
Château
Ramez
QUARTIER DE LA
PETITE-BOURGOGNE
Basilique
Notre-Dame
Peel
Rue
Notre-
Notre-Dame
Rue
Pointe-à-Callière
Centre d'histoire
de Montréal
Centre des scien
de Montréal
Quais
du Vieux-Po

NORD
Rue
Bélenger
ubien
Beaubien
Rue
Av.
Av.
Bd
Rue
Bd
Rosemont
Bd
Parc
Maisonneuve
Papineau
de
Frontenac
St-Michel
Masson
Pie-IX
Insectarium
Rue
Jardin
botanique
Saint-Joseph
Parc
olympique
lorimier
Bd
Sherbrooke
Biodôme
Av.
Rue
Rachel E.
Bd
Planétarium
Rio Tinto Alcan
Mont-Royal
Rue
Pie-IX
ATEAU MONT-ROYAL
Hochelaga
Rue
Papineau
Rue
Parc
La Fontaine
Rue
erbrooke
Frontenac
Sherbrooke
Davidson
Pie-IX
Ontario
Rue
Ontario
Frontenac
Rue
Notre-
Dame
Papineau
LE
VILLAGE
Rue
Fleuve Saint-Laurent
sée Sir-George-
nne-Cartier
Pont
Île
Sainte-Hélène
Jacques-Cartier
Parc
Jean-Drapeau
0
0,5
1 km
les incontournables

MONTRÉAL

LA RÉDACTION DU ROUTARD

La saga du *Routard* : en 1971, 2 étudiants, Philippe et Michel, avaient une furieuse envie de découvrir le monde. De retour du Népal germe l'idée d'un guide différent qui regrouperait tuyaux malins et itinéraires sympas, destiné aux jeunes fauchés en quête de liberté. 1973. Après 19 refus d'éditeurs et la faillite de leur 1re maison d'édition, l'aventure commence vraiment avec Hachette. Aujourd'hui, le *Routard*, c'est plus d'une cinquantaine d'enquêteurs impliqués et sincères. Ils parcourent le monde toute l'année dans l'anonymat et s'acharnent à estituer leurs coups de cœur en toute indépendance.

Merci à tous les Routards qui sont solidaires de nos convictions : liberté et indépendance d'esprit ; découverte et partage ; sincérité, tolérance et respect des autres.

NOS SPÉCIALISTES

Anaëlle Hascoët : la dernière recrue du Routard. Avide des cultures et langues étrangères, c'est en business international qu'elle fait ses études. Elle quitte sa bretagne pour un master en Inde… et la voilà piquée ! S'en suivent un tour d'Asie et un tour d'Amérique du Sud. Depuis, son sac à dos ne la quitte plus. Découvrir, fouiner et surtout, partager ses bons plans, c'est sa passion !

Cédric Fischer : grandir entouré de voyageurs, ça donne la bougeotte ! Mais peu importe la destination. Pour lui, le voyage, c'est d'abord les rencontres... surtout hors piste autour d'une spécialité locale (capital !) et d'un bon cru (tout aussi vital !). L'appel de la route, ce fut en stop dès le lycée et à la fac d'histoire, puis avec le *Routard* depuis 2000.

UN GRAND MERCI À NOS AMI(E)S SUR PLACE

Pour cette nouvelle édition, nous remercions particulièrement :

- **Geneviève Archambault,** de Tourisme Montréal ;
- **Laure Le Cornec,** d'Expression Groupe.

NOS ENQUÊTEURS-FURETEURS

Nous tenons à remercier tout particulièrement Loup-Maëlle Besançon, Thierry Bessou, François Chauvin, Grégory Dalex, Fabrice Doumergue, Cédric Fischer, Carole Fouque, Guillaume Garnier, Nicolas George, Michelle Georget, David Giason, Claude Hervé-Bazin, Emmanuel Juste, Fabrice de Lestang, Éric Milet, Pierre Mitrano, Louis Nagot, Olivier Page, Jean-Sébastien Petitdemange, André Poncelet, Thomas Rivallain et Jean Tiffon pour leur collaboration régulière.

Guillem Aurenche, Andrea Blin, Jean-Jacques Bordier-Chêne, Philippe Coupy, Agnès Debiage, Jérôme Denoix, Tovi et Ahmet Diler, Clélie Dudon, Agustina Ernesta, Alain Fisch, Hermine Frachon, Adrien et Clément Gloaguen, Simon Hafi, Chloé Iacono, Lawrence Lemoine, Maeva Libessart, Marine Lucas, Lise Machu, Elisa Moreau, Martine Partrat, Odile Paugam et Didier Jehanno, Orianne Pouchard, Marva Prevost, Alexia Rambaud, Prakit Saiporn, Lara Tantawi, Sarah Toson, Lucas Truffier-Blanc, Emma Vadillo Quesada.

DU CÔTÉ D'HACHETTE-LIVRE

Direction : Sidonie Chollet

Direction éditoriale : Élise Ernest

Édition : Gia Quy Tran

Cartographie : Frédéric Clémençon et Aurélie Huot

Fabrication : Nathalie Lautout, Liza Sacco et Aude Cauchet

Relations presse : COM'PROD, **Fred Papet** et **Laëtitia de Cerval.** ☎ 01-70-69-04-69. • info@comprod.fr • **Martine Levens** (Belgique) ☎ +32-47-568-35-76.

Contact Partenariats : Jérôme Denoix • jeromedenoix@gmail.com •

Contact Partenariats et régie pub : Florence Brunel-Jars • fbrunel@hachette-livre.fr •

Silhouette du Routard : Clément Gloaguen (d'après Solé) ; **couverture :** le-bureau-des-affaires-graphiques.com ; **maquette intérieure :** le-bureau-des-affaires-graphiques.com, Thibault Reumaux et npeg.fr

Façade typique d'un immeuble de Montréal

Saint-Laurent

« Mon cœur est à Port-au-Prince, mon corps à Miami et mon âme à Montréal. »
Dany Laferrière

Montréal, c'est de prime abord une grande ville américaine classique, avec son immense réseau d'autoroutes qui enlace les gratte-ciel et plonge au cœur de larges avenues découpées à angle droit.

Mais en y regardant de plus près, Montréal s'apparente plutôt à un formidable patchwork de quartiers à l'atmosphère variée. Pas besoin d'arpenter des kilomètres de bitume pour passer d'un monde à l'autre : pour goûter à la douce excitation d'un *Downtown* livré aux employés de bureau le jour et presque déserté la nuit, à l'***atmosphère familiale et décontractée des rues du Plateau et du Mile End,*** ou aux ***vibrations alternatives et bouillonnantes du Mile Ex,*** à moins de se laisser séduire par le quartier chinois ou être franchement emballé par ***l'humeur festive du Quartier latin*** ou carrément déjantée du **Village** gay. Sans compter les ***parcs*** peuplés d'écureuils, les pelouses impeccables du quartier résidentiel d'Outremont ou les ***maisons victoriennes de Westmount.***

Bref, une ville comme un ***kaléidoscope,*** enrichie par un étonnant mariage de communautés. Loin d'être une métropole stressante, Montréal cultive une ***douceur de vivre*** que tous lui envient : des habitants affables, des cafés indépendants où l'on prend son temps en sirotant un vrai petit noir, des commerces. Côté vie nocturne, ça bouge ! Une ***énergie*** intense au service d'un programme culturel varié, et qui teinte les rapports humains de simplicité et de chaleur, rendant les soirées montréalaises uniques.

En fait, ***Montréal, c'est l'Amérique dans toute sa diversité.*** Pas étonnant qu'elle attire autant de nouveaux venus, et qu'elle soit considérée comme l'une des 10 meilleures villes au monde par les étudiants !

Le Vieux-Port

NOS COUPS DE CŒUR

(1) Écumer les quais du Vieux-Port et se balader le long du Saint-Laurent. Superbement réhabilités, les quais attirent joggeurs et promeneurs, venus flâner sur les larges allées très animées l'été, bordées d'un côté par la vieille ville, de l'autre par la silhouette fantomatique du gigantesque silo nº 5. Et hop, on emprunte la passerelle pour rejoindre l'île Bonsecours, sa plage de sable l'été, sa patinoire l'hiver et, juste à vos pieds, le fleuve Saint-Laurent, large et majestueux *p. 104*

2 **Parcourir les rues du Vieux-Montréal à la recherche des vestiges du passé.**

Le quartier où tout a commencé, joliment rénové et en grande partie rendu aux piétons l'été. Pas véritablement d'unité, mais de vénérables maisons anciennes dispersées parmi les entrepôts réhabilités, les gratte-ciel historiques et les imposants bâtiments officiels du XIXe s. Et d'intéressants musées aussi, comme le château Ramezay, le lieu historique national de Sir-George-Étienne-Cartier, la Cité d'archéologie et d'histoire de Pointe-à-Callière. *p. 100*

Bon à savoir : *pour un aperçu rapide du quartier, prendre le bus n° 715. Pour aller plus loin, l'application gratuite « Montréal en Histoires » détaille une vingtaine de points d'intérêt au fil des rues.*

3 **Explorer les quartiers alternatifs et créatifs du Mile End et du Mile Ex, à pied, sans se presser.**

Anciens quartiers d'entrepôts et d'ateliers industriels en friche, le Mile End et le Mile Ex sont aujourd'hui les secteurs les plus branchés de la ville, fréquentés par les geeks, les hipsters et les bobos adeptes des restos bio, vegan et sans gluten. En complète mutation, ils sont le repaire des start-up (comme Ubisoft, 3e éditeur mondial de jeux vidéo), des créateurs de mode, magasins bio et *concept stores* hybrides vendant dans le même espace de la déco design, des fringues et du café artisanal. *p. 107*

4 **Se laisser happer par la trépidante vie nocturne, dans les boîtes du Village, les bars étudiants du Quartier latin ou les cafés-concerts du Plateau Mont-Royal, du Mile End et du Mile Ex.**

Ville étudiante, relax, branchée, multiculturelle, Montréal viendra à bout des noceurs les plus résistants. Ça bouge tous les soirs ou presque dans la rue Saint-Denis, où sont alignés bars sur bars brassant une foule d'étudiants. À quelques blocs de là, ambiance plus déjantée et tout aussi festive dans les rues du Village, le quartier gay de la ville. Sur le Plateau, le Mile End puis le Mile Ex, styles et âges se mélangent, d'adresses hype en lieux alternatifs. Sans oublier les nombreuses caves à jazz. *p. 92*

© Renault Philippe/hemis.fr

5 Parcourir les allées du parc du Mont-Royal et profiter de la plus belle vue qui soit.

Juste au-dessus du centre-ville, la colline du Mont-Royal, culminant à 233 m, se couvre d'un vaste parc de 200 ha, encore sauvage par endroits, avec ses étroits sentiers se faufilant dans la forêt. Depuis le belvédère, superbe panorama sur la ville venant buter contre le Saint-Laurent. L'été, les familles pique-niquent sur les immenses pelouses. L'hiver, on fait du patin sur le lac des Castors. *p. 113*

Bon à savoir : *le sentier de l'escarpement, qui suit le flanc du parc, dévoile de superbes points de vue sur la ville, d'un angle toujours différent.*

© Perry Mastrovito/All Canada Photos/Age fotostock

© Doco Dalfiano/Age fotostock

6 Visiter le musée des Beaux-Arts et ses merveilleuses collections, servies par une muséographie de haut niveau.

Pas moins de 5 pavillons, pour un panorama complet de l'art canadien bien sûr, mais aussi mondial : les grands courants européens du Moyen Âge à l'art moderne, l'Égypte ancienne, des masques et fétiches africains, des bronzes asiatiques, des reliques précolombiennes et d'étonnantes créations contemporaines. Et encore, une section Art déco et design. Un musée d'une richesse époustouflante ! *p. 109*

Bon à savoir : *gratuit pour tous le 1er dimanche du mois.*

© Renault Philippe/hemis.fr

7 Assister à un match de hockey des Canadiens de Montréal… Le spectacle est aussi en tribune !

Stade de 21 273 places, le Centre Bell, territoire des mythiques Canadiens de Montréal, est le plus grand de la Ligue nationale de hockey. La saison régulière s'étend d'octobre à avril. Mais si l'équipe carbure bien, elle peut se prolonger jusqu'en juin, avec les *play-off* (phases finales). Pour être sûr de trouver de la place, mieux vaut réserver le plus tôt possible ! *p. 113*

Bon à savoir : *on peut assister pour moins cher aux rencontres universitaires à l'université McGill. Des matchs de haut niveau là aussi, puisque chaque année des étudiants passent pro.*

8 **Sur le Vieux-Port, embarquer à bord d'un bateau de tourisme pour une croisière sur le fleuve Saint-Laurent.**

On profite ainsi d'une vue merveilleuse sur la ville, ses impressionnantes installations portuaires et les îles. *p. 104*

Bon à savoir : *privilégier les petites compagnies, plus intimes et conviviales que celles des gros bateaux-mouches.*

9 **Flâner sur le marché Jean-Talon, le plus coloré de la ville, pour remplir son sac à dos de bons produits typiquement québécois.**

Excentré dans le quartier italien, le marché Jean-Talon est le plus cosmopolite de Montréal, avec plein de petits stands avec des tables pour grignoter sur place. Au menu, des spécialités québécoises, bien sûr, mais aussi sud-américaines, du Moyen-Orient, françaises… À moins de préférer gober quelques huîtres, dans une ambiance joyeuse et populaire. *p. 99*

10 **Profiter des multiples activités de l'immense parc Jean-Drapeau.** En plein milieu du Saint-Laurent, 2 îles forment un espace vert d'environ 2,6 km² dédié au divertissement et au sport. Piscine, plage, location de canots, circuit automobile rendu aux rollers, aux vélos, aux coureurs en dehors des Grands Prix de F1. Et des *Piknic electronik* les dimanches d'été, un parc d'attractions, un casino, 2 musées… Pas le temps de s'ennuyer, mais n'oubliez pas de contempler, par-delà le fleuve, l'immense Montréal. p. 117

***Bon à savoir :** l'été, on peut rejoindre le parc en bateau depuis le Vieux-Port.*

© La Biosphère, musée dédié à l'environnement – Harchitecte Richard Buckminster Fuller © Shawn.ccf/Adobe Stock

11 **En famille, se balader dans les allées du Jardin botanique.**
Décidément, Montréal la mégalopole sait aussi se mettre au vert. 22 000 espèces, une trentaine de jardins thématiques (japonais, alpin, des 1res Nations, etc.) et 10 serres répartis sur 75 ha font de ce jardin botanique un des plus grands du monde. *p. 118*

12 **Faire une agréable balade à vélo le long du paisible canal de Lachine.** Une superbe piste cyclable goudronnée court du canal de l'Aqueduc jusqu'au Vieux-Port. Une autre itinéraire longe le fleuve, la « piste des Berges ». De quoi s'offrir une balade aussi bucolique qu'historique le long d'une voie de communication dont les abords ont été joliment réaménagés, et qui fut essentielle au commerce du XIXe s au début du XXe s. Également un centre nautique, avec location de bateaux sans permis, kayaks, etc. *p. 116*

13 **Faire du lèche-vitrines le long de la rue Sainte-Catherine ou de l'avenue du Mont-Royal.**

La rue Sainte-Catherine, ce sont les « Grands Boulevards » du coin revus par les urbanistes américains, mélange de populaire et de démesuré. Grands magasins, boutiques de mode, cinoches, trottoirs chauffés… La parcourir à pied, pour mieux apprécier la mutation de Montréal. Sur l'avenue du Mont-Royal, on quitte la démesure pour mieux fouiner dans les boutiques de créateurs, chez les disquaires et les bouquinistes. *p. 99*

14 Descendre les rapides de Lachine en rafting ou en *jet-boating* et revenir trempé mais heureux.

Une excursion riche en sensations tout en restant familiale. Pour poursuivre l'aventure, les plus hardis pourront tenter de surfer les vagues de rivière (les « mascarets ») formées au creux des rapides. *p. 120*

***Bon à savoir :** mieux vaut faire la descente l'après-midi, l'eau est plus chaude.*

15 Arpenter 2 lieux bucoliques surprenants : les immenses cimetières de Notre-Dame-des-Neiges et Mont-Royal.

Le 1er était réservé aux catholiques, le 2d aux protestants. Depuis 1975, cette distinction n'existe plus, mais les styles respectifs restent perceptibles. Petite anecdote, après celui d'Halifax, le cimetière Mont-Royal est celui où repose le plus grand nombre de victimes du *Titanic* (une douzaine). Surtout, ces immenses espaces verts sont devenus d'étonnantes pépinières d'espèces végétales et un refuge pour les oiseaux migrateurs. *p. 114*

16 **Musarder dans** **les quartiers chics de Westmount et d'Outremont.**
Quartier résidentiel verdoyant, très chic, voire tape-à-l'œil, Westmount l'anglophone aligne les maisons victoriennes entourées de pelouses tondues avec minutie, mais aussi les villas modernes aux touches Art déco, néogothiques… À Outremont, on change de langue mais pas de classe sociale. Maisons plus sobres, mais d'une belle élégance quand même. Dans le parc Saint-Viateur, on danse le tango le dimanche… *p. 115*

17 Prendre une grande bouffée d'air pur dans les Laurentides.
À une grosse heure de route au nord de Montréal, les Laurentides, c'est la nature format XXL. En empruntant la piste cyclable du *P'tit Train du Nord*, on croise un chapelet de villages typiques, très animés en été. Ces paysages de lacs et de forêts offrent une multitude d'activités à partager en famille : vélo, accrobranche, canoë-kayak, escalade et via ferrata. *p. 123*

18 Passer la nuit dans une cabane au formidable parc animalier Oméga, entre Montréal et Ottawa.
On peut y observer la quasi-totalité de la faune canadienne, évoluant en liberté dans un environnement proche de celui où elle vit à l'état sauvage : wapitis, ours noirs, bisons, orignaux, caribous, loups gris, chiens de prairie… Un rêve d'enfant ! *p. 130*
Bon à savoir : *penser à acheter des carottes à la boutique et les animaux viendront vers vous.*

Surfeurs sur le Saint-Laurent

NORD
OUTREMONT
6 MILE END
Parc Outremont
Parc Sir Wilfrid Laurier
Parc Lahaie
Laurier
7 Jardin botanique, Biodôme
5 Parc du Mont-Royal
Parc Jeanne-Mance
3 9 PLATEAU MONT-ROYAL
8
Mont-Royal
Sherbrooke
Square St-Louis
4 Musée des Beaux-Arts
Gare d'autocars
3 LE VILLAGE
St-Laurent
Berri-UQAM
QUARTIER LATIN
2
Place des Arts
Pl.-des-Arts
Peel
McGill
PLACE PHILLIPS
Gare centrale
Bonaventure
Sq.-Victoria
Pl.-d'Armes
Champ-de-Mars
Hôtel de Ville
PLACE VAUQUELIN
1 VIEUX-MONTRÉAL
CENTRE-VILLE (DOWNTOWN)
1 Quais du Vieux-Port
Musée de Pointe-à-Callière
PLACE D'YOUVILLE
Bd St-Laurent
St-Denis
R. Ste-Catherine E.
René-Lévesque
Rue Sherbrooke
Av. du Parc
Av. du Mont-Royal O.
Av. des Pins E.
Av. du Parc-La-Fontaine
Rue Rachel E.
Notre-Dame
Rue St-Paul O.
Commune
0 500 m
1 Itinéraire 1 jour
1 Itinéraire 3 jours

ITINÉRAIRES CONSEILLÉS

En 1 jour

Si vous ne faites que passer en coup de vent, concentrez-vous d'abord sur le quartier du **Vieux-Montréal (1)** : la **Cité d'archéologie et d'histoire de Pointe-à-Callière,** le **château Ramezay** et le **lieu historique national de Sir-George-Étienne-Cartier** vous donneront les clés pour comprendre la fondation de la ville. Puis flânez dans les rues anciennes du quartier, toujours très animées, où vous trouverez quelques bonnes tables pour déjeuner (« dîner » en v.o.), avant une petite balade digestive le long des **quais du Vieux-Port.** Un saut de puce en métro vous mènera ensuite jusqu'à la station Berri-UQAM, au cœur du **Quartier latin (2),** pour humer l'air populaire et dynamique de Montréal. Vous pourrez finir cette journée chargée en écumant les bars du quartier ou en faisant route vers le **Plateau Mont-Royal (3),** pour fréquenter restos et cafés-concerts à la mode.

En 3 jours

Une durée suffisante pour avoir un bon aperçu de la ville.

Jour 1 : promenade le long des ruelles pavées du **Vieux-Montréal (1)** et sur le **port,** sans oublier la visite de la **Cité d'archéologie et d'histoire de Pointe-à-Callière (1),** le **château Ramezay** et le **lieu historique de Sir-George-Étienne-Cartier.** Finir la journée dans la bonne humeur en se mêlant à la faune joyeuse et bigarrée du **Quartier latin (2)** et du **Village (3).**

Jour 2 : remonter la fameuse rue Sainte-Catherine via la place des Arts. Continuer vers l'ouest sur la « Catherine », en direction du **Downtown,** afin de lécher quelques vitrines et d'admirer le Montréal des gratte-ciel. Pousser jusqu'au **musée des Beaux-Arts (4),** et mettre ensuite le cap sur le **parc du Mont-Royal (5)** pour un moment relaxant. Le soleil ne devrait pas tarder à se coucher, et le sommet du mont Royal est l'endroit idéal au crépuscule. Finir la soirée dans un bar ou un café-concert du **Mile End (6)** ou du **Mile Ex,** le quartier alternatif et branché. Vous avez bien mérité le réconfort d'une pinte de bière artisanale accompagnée d'un bon bagel !

Jour 3 : de bon matin, parcourir les allées du **Jardin botanique (7),** l'un des plus grands au monde. Halte plaisante et instructive au **Biodôme (8)** voisin, afin de découvrir les écosystèmes d'Amérique. Puis retour en milieu urbain, pour une flânerie dans les rues typiques du **Plateau Mont-Royal (9),** avec leurs maisons en brique et leurs escaliers métalliques en colimaçon. Ensuite, descendre au choix la **rue Saint-Denis (10)** ou le **boulevard Saint-Laurent (10)** pour profiter encore un peu de la vie nocturne montréalaise.

En 1 semaine

Après 1 semaine ici, vous connaîtrez Montréal comme votre poche !

Jour 1 : commencer par les origines de la ville, le **Vieux-Montréal.** Visiter les musées historiques **(musée de Pointe-à-Callière (1), lieu historique de Sir-George-Étienne-Cartier, château Ramezay)** et partir le nez en l'air à la découverte de traces architecturales du passé.

Pour respirer entre 2 bouffées de culture, profiter des animations de la **place Jacques-Cartier (2)** et arpenter les **quais du Vieux-Port (3).**

Jour 2 : bruncher dans le **Quartier latin (4)** ou le **Village (4),** puis remonter la très longue **rue Sainte-Catherine (5)** en direction du **Downtown,** ses magasins et vastes centres commerciaux au pied des gratte-ciel et sa ville souterraine, la plus grande du monde. Les fans de hockey feront un pèlerinage au **Centre Bell (6),** les autres iront visiter le **musée des Beaux-Arts (7).** Fin de journée dans un pub de la **rue Crescent (8).**

Jour 3 : direction le **Plateau Mont-Royal (9)** pour découvrir ce quartier chaleureux et dynamique. Un peu de lèche-vitrines, quelques bonnes pâtisseries ou un bagel plus tard, grimper jusqu'en haut du **mont Royal (10)** pour embrasser la ville d'un regard au coucher du soleil.

Jour 4 : flâner au **marché Jean-Talon (11)** avant d'aller déjeuner dans l'une des adresses alternatives du Mile Ex voisin. Descendre ensuite (en métro) jusqu'au quartier branché et décontracté du **Mile End (12),** et alterner « magasinage » et pauses dans les bars cosmopolites du quartier.

Jour 5 : parcourir le **Jardin botanique (13)** et son **Insectarium (13),** et compléter le trip « écolo » par le **Biodôme (14).** Prendre l'ascenseur pour le sommet de la **Tour de Montréal** et s'offrir une virée au cœur du **site olympique des Jeux (15)** de 1976. Retour vers le **Quartier latin (4),** pour se mêler à la foule estudiantine dans les bars et cafés-concerts de ce quartier animé.

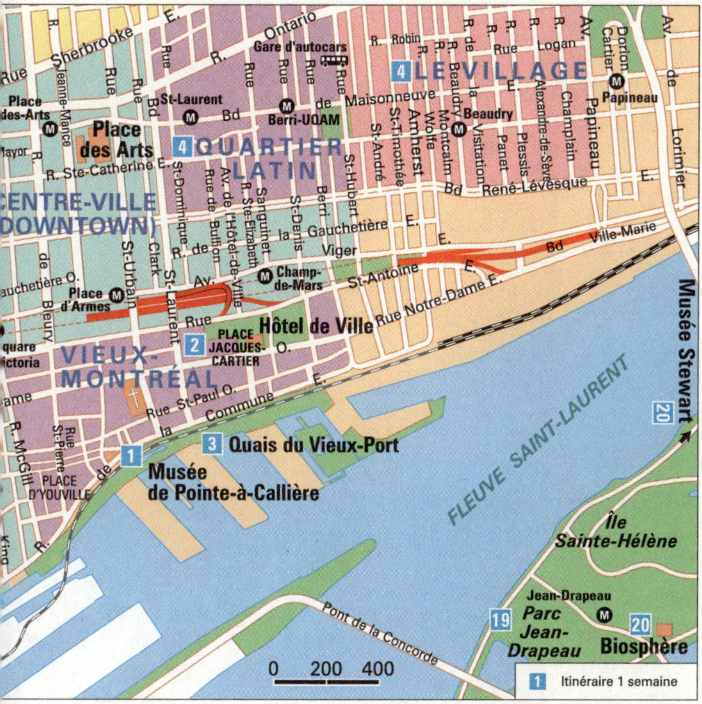

Jour 6 : louer un vélo et se balader au bord du **canal de Lachine (16).** Pause au **marché Atwater (17)** pour déguster les spécialités locales. Détour par le **Centre canadien d'architecture (18)** avant de revenir vers le centre.

Jour 7 : détente et verdure dans le vaste **parc Jean-Drapeau (19),** qui occupe 2 îles au milieu du **Saint-Laurent.** Arrêt possible à la **Biosphère (20)** et pique-nique devant le superbe panorama sur Montréal et le fleuve.

SI VOUS AIMEZ...

La nature : les vastes parcs de la ville, dont le parc du Mont-Royal et le parc Jean-Drapeau, le Biodôme, le Jardin botanique, le canal de Lachine et les rives du Saint-Laurent.

Les découvertes culinaires : les néobistrots et les adresses vegan du Plateau, du Mile End et du Mile Ex, les cuisines des 4 coins du monde aux 4 coins de la ville, les spécialités traditionnelles et les stands du marché Atwater…

L'histoire et la culture : la Cité d'archéologie et d'histoire de Pointe-à-Callière, le musée des Beaux-Arts, le château Ramezay, le musée Sir-George-Étienne-Cartier et le musée d'Art contemporain. En été, nombreux festivals de théâtre, musique, humour et animations de rue dans le Vieux-Montréal, le Quartier latin ou la place des Arts.

Chien de prairie aux aguets

Interview #experienceroutard

Par la rédaction du *Routard*

En quoi cette destination est-elle unique ?

Jeune d'esprit, moderne dans l'âme, optimiste au quotidien, énergique, créative, tolérante, pacifique et toujours de bonne humeur : voilà Montréal. Ville de double culture, à la fois européenne et nord-américaine, ville bilingue où les francophones parlent anglais, et les anglophones parlent français. Mais aussi ville multiculturelle et pluriethnique où cohabitent plus de 120 communautés. Les Montréalais savent accueillir l'étranger et l'intégrer. Ils aiment travailler et vivre ensemble. Cette belle porte du Nouveau Monde est devenue un carrefour incontournable où le brassage d'idées et l'ouverture favorisent la créativité des jeunes entreprises. Bref, une ville à vivre.

Une rencontre mémorable ?

Il pleut à torrent cette nuit de juin quand, à 3h du matin, nous nous réfugions dans une boutique, ouverte 24h/24, dans le quartier de Mile End. Une petite fabrique artisanale de bagels, spécialité juive venue d'Europe de l'Est. Voilà qu'on sympathise avec le patron dont le grand-père venu de Russie avait créé ce magasin-atelier en 1919. On déguste bien sûr un bon bagel chaud sorti du four. Il pleut toujours. Il nous dit : « Je vais vous présenter un extraterrestre ! Oui, voici mon neveu astronaute de la NASA. » Venu pour donner un coup de main à son oncle, Gregory Chamitoff montre sa tête enfarinée. Incroyable mais vrai, en 2008 cet homme bâti comme un champion olympique avait emporté 19 bagels de chez son oncle dans sa navette spatiale pour voyager dans le cosmos !

Un film à voir avant de partir ?

Ceux de Xavier Dolan, jeune prodige du nouveau cinéma québécois, surnommé le « Rimbaud du 7e Art ». Par exemple *J'ai tué ma mère* (2009), *Les Amours imaginaires* (2010), *Laurence Anyways* (2012), *Juste la fin du monde* (2016) et *Matthias et Maxime* (2019). Il s'agit d'un cinéma d'auteur, rarement drôle, souvent grave, et jamais coupé des problèmes de la société montréalaise.

Une chanson qui illustre la ville ?

Je reviendrai à Montréal, de Robert Charlebois, une chanson « intemporelle » d'une grande beauté. Ses paroles poétiques et sensibles n'ont pas vieilli.

Un souvenir original à rapporter chez soi ?

De la confiture de canneberge. La canneberge (une airelle rouge ou atoca, son nom indien) est un fruit acidulé de la taille de la cerise provenant d'un petit arbre qui pousse dans les forêts froides du Canada. On en fait de délicieuses confitures aromatisées au citron et à la cannelle.

LES QUESTIONS QU'ON SE POSE AVANT LE DÉPART

➢ Quels sont les documents nécessaires ?

Passeport individuel valide (enfants compris), et autorisation de voyage électronique (AVE) à souscrire en ligne avant le départ, exclusivement sur le site officiel dédié (7 $), comme pour l'ESTA aux États-Unis (voir la rubrique « Formalités »).

➢ Quelle est la meilleure saison ?

À chaque saison ses plaisirs. L'***été*** est la période des festivals (réserver bien à l'avance son hébergement), mais il peut faire très chaud. L'***automne,*** le fameux été indien, est la saison la plus douce et les arbres affichent leurs plus belles couleurs. En ***hiver,*** on peut skier au mont Tremblant, à 2h de Montréal.

➢ Quel budget prévoir ?

Assez important, car le coût de la vie est globalement ***plus élevé qu'en Europe.*** En AJ, compter 25-50 $ pour un lit en dortoir (plus à certaines dates !) et 50-150 $ pour une double. En gîte ou en hôtel, prévoir 100-200 $ la nuit. Les restos ne sont pas donnés mais on peut s'en tirer à meilleur compte en mangeant sur le pouce. Aux prix affichés, ***ajouter les taxes*** (15 % à Montréal et encore 3,5 % par nuitée dans les hôtels) ***et le pourboire*** dans les restos (15 % minimum).

➢ Comment se déplacer ?

À pied, en ***transports en commun*** (métro et bus) et ***à vélo*** (important réseau de pistes cyclables très bien aménagées). Voiture pour les environs.

➢ Y a-t-il des problèmes de sécurité ?

Non, le Canada en général et Montréal en particulier sont des ***destinations très sûres.***

➢ Quel est le décalage horaire ?

6h de moins à Montréal. Quand il est 12h en France, il est 6h à Montréal.

➢ Quel est le temps de vol ?

Environ 7h-7h30 en vol direct.

➢ Côté santé, quelles précautions prendre ?

Souscrire une ***assurance voyage intégrale*** avant le départ (frais médicaux très élevés sur place), être à jour de ses ***vaccinations universelles.*** Pour les environs de Montréal, prévoir un bon ***répulsif anti-moustiques*** et faire attention aux ***tiques.***

➢ Peut-on y aller avec des enfants ?

Avec un accueil aussi chaleureux, ***c'est l'fun*** ! Montréal est une ville à taille humaine, verdoyante et dotée de musées instructifs et ludiques, comme la surprenante Pointe-à-Callière, Cité d'archéologie et d'histoire. Ne manquez pas également l'ancien Parc olympique des J.O. de 1976, où sont rassemblés Jardin botanique, Insectarium, planétarium... et terminez en prenant de la hauteur avec la grande roue du Vieux-Port (la plus haute du Canada !). Et à moins de 1h de là, on se retrouve en pleine ***nature,*** au milieu des bois.

➢ Quel est le taux de change ? Comment payer sur place ?

1 $ canadien = 0,70 € en 2022.
En espèces ou avec une carte de paiement. Celles-ci sont acceptées presque partout, même pour des petites sommes. Distributeurs automatiques de billets partout aussi.

➢ Quelle langue parle-t-on ?

Le ***français,*** tabernacle !

➢ Que rapporter de Montréal ?

Du ***sirop d'érable*** et autres bons produits locaux, des bières de microbrasseries, du ***vin*** ou du ***cidre de glace.*** Au rayon vêtements, tout ce qui est ***équipement d'hiver*** bien chaud et sportswear. Le ***matériel outdoor*** est aussi très intéressant.

COMMENT Y ALLER ?

LES LIGNES RÉGULIÈRES

▲ **AIR FRANCE**
Rens et résas au ☎ 09-69-39-36-54 (appel non surtaxé ; 7 j./7), sur • airfrance.fr • et en agences de voyages.
➢ La compagnie dessert ***Montréal*** quotidiennement en vol direct au départ de Roissy-Charles-de-Gaulle.

▲ **AIR CANADA**
Rens : ☎ 00-800-669-922-22 (24h/24). • aircanada.com •
➢ Au départ de Roissy-Charles-de-Gaulle, Air Canada assure 1-2 vols directs/j. vers Montréal.

▲ **AIR TRANSAT**
Rens et résas : ☎ 01-76-54-28-96 (gratuit ; 24h/24). • airtransat.com •
➢ Vols directs à destination de Montréal tte l'année. D'avr-mai à oct, également des vols directs au départ de Bordeaux, Lyon, Marseille, Nantes, Nice et Toulouse.

▲ **CORSAIR**
Rens et résas : ☎ 39-17 (0,35 €/mn). • flycorsair.com/fr •
➢ Corsair dessert Montréal avec 1 vol direct quotidien de juin à déc.

LES ORGANISMES DE VOYAGES

En France

▲ **CERCLE DES VOYAGES**
– Paris : 4, rue Gomboust (angle 31, av. de l'Opéra), 75001. ☎ 01-40-15-15-05. • cercledesvoyages.com • Ⓜ Pyramides ou Opéra. Lun-ven 9h-20h ; sam 10h-18h30.
Le vrai voyage sur mesure, à destination des États-Unis (l'Est et New York, le Sud et la Floride, l'Ouest et la Californie) et du Canada (voyages d'hiver et d'été, d'est en ouest).
Cercle des Vacances propose un large choix de voyages adaptés à chaque client : séjours *city break*, randonnées et séjours ski, voyages au volant d'une voiture de location, croisières, circuits en petits groupes, combinés, voyages de noces... Les experts Cercle des Vacances partagent leurs conseils et leurs petits secrets pour faire de chaque voyage une expérience inoubliable. Cercle des Vacances offre également un service liste de mariage gratuit. Les petits plus qui font la différence : une excursion à motoneige ou en traîneau à chiens, une balade à cheval au petit matin dans le désert de l'Ouest, un survol du Grand Canyon en hélicoptère, ou encore un parc d'attractions avec un grand huit spectaculaire en Floride.

▲ **COMPTOIR DES VOYAGES**
• comptoirdesvoyages.fr • Lun-sam 9h30-18h30.
– Paris : 2-18, rue Saint-Victor, 75005. ☎ 01-53-10-30-15. Ⓜ Maubert-Mutualité.
– Bordeaux : 26, cours du Chapeau-Rouge, 33000. ☎ 05-35-54-31-40.
– Lille : 76, rue Nationale, 59800. ☎ 03-28-04-68-20.
– Lyon : 10, quai Tilsitt, 69002. ☎ 04-72-44-13-40. Ⓜ Bellecour.
– Marseille : 12, rue Breteuil, 13001. ☎ 04-84-25-21-80. Ⓜ Estrangin.
– Nice : 62, rue Giofreddo, 06000. ☎ 04-97-03-64-80.
– Toulouse : 43, rue Peyrolières, 31000. ☎ 05-62-30-15-00. Ⓜ Esquirol.
En plus de 30 ans, Comptoir des Voyages s'est imposé comme la référence incontournable du voyage sur mesure en immersion, avec plus de 90 destinations couvrant les 5 continents. Ses conseillers-spécialistes construisent des voyages uniques en s'adaptant à votre budget, vos goûts et vos envies. Pour favoriser les rencontres et l'immersion dans la vie locale, ils privilégient

des hébergements typiques et des expériences authentiques. Sur place, des *Welcome Hosts* francophones partagent avec vous conseils et bonnes adresses le temps d'un café. Sur votre smartphone, l'application mobile Luciole vous informe sur le déroulé de votre voyage, vous suggère des lieux de visite et vous guide grâce à un GPS hors connexion. Comptoir des Voyages est membre d'Agir pour un tourisme responsable depuis 2009. Sa labellisation ATR a été renouvelée par Écocert Environnement cette année.

▲ DIRECTOURS

• directours.com • ☎ 01-45-62-62-62 (coût d'un appel local).
– Paris : 27, bd des Italiens, 75002. Ⓜ Quatre-Septembre ou Opéra.
– Lyon : 7, rue de la République, 69001. Ⓜ Hôtel-de-Ville-Louis-Pradel.

Directours, c'est une savante combinaison entre la confection de séjours sur mesure et le savoir-faire du voyage de luxe.

Ce sont plus de 25 conseillers et spécialistes qui, répartis par zones géographiques sur près de 80 pays, connaissent leurs destinations sur le bout des doigts et sauront vous proposer l'hôtel, le voyage ou le circuit qui correspond à vos attentes. De plus, les équipes Directours séjournent régulièrement sur place pour constater la qualité des établissements et renouveler leur catalogue.

Orfèvres du fait maison, ils négocient les meilleurs tarifs pour vous garantir des prestations 100 % luxe. Une qualité d'adaptation dont le voyageur bénéficie avant, pendant et après son séjour grâce à un suivi attentif et l'envie constante de vous aider à réaliser le projet qui vous tient à cœur.

▲ ROUTE DES VOYAGES

• laroutedesvoyages.com •
– Paris : 10, rue Choron, 75009. ☎ 01-55-31-98-80. Ⓜ Notre-Dame-de-Lorette.
– Angers : 6, rue Corneille, 49000. ☎ 02-41-43-26-65.
– Annecy : 4 bis, av. d'Aléry, 74000. ☎ 04-50-45-60-20.
– Bordeaux : 19, rue des Frères-Bonie, 33000. ☎ 05-56-90-11-20.
– Lorient : 42, av. de la Perrière, 56100. 📱 06-15-48-82-69. Sur rdv du lun au mer.
– Lyon : 59, rue Franklin, 69002. ☎ 04-78-42-53-58.
– Toulouse : 27, rue Perchepinte, 31000. ☎ 05-62-27-00-68.
Agences ouv lun-ven 9h-19h (18h ven). Rdv conseillé.

25 ans d'expérience de voyage sur mesure sur les 5 continents ! 15 pays en Europe complètent à présent leur offre. Cette équipe de voyageurs passionnés a développé un vrai savoir-faire du voyage personnalisé : écoute, conseils, voyages de repérage réguliers et des correspondants sur place soigneusement sélectionnés avec qui elle travaille en direct. Son engagement à promouvoir un tourisme responsable se traduit par des possibilités de séjours solidaires à insérer dans les itinéraires de découverte individuelle. Elle a aussi créé un programme de compensation solidaire qui permet de financer des projets de développement locaux.

▲ TERRE VOYAGES

– Paris : 28, bd de la Bastille, 75012. ☎ 01-44-32-12-85.
• terre-voyages.com • Ⓜ Bastille. Lun-ven 8h-18h30, sam 10h-18h.

Les créateurs de voyages de Terre Voyages sont de fins connaisseurs, des experts des pays proposés, car tous natifs ou passionnés de leur destination. Ils sauront écouter vos attentes pour créer une offre de voyages sur mesure qui réponde à vos envies de découverte et vous proposeront une approche authentique des cultures et des peuples dans le respect de leur environnement naturel et au juste prix. Pour tous les voyageurs qui attendent d'une échappée lointaine plus qu'une simple visite mais, au contraire, une véritable connaissance et un apprentissage responsable des différentes cultures du Québec, Terre Voyages est le spécialiste qu'il leur faut.

▲ TERRES D'AVENTURE

N° Indigo : ☎ 0825-700-825 (0,15 €/mn + prix appel). • terdav.com •
– Paris : 30, rue Saint-Augustin, 75002. Ⓜ Opéra ou Quatre-Septembre. Lun-sam 9h30-19h. ☎ 01-70-82-90-00.

– Agences également à Bordeaux, Grenoble, Lille, Lyon, Marseille, Nantes, Rennes, Rouen, Strasbourg et Toulouse.

Depuis 1976, Terres d'Aventure, spécialiste du voyage à pied, propose aux voyageurs passionnés de marche et de rencontres des randonnées hors des sentiers battus à la découverte des grands espaces de notre planète. Voyages à pied, à cheval, en bateau, à raquettes... Sur tous les continents, des aventures en petits groupes ou en individuel encadrées par des professionnels expérimentés sont proposées. Les hébergements dépendent des sites explorés : camps d'altitude, bivouacs, refuges ou petits hôtels. Les voyages sont conçus par niveaux de difficulté : de la simple balade en plaine à l'expédition sportive, en passant par la course en haute montagne.

En province, certaines de leurs agences sont de véritables *Cités des Voyageurs* dédiées au voyage. Consultez le programme des manifestations sur leur site internet.

▲ TERRES LOINTAINES

– Paris : 2, rue Maurice-Hartmann, 92130 Issy-les-Moulineaux. ☎ 01-75-60-63-50.

– Bordeaux : 4, rue Esprit-des-Lois, 33000. ☎ 05-33-09-09-10.

– Lille : 6, rue Jean-Roisin, 59800. ☎ 03-59-61-59-40.

– Lyon : 39, rue de la République, 69002. ☎ 04-65-07-02-70.

– Nantes : 22, rue Crébillon, 44000. ☎ 02-52-59-48-00.

Sur rdv uniquement, lun-ven 9h-19h, sam 10h-18h.

• terres-lointaines.com •

Terres Lointaines affiche clairement son ambition : démocratiser le voyage sur mesure au prix le plus juste. Convaincu qu'un voyage réussi est un voyage qui dépasse les attentes du client, c'est en visant l'excellence que Terres Lointaines met le monde à votre portée, en individuel ou en petits groupes allant jusqu'à 12 personnes. Afrique, Amériques, Asie, Europe, Océanie... La palette de destinations proposée est vaste avec des conseillers à l'écoute de vos envies. Grâce à leur expertise et à des partenaires locaux de confiance, Terres Lointaines crée des voyages de qualité pour vous offrir des découvertes exceptionnelles et de merveilleux souvenirs.

▲ USA ET CANADA CONSEIL

Devis et brochures sur demande, réception sur rdv, agence Paris XVIe. Rens : ☎ 01-45-46-51-75. • usaconseil.com • ou • canadaconseil.com •

Spécialiste des voyages en Amérique du Nord, USA Conseil s'adresse particulièrement aux familles ainsi qu'à toutes les personnes désireuses de visiter et de découvrir les États-Unis et le Canada en maintenant un bon rapport qualité-prix. USA Conseil propose une gamme complète de prestations adaptées à chaque demande et en rapport avec le budget de chacun : vols, voitures, hôtels, motels, bungalows, circuits individuels et accompagnés, itinéraires adaptés aux familles, excursions, motor homes, motos, bureau d'assistance téléphonique francophone tout l'été avec numéro Vert USA et Canada. Sur demande, devis gratuit et détaillé pour tout projet de voyage.

▲ VOYAGEURS DU MONDE

Voyageurs aux États-Unis, au Canada et aux Bahamas.

– Paris : La Cité des Voyageurs, 55, rue Sainte-Anne, 75002. ☎ 01-42-86-16-00. Ⓜ Opéra ou Pyramides. Lun-sam 9h30-19h. Avec une librairie spécialisée sur les voyages.

– Également des agences à Bordeaux, Grenoble, Lille, Lyon, Marseille, Montpellier, Nantes, Nice, Rennes, Rouen, Strasbourg et Toulouse. Également à Bruxelles, Genève, Québec et Montréal.

• voyageursdumonde.fr •

Parce que chaque voyageur est différent, que chacun a ses rêves et ses idées pour les réaliser, Voyageurs du Monde conçoit, depuis plus de 30 ans, des projets sur mesure. Les séjours proposés sur 120 destinations sont élaborés par leurs 180 conseillers voyageurs. Spécialistes par pays et même par régions, ils vous aideront à personnaliser les voyages présentés à travers une trentaine de brochures d'un nouveau type et sur le site internet où vous pourrez également découvrir les hébergements exclusifs et consulter votre espace personnalisé. Au cours de votre séjour, vous bénéficiez des services personnalisés Voyageurs du Monde, dont la possibilité de modifier à tout moment votre voyage, l'assistance d'un concierge local, la mise en place de rencontres et de visites privées et l'accès à votre carnet de voyage via une application iPhone et Android. Voyageurs du Monde est membre de l'association ATR (Agir pour un tourisme responsable) et a obtenu sa certification Tourisme responsable AFAQ AFNOR.

Comment aller aux aéroports de Roissy et d'Orly ?

Toutes les infos sur notre site • *routard.com* • à l'adresse suivante : • *bit.ly/aeroports-routard* •

En Belgique

▲ CONNECTIONS

Rens et résa : ☎ 070-233-313. • connections.be •

Fort d'une expérience de plus de 20 ans dans le domaine du voyage, Connections dispose d'un réseau de 32 *travel shops* dont une à Brussels Airport. Connections propose des vols dans le monde entier à des tarifs avantageux et des voyages destinés à des voyageurs désireux de découvrir la planète de façon autonome. Connections propose une gamme complète de produits : vols, hébergements, locations de voitures, autotours, vacances sportives, excursions...

▲ CONTINENTS INSOLITES

– Bruxelles : 44A, rue César-Franck, 1050. ☎ 02-880-55-41. • continents-insolites.com • Lun-ven 10h-18h, sam 10h-16h30 sur rdv.

Continents Insolites, organisateur de voyages lointains sans intermédiaire, propose une gamme étendue de formules de voyages détaillées sur leur site internet.

– *Voyages découverte sur mesure :* à partir de 2 personnes. Un grand choix d'hébergements soigneusement sélectionnés, du petit hôtel simple à l'établissement luxueux et de charme.

– *Circuits découverte en minigroupes :* de la grande expédition au circuit accessible à tous. Des circuits à dates fixes dans plus de 60 pays en petits groupes francophones de 7 à 12 personnes. Avant chaque départ, une réunion est organisée. Voyages encadrés par des guides francophones, spécialistes des régions visitées.

▲ MPACT

– Bruxelles : 7, rue Thérésienne, 1000. ☎ 02-227-93-01.

– Gand : 65B, Maria Hendrikaplein, 9000. ☎ 09-242-32-10.

– Gembloux : 1B, rue Buisson-Saint-Guibert, 5030. ☎ 08-162-50-98. • mpact.be •

Mpact propose un système de covoiturage, ainsi que d'autres services comme l'échange de maisons ou le gardiennage.

▲ SENS INVERSE ÉCOTOURISME *Québec*

– Ottignies-Louvain-la-Neuve : 18, cours de Valduc, 1348. ☎ 476-830-570. • sensinverse.be •

Agence de voyages écotouristique qui propose des voyages accompagnés de guides locaux passionnés, et axés sur la découverte de l'environnement naturel, culturel, rural et humain de différentes régions de France comme à l'étranger, notamment au Québec. L'équipe est très engagée dans la protection de la nature et la sauvegarde du patrimoine et des cultures. Tous leurs voyages ont comme point commun la marche à pied à un rythme modéré et en petits groupes.

▲ TERRES D'AVENTURE

– Bruxelles : 23, chaussée de Charleroi, 1060. ☎ 02-543-95-60. • terdav.com • Lun-sam 9h30-19h.

Voir le texte dans la partie « En France ».

▲ VOYAGEURS DU MONDE

– Bruxelles : 23, chaussée de Charleroi, 1060. ☎ 02-543-95-50. • voyageursdumonde.com •

Le spécialiste du voyage en individuel sur mesure. Voir le texte dans la partie « En France ».

En Suisse

▲ ROUTE DES VOYAGES

☎ 078-400-83-94. ● *laroutedesvoyages.com* ● *Rdv par tél.*
Voir le texte dans la partie « En France ».

▲ TERRES D'AVENTURE

– Genève : 19, rue de la Rôtisserie, 1204. ☎ *022-519-12-20.* ● *geneve@terdav.com* ● *Lun-ven 10h-19h, sam 9h-18h.*
Voir le texte dans la partie « En France ».

▲ TERRES LOINTAINES

● *terres-lointaines.com* ●
– Genève : ☎ *022-510-15-90.*
– Zurich : ☎ *044-512-25-90.*
Voir le texte dans la partie « En France ».

▲ VOYAGEURS DU MONDE

● *voyageursdumonde.com* ●
– Genève : 19, rue de la Rôtisserie, 1204. ☎ *022-519-12-10. Lun-sam 9h30-19h (18h30 sam).*
– Lausanne : 6 (2e étage), rue du Bourg, 1003. ☎ *021-519-10-65. Lun-ven 9h-18h30, sam sur rdv.*
Le spécialiste du voyage en individuel sur mesure. Voir le texte dans la partie « En France ».

Au Canada

▲ ALTAÏ CANADA TOURS

– Montréal : 7735, bd Saint-Laurent, QC H2R 1X1. ☎ *514-634-50-00.* ● *canada.altaibasecamp.com* ●
Aventure Canada, une filiale de Globe-Trotter, est une agence de voyages réceptive installée à Montréal depuis bientôt 20 ans, spécialiste de l'organisation de voyages au Canada. Faire confiance à Aventure Canada vous garantit le bénéfice d'une vraie qualité de service grâce à des équipes expérimentées et formées à l'excellence.

▲ KARAVANIERS

– Montréal : 4035, rue Saint-Ambroise, local 220N. ☎ *514-281-0799.* ● *karavaniers.com* ● *detournature.com* ● *Lun-ven 9h-18h.*
L'agence québécoise Karavaniers du Monde a pour but de rendre accessibles des expéditions aux 4 coins de la planète. Toujours soucieuse de respecter les populations locales et l'environnement, Karavaniers favorise la découverte d'une quarantaine de destinations à pied et en kayak de mer, en petits groupes accompagnés d'un guide francophone et d'un guide local, avec hébergement en auberge ou sous la tente. De son côté, Détours Nature propose, sur de nombreuses destinations au Québec et en Amérique du Nord, des excursions de 1 journée ainsi que des voyages à pied, à vélo, en kayak mais aussi à raquettes et skis de fond. Le transport est fourni au départ de Montréal.

▲ TOURS CHANTECLERC

● *tourschanteclerc.com* ●
Tours Chanteclerc est un tour-opérateur qui publie différentes brochures de voyages : Europe, Amérique du Nord, Amérique du Sud, Asie et Pacifique sud, Afrique et le Bassin méditerranéen en circuits ou en séjours. Il s'adresse aux voyageurs indépendants qui réservent un billet d'avion, un hébergement (dans toute l'Europe), des excursions ou une location de voiture. Également spécialiste de Paris, il offre une vaste sélection d'hôtels et d'appartements dans la capitale française.

MONTRÉAL UTILE

ABC de Montréal

- ***Superficie :*** 365 km² (3,5 fois plus grand que Paris).
- ***Population :*** 2 millions d'hab. (agglomération : 4,2 millions).
- ***Densité :*** 4 520 hab./km².
- ***Langues :*** le français et l'anglais.
- ***Monnaie :*** le dollar canadien (1 $ canadien = 0,70 €).
- ***Statut :*** métropole du Québec et 2e ville du Canada.
- ***Maire :*** Valérie Plante (parti Projet Montréal) depuis novembre 2017 (réélue en 2021).
- ***Nombre de visiteurs annuels :*** 11 millions.

AVANT LE DÉPART

Adresses et infos utiles

En France

– ***Destination Canada :*** *• fr-keepexploring.canada.travel •* Le site officiel du tourisme canadien, très complet et en français.

Bonjour Québec et Tourisme Montréal : *sites officiels là encore. • bonjourquebec.com • (possibilité de « clavarder » sur le site : de poser des questions via le clavier de l'ordinateur, quoi). • mtl.org •*

■ ***Ambassade du Canada :*** *130, rue du Faubourg-Saint-Honoré, 75008 Paris. ☎ 01-44-43-29-00 (serveur vocal). • canadainternational.gc.ca/France • Ⓜ Saint-Philippe-du-Roule.* ***Inutile de vous déplacer, pas de rens sur place.*** *Pour tt ce qui concerne les demandes de visa, les bureaux du CRVD (Centre de réception des demandes de visa canadien) sont situés au 11-13, rue Madame-de-Sanzillon (bâtiment cour ; 1er étage, bureau Silver), 92110 Clichy. Lun-ven 8h30-16h30. Rens sur • visa.vfsglobal.com/fra/fr/can/attend-centre/Paris •*

– ***Antennes consulaires*** à ***Lyon*** *(☎ 04-78-84-39-19),* ***Nice*** *(☎ 04-93-13-17-19)* et ***Toulouse*** *(📱 06-20-14-19-57).*

• routard.com • Le site de voyage nº 1, avec plus de 800 000 membres et plusieurs millions d'internautes chaque mois. Pour s'inspirer et s'organiser, près de 300 guides destinations actualisés, avec les infos pratiques, les incontournables et les dernières actus, ainsi que les reportages terrain et idées week-end de la rédaction. Partagez vos expériences avec la communauté de voyageurs : forums de discussion avec avis et bons plans, carnets de route et photos de voyage. Enfin, vous trouverez tout pour vos vols, hébergements, voitures et activités, sans oublier notre sélection de bons plans, pour réserver votre voyage au meilleur prix.

En Belgique

■ ***Ambassade du Canada :*** *58, av. des Arts, 1000 Bruxelles. ☎ 02-741-06-11. • canadainternational.gc.ca/belgium-belgique • Section consulaire sur rdv seulement.*

En Suisse

■ ***Ambassade du Canada :*** *88, Kirchenfeldstr, 3005 Berne. ☎ 031-357-32-00. • canadainternational.gc.ca/switzerland-suisse •*

Formalités

– ***Avant d'entreprendre votre voyage, consultez impérativement le site de l'ambassade du Canada*** pour vous tenir au courant des toutes dernières mesures (● *canada.ca/fr/services/immigration-citoyennete.html* ●), notamment celles pour les enfants voyageant avec un seul de leurs parents.
Si vous vous rendez ensuite aux États-Unis depuis le Canada, les formalités d'entrée sont différentes : ***consultez le site de l'ambassade des États-Unis*** : ● *fr.usembassy.gov/fr* ●
– ***Passeport individuel*** valide pour tous, enfants compris. Les ***mineurs*** doivent être munis de leur propre pièce d'identité (carte d'identité ou passeport). Pour l'autorisation de sortie du territoire lorsque les enfants ne sont pas accompagnés par un de leurs parents, chaque pays a mis en place sa propre régulation. Ainsi, ***pour les mineurs français,*** une loi entrée en vigueur en janvier 2017 a ***rétabli l'autorisation de sortie du territoire.*** Pour voyager à l'étranger, ils doivent être munis d'une pièce d'identité (carte d'identité ou passeport), d'un formulaire signé par l'un des parents titulaires de l'autorité parentale et de la photocopie de la pièce d'identité du parent signataire. Renseignements auprès des services de votre commune et sur ● *service-public.fr* ●
– ***Obligation de présenter aussi une AUTORISATION DE VOYAGE ÉLECTRONIQUE (AVE,*** à l'instar de ce qui se fait déjà aux États-Unis), ***à remplir sur le seul site internet dédié*** : ● *canada.ca/fr/immigration-refugies-citoyennete/services/visiter-canada/ave.html* ● ***Coût : 7 $,*** à régler en ligne par carte de paiement. ***MÉFIEZ-VOUS DES SITES FRAUDULEUX,*** sur lesquels on tombe très facilement en googlisant les mots « *AVE* Canada », qui sont beaucoup plus chers... Sauf exception (se rapprocher alors de l'ambassade), l'autorisation est ensuite délivrée automatiquement. Elle est valable 5 ans.
– ***Pas de vaccination obligatoire.***
– ***Pour conduire sur le sol canadien : le permis de conduire national suffit.***
– ***Interdiction d'importer des denrées périssables non stérilisées*** (charcuterie, fromage...) ***et des végétaux.*** Seules les conserves sont tolérées. Une bouteille d'alcool fort ou 2 bouteilles de vin par personne (ou encore 24 canettes de bière !) sont autorisées (le tout en soute).
– Pensez à ***recharger vos appareils électriques*** (smartphones, tablettes, ordinateurs portables...) ***avant de prendre l'avion,*** car sur tous les vols allant ou passant par les États-Unis et Londres, les agents de contrôle doivent pouvoir les allumer. Par précaution, gardez votre chargeur à portée de main. Si votre appareil est déchargé ou défectueux, il sera confisqué.

Pensez à scanner passeport, carte de paiement, billet d'avion et vouchers d'hôtel. Ensuite, envoyez-les-vous par e-mail, en pièces jointes. En cas de perte ou de vol, rien de plus facile pour les récupérer. Les démarches administratives seront bien plus rapides.

Assurances voyage

■ ***Assurance Routard par AVI International :*** *Le Colisée Gardens, 10, av. de l'Arche, CS 70126, 92419 Courbevoie Cedex.* ☎ *01-44-63-51-00.* ● *routard@avi-international.com* ● *avi-international.com* ● Ⓜ *La Défense.* Enrichie au fil des années par les retours des lecteurs, *Routard Assurance* reste l'assurance voyage référence des globe-trotters. Tout y est inclus : frais médicaux, assistance rapatriement, bagages, responsabilité civile... Avant votre départ, appelez *AVI* pour un conseil personnalisé. Besoin d'une attestation Covid, d'un avis médical, d'une prise en charge dans un hôpital ?

Téléchargez l'appli mobile AVI international pour garder le contact avec *AVI Assistance* et disposer d'un vaste réseau médical à travers le monde. *AVI Assistance* est disponible 24h/24 pour une réponse en temps réel. De simples frais de santé en voyage ? Envoyez les factures à *AVI* dès votre retour, ils vous remboursent sous 1 semaine.

■ ***AVA :*** *25, rue de Maubeuge, 75009 Paris.* ☎ *01-53-20-44-20.* • *ava.fr* • Ⓜ *Cadet.* Un autre courtier fiable pour ceux qui souhaitent s'assurer en cas de décès, d'invalidité ou d'accident lors d'un voyage à l'étranger, mais surtout pour bénéficier d'une assistance rapatriement, perte de bagages et annulation. Attention, franchises pour leurs contrats d'assurance voyage.

■ ***Pixel Assur :*** *18, rue des Plantes, BP 35, 78601 Maisons-Laffitte.* ☎ *01-39-62-28-63.* • *pixel-assur.com* • *RER A : Maisons-Laffitte.* Assurance de matériel photo et vidéo tous risques (casse, vol, immersion) dans le monde entier. Devis en ligne basé sur le prix d'achat de votre matériel. Garantie à l'année.

ARGENT, BANQUES, CHANGE

Argent liquide et change

Avertissement

Si vous comptez effectuer des retraits d'argent aux distributeurs, il est ***très vivement conseillé d'avertir votre banque avant votre départ*** (pays visités et dates). En effet, ***votre carte peut être bloquée dès le 1er retrait*** pour suspicion de fraude. Vous pouvez aussi leur demander de ***relever le plafond de retrait*** aux distributeurs et pour les paiements par carte, quitte à le faire rebaisser à votre retour. Utile surtout pour la caution des locations de voitures et les garanties dans les hôtels.

Pour un retrait, utilisez de préférence les ***distributeurs attenants à une agence bancaire.*** En cas de pépin avec votre carte (carte avalée, erreur de code secret...), vous aurez un interlocuteur dans l'agence, pendant les heures ouvrables.

– Le ***dollar canadien*** ($) est différent du dollar américain. Il n'est pas vert, mais de toutes les couleurs, et il vaut un peu moins (***environ 0,70 €*** en 2022). Les Québécois ont tendance à dire ***piastre*** (un terme qui a survécu depuis la Nouvelle-France ; prononcez « piass ») pour dollar, ***sous*** et ***cennes*** pour cent.
– ***Distributeurs automatiques de billets*** partout (« guichets automatiques » ou « *ATM* » ou « *cash machine* »). Une ***commission fixe*** est prélevée par votre banque pour chaque retrait, en plus d'une commission variable. Il est donc préférable de retirer de grosses sommes plutôt que de multiplier les opérations. Par ailleurs, des commissions supplémentaires (généralement 3 $) sont appliquées par certaines banques canadiennes et dans les commerces qui proposent le service de retrait d'argent.
– ***Change :*** de préférence dans les bureaux de change, que l'on trouve plutôt dans les quartiers touristiques (évitez celui de l'aéroport, dispendieux !). Possible aussi dans certaines banques, mais attention aux horaires restreints. Commission (en général 5 $ dans les banques) et taux variables d'un endroit à l'autre. Voir aussi la rubrique « Change » dans « Adresses et infos utiles » dans le chapitre « Montréal », plus loin.
– Dans les magasins, on vous demandera souvent si vous voulez payer « ***cash*** » ou « ***comptant*** », c'est-à-dire en argent liquide.

Les cartes de paiement

Avant de partir, notez bien le ***numéro d'opposition propre à votre banque*** (il figure souvent sur votre contrat, au dos des tickets de retrait ou à côté des distributeurs de billets), ainsi que le numéro à 16 chiffres de votre carte. Bien entendu, conservez ces informations en lieu sûr et séparément de votre carte.

Et surtout, n'oubliez pas non plus de ***vérifier la date d'expiration de votre carte de paiement avant votre départ !***

Au Canada comme aux États-Unis, ***une carte de paiement est un outil indispensable, pour ne pas dire obligatoire,*** ne serait-ce que pour ***louer une voiture ou réserver une chambre d'hôtel,*** même si vous avez tout réglé avant le départ par l'intermédiaire d'une agence, car on prendra systématiquement l'empreinte de votre carte, au cas où vous auriez l'idée saugrenue de partir sans payer les prestations supplémentaires *(incidentals)* genre parking, petit déj, téléphone, minibar...
– Les ***cartes de paiement*** sont acceptées presque partout, même pour de petits montants, à l'exception notable de certains gîtes (on vous l'indique dans ce cas). Attention toutefois, une ***commission variable*** est prélevée par votre banque à chaque opération : plus le montant de l'opération est faible, plus elle sera proportionnellement élevée.
Afin d'éviter les frais lors de chaque paiement ou retrait en dehors de la zone euro, ***certaines banques offrent la gratuité des retraits dans leurs propres distributeurs*** (DAB) dans le monde entier (comme HSBC, pour ses clients) ou dans les banques avec qui elles ont un accord selon les pays (se renseigner avant le départ). Les ***néo-banques*** comme Max, Revolut ou N26 proposent des cartes gratuites qui ne facturent aucune commission pour les paiements et retraits. Ma French Bank propose les mêmes prestations, l'assurance Visa en plus, pour 2 €/mois. Les banques en ligne Boursorama et Fortuneo proposent elles aussi ce type de cartes gratuites (carte Ultim et carte Fosfo) permettant à la fois de payer en devises et d'en retirer sans frais. Renseignements sur le site internet de chaque banque.
– ***En cas de perte, de vol ou de fraude,*** quelle que soit la carte que vous possédez, chaque banque gère elle-même le processus d'opposition et le numéro de téléphone correspondant. Le plus simple est de faire opposition en ligne via le site de votre agence bancaire ou leur application mobile, ou en les appelant directement. Sinon, voici les numéros des centres d'assistance des différentes cartes :

– ***Carte bleue Visa :*** *n° d'urgence ☎ 1-800-847-2911.* ● *visa.fr* ●
– ***Carte MasterCard :*** *n° d'urgence ☎ 1-800-307-7309.* ● *mastercard.fr* ●
– ***Carte American Express :*** *n° d'urgence ☎ (00-33) 1-47-77-72-00.* ● *americanexpress.com* ●

Il existe aussi un ***serveur interbancaire d'opposition*** qui, en cas de perte ou de vol, vous met en contact avec le centre d'opposition de votre banque : *en France, ☎ 0892-705-705 (prix d'un appel + 0,35 €/mn) ; depuis l'étranger, ☎ + 33-442-605-303.*

Besoin urgent d'argent liquide

Vous pouvez être dépanné en quelques minutes grâce au système ***Western Union Money Transfer.*** L'argent vous est transféré en moins de 1h. La commission, assez élevée, est payée par l'expéditeur. Possibilité d'effectuer un transfert auprès d'un des bureaux *Western Union* ou, plus rapide, en ligne, 24h/24 par carte de paiement (*Visa* ou *MasterCard*).
Même principe avec d'autres organismes de transfert d'argent liquide comme ***MoneyGram, PayTop*** ou ***Azimo.*** Transfert en ligne sécurisé, en moins de 1h.
Dans tous les cas, ***se munir d'une pièce d'identité.*** Toutefois, en cas de perte ou vol de papiers, certains organismes permettent de convenir d'une question/

réponse type pour pouvoir récupérer votre argent. Chacun de ces organismes possède aussi des applications disponibles sur téléphone portable. Consulter les sites internet pour connaître les pays concernés, les conditions tarifaires (frais, commission) et trouver le correspondant local le plus proche : ● *westernunion.com* ● *moneygram.fr* ● *paytop.com* ● *azimo.com/fr* ●

– Autre solution, envoyer de l'argent par **la Banque postale** : le bénéficiaire, muni de sa pièce d'identité, peut retirer les fonds dans n'importe quel bureau de poste du réseau local. Le transfert s'effectue avec un mandat ordinaire international (jusqu'à 3 500 €) et la transaction prend 8-10 jours pour l'international. Plus cher, mais plus rapide, le mandat express international permet d'envoyer de l'argent (montant variable selon la destination – 34 au total) sous 2 jours maximum, 24h lorsque la démarche est faite en ligne. *Infos :* ● *labanquepostale.fr* ●

ACHATS

– ***Le sirop d'érable :*** vous n'y échapperez pas, c'est l'achat incontournable, délicieux quand il est de qualité ! Parfait pour les cadeaux et souvenirs, que ce soit sous la forme de sirop ou de ses dérivés, comme le sucre, les bonbons et le beurre à tartiner. On peut en trouver dans des boutiques touristiques mais le mieux est de l'acheter directement ***dans une érablière,*** après la visite de la cabane à sucre. D'ailleurs, pour être certain de la qualité, il faut impérativement vérifier la provenance sur l'étiquette. Si le nom du producteur n'est pas indiqué, c'est que le sirop provient d'une ***coopérative*** où l'on a mélangé du tout-venant de base récupéré un peu partout. Principales régions productrices : les Bois-Francs et la Beauce, qui se proclame d'ailleurs « pôle mondial de l'acériculture » (exploitation d'érablières). Vous en trouverez également en Mauricie, ou encore sur le chemin de la Gaspésie, à Saint-Jean-Port-Joli par exemple, à la limite du Bas-Saint-Laurent. Sinon, on peut acheter du sirop d'érable en ***cannes (boîtes de conserve)*** de qualité convenable dans presque tous les magasins d'alimentation. Le sirop peut être clair, médium, ambré ou foncé selon sa pureté et la force de son goût (les sirops clairs, plus légers, beaucoup plus subtils et onéreux, convenant particulièrement bien aux crêpes ou aux gaufres, et les ambrés, plus forts, à la cuisine). La couleur dépend du processus d'évaporation de la sève pendant la fabrication. Pour s'y retrouver, il existe des ***classifications selon la qualité*** : le « sirop d'érable pur de catégorie A » est ainsi clairement distingué des sirops d'érable de moindre qualité, ceux de la « catégorie de transformation ». Pour les ***sirops de catégorie A,*** ils sont déclinés en 4 sous-catégories : « sirop d'érable doré au goût délicat », « sirop d'érable ambré au goût riche », « sirop d'érable foncé au goût robuste » et « sirop d'érable très foncé au goût prononcé ». Une règle : ***plus c'est clair, plus c'est cher.*** Il faut quand même 40 l de sève pour obtenir 1 l de sirop !

– ***Les bons produits locaux : cidre de glace*** (cher), ***bières de microbrasseries,*** alcools de petits fruits, ***confitures de baies*** (canneberges, bleuets...), condiments, miels, thés et tisanes inuits... Vous trouverez de nombreux produits gourmets au ***marché Atwater*** (bien achalandé mais branché et pas donné), ou au ***marché Jean-Talon*** (plus populaire), notamment à l'épicerie fine *Marché des Saveurs du Québec.*

– ***Les vêtements techniques et le matériel de sports outdoor :*** du casque de vélo à l'équipement de golf en passant par le matériel de pêche et de camping, les prix sont largement inférieurs à ceux pratiqués en France et le choix généralement plus large. Les équipements de vélo du Québécois *Louis Garneau* sont extrêmement populaires. La chaîne *Mountain Equipment Co-op (MEC),* une coopérative comme son nom l'indique, est la référence pour les campeurs, grimpeurs et autres kayakistes. Ils font aussi de la location de matériel sportif et de camping et vendent les *pass* annuels de Parcs Canada.

– ***L'artisanat amérindien :*** logiquement cher quand il est beau et fait main. On trouve aussi des fanfreluches et objets bon marché, comme de petits jouets. Au choix : calumets, mocassins, statuettes, attrape-rêves *(dreamcatchers),* bijoux et peaux tannées.

– ***Les produits dérivés :*** vous noterez bien vite cette pratique typiquement nord-américaine : une auberge de jeunesse qui vend un T-shirt à son logo, un resto ou un bar un mug maison, un *tote bag* pour faire son shopping... Un souvenir sympa quand on a particulièrement aimé un lieu, et un cadeau toujours abordable.

Horaires des magasins

À Montréal, les magasins sont généralement ***ouverts tous les jours, y compris le dimanche.*** De manière générale, ils ouvrent de 9h-10h à 19h-20h, voire jusqu'à 21h le jeudi et le vendredi.

BUDGET

Le coût de la vie à Montréal est globalement plus élevé qu'en France. ***Ne vous attendez pas à des vacances bon marché.*** Précision importante : à quelques exceptions près concernant certains hébergements, ***tous les prix indiqués s'entendent hors taxes*** (***et hors pourboires*** dans les restos et les bars). À Montréal, celles-ci s'élèvent à 14,975 % (voir « Taxes et pourboires » plus loin). Pour les hôtels et les gîtes, ajoutez encore une ***taxe de 3,5 % par nuitée*** !

Attention, les prix mentionnés dans nos fourchettes de prix et dans le guide sont également hors taxes, sauf mention particulière, car ***tous les hébergements ne facturent pas systématiquement les taxes*** (TPS, TVQ et taxe d'hébergement). Ils s'entendent aussi ***hors pourboires.***

Les prix des chambres varient selon la saison et le confort, mais nous ne le répétons pas à chaque fois. Les ***gîtes et auberges*** de Montréal sont chers, mais ***le petit déjeuner (souvent copieux et privilégiant les spécialités locales) est inclus,*** contrairement aux hôtels, souvent plus onéreux et quelconques.

Hébergement

– ***Bon marché :*** en AJ, compter de 20 à 50 $ pour 1 lit en dortoir (voire plus à certaines dates) et de 50 à 150 $ la double. Les ***campings*** entrent dans cette catégorie. Leurs prix varient en fonction du nombre de services inclus (eau, électricité, égout). Un emplacement sans service coûtera 15-25 $ alors qu'un emplacement avec 2 ou 3 services grimpe facilement jusqu'à 50 $.

– ***Prix moyens :*** de 90 à 120 $ la double. C'est la catégorie de prix des gîtes modestes (assez rares, autant le savoir) et des chambres privées en AJ. Les prix les plus bas disposent d'une salle de bains partagée.

– ***Chic :*** de 120 à 200 $ la double. Ce sont les tarifs des hôtels, des auberges et des gîtes de charme.

– ***Très chic :*** plus de 200 $ la double.

Repas

Faire ses courses au supermarché revient plutôt moins cher qu'en Europe. Ce qui n'est pas le cas pour un repas au restaurant, d'autant plus *dispendieux* (comme on dit ici) qu'il faut ***ajouter taxes et pourboire*** (près de 30 % pour les 2 cumulés !). Voir « Taxes et pourboires », plus loin.

Les restos proposent parfois un ***menu « spécial du jour »*** le midi et un ***menu « table d'hôtes »*** le soir. Souvent, le menu « table d'hôtes » s'obtient en majorant de 10-20 $ le prix du plat principal. On a ainsi droit à une entrée (soupe ou salade), un dessert, et éventuellement à une boisson chaude ou froide. Le midi, les tarifs sont comme partout moins élevés que le soir. En revanche, les portions sont moins généreuses.

Ce que nous appelons « plat » va du simple snack à l'assiette chaude garnie.

Voici nos ***fourchettes de prix*** pour un menu ou un plat copieux :
- ***Bon marché :*** de 10 à 15 $;
- ***Prix moyens :*** de 15 à 25 $;
- ***Chic :*** de 25 à 40 $;
- ***Très chic :*** plus de 40 $.

Carburant

Même si le prix du carburant fluctue, il reste toujours un poil moins cher qu'en France. Compter ***entre 1,20 et 1,40 $ le litre de sans-plomb classique.***

Visites des musées et sites

Nous indiquons les tarifs par adulte, mais il existe presque toujours des ***réductions pour enfants, étudiants*** (sur présentation de la carte) ***et seniors,*** ainsi que des « ***forfaits famille*** » valables avec les moins de 18 ans. Nous indiquons aussi, quand il y en a, les jours de gratuité. Signalons que le dernier dimanche de mai, c'est la Journée des musées montréalais : la plupart sont alors gratuits pour tous les visiteurs *(● museesmontreal.org ●).*

CLIMAT

Les étés montréalais sont généralement très chauds, même si, comme chacun le sait, il n'y a plus de saisons... En juillet-août, la température moyenne oscille entre 25 et 30 °C. Inutile de débarquer avec des bottes de neige *(moonboots)* et des moufles de mai à septembre, néanmoins un pull « au cas où » et un imper restent nécessaires (c'est orageux en été).
En ***mai et septembre,*** jours agréables (18-20 °C) mais nuits fraîches. En ***juin,*** le mercure commence à grimper (environ 22 °C). En ***juillet et août,*** on peut avoir chaud (25-30 °C), la clim tourne à plein régime. En ***septembre,*** en général, de bien belles journées annoncent l'été indien, mais les nuits sont fraîches. En ***octobre,*** ça chute sec (autour de 12 °C). En ***novembre,*** température proche de zéro et début du gel. En ***décembre, janvier et février,*** on entre dans la période la plus froide (- 6 à - 10 °C en moyenne, et jusqu'à - 30 °C au pire !), avec de superbes journées ensoleillées. C'est la saison du ski, des randonnées à motoneige ou des courses à raquettes, même si le réchauffement global de la planète a rendu les hivers moins rudes – et menace l'englacement des lacs et des rivières. En ***mars et avril,*** c'est le temps du redoux tant espéré. Si le dégel transforme généralement les villes en vaste étendue de *sloche* (gadoue de neige fondue), la période n'en est pas moins agréable et ensoleillée, avec, certains jours, l'ouverture providentielle des cafés-terrasses. C'est aussi la période où l'on va en famille dans les cabanes à sucre des environs pour la « tire de l'érable ».

Hiver et contre tout

« Il n'y a pas de mauvais temps, que de mauvais vêtements ! »

(un Québécois anonyme)

Certains Québécois vous diront que leur rêve est de devenir suffisamment riches pour passer l'hiver... en Floride ! Leur leitmotiv : éviter ces mois où les arbres se déguisent en extravagants chandeliers de cristal, même au cœur de Montréal. Ils sont près de 1 million de ***snowbirds*** à quitter le pays à cette période, pour quelques semaines ou pour tout l'hiver « dans le Sud, au soleil, se baigner dans la mer » (Charlebois).
Pour comprendre les Québécois, il faut prendre la mesure de leur météo. Imaginez l'arrivée des colons français : 20 morts sur 28 au cours du 1er hiver passé sur les rives du Saint-Laurent ! Le souvenir est encore inscrit dans la mémoire collective. Aujourd'hui, dans un monde de chauffage central, de doudounes et d'isolation thermique, ***l'hiver québécois reste un défi,*** mais il est depuis longtemps apprivoisé par les habitants.

L'été indien

L'automne est ponctué par un phénomène propre au continent nord-américain : l'été indien. Après les 1ers frissons survient normalement une vague de chaleur qui perdure une bonne semaine (parfois plus, parfois moins). La végétation suspend sa marche vers le dénuement et offre des couleurs, des nuances uniques.
Montréal se visite idéalement durant ce moment remarquable qui s'étend, grosso modo, ***de la dernière semaine de septembre à la mi-octobre*** en fonction de la latitude. Au fait, savez-vous pourquoi on appelle ainsi cette période ? Parce que les Amérindiens d'autrefois profitaient de ce redoux pour constituer leurs dernières réserves avant l'hiver.

LA COULEUR DE L'ÉRABLE

À la fin de l'été, quand la lumière et la force du soleil décroissent, la photosynthèse, qui produit la chlorophylle des plantes, cesse peu à peu. Le vert des feuilles se dégrade, révélant d'autres pigments plus stables : jaune orangé et rouge tirant sur le pourpre. L'intensité des couleurs est fonction du soleil et de la température : il faut qu'il fasse frais sans geler. Ces 2 facteurs augmentent la concentration en sucre. Plus une espèce contient de sucre, plus le rouge est intense, ce qui explique l'écarlate ahurissante des feuilles d'érable.

DANGERS ET ENQUIQUINEMENTS

En ville

Taux de criminalité faible, délinquance quasi inexistante, Montréal (comme le Canada en général) est une ***destination très sûre.*** Bien entendu, comme partout, ne pas tenter le diable et prendre les précautions de bon sens contre le vol (ne rien laisser traîner d'apparent dans les voitures) ; et surtout lors des festivals d'été où une foule considérable se presse dans le centre-ville...

Dans la nature

– En été, les forêts sont infestées de ***moustiques*** (les *maringouins* en québécois) et de ***mouches noires*** qui piquent férocement. Évitez de vous gratter, au risque de voir les démangeaisons durer... longtemps. En général, le problème est plus présent au nord, mais les environs de Montréal ne sont pas épargnés. Si vous prévoyez de camper ou de vous promener dans les parcs, surtout, surtout, ***munissez-vous de lotions antimoustiques*** (voir la rubrique « Santé »), évitez de vous parfumer et de porter des vêtements aux couleurs foncées. Juin est le pire mois de l'année ; ça commence à se calmer en juillet, mais quand même...
– Sur la route, de nombreux panneaux indiquent clairement les zones peuplées d'***orignaux*** (élans d'Amérique) et de ***caribous*** (de la famille des rennes). Ralentissez, surtout la nuit, car l'animal ébloui a tendance à s'arrêter au milieu de la chaussée. La confrontation orignal/véhicule est douloureuse et loin d'être aussi rare qu'on pourrait le croire.

DÉCALAGE HORAIRE

Quand il est 18h en France, il est 12h au Québec ; donc - 6h.

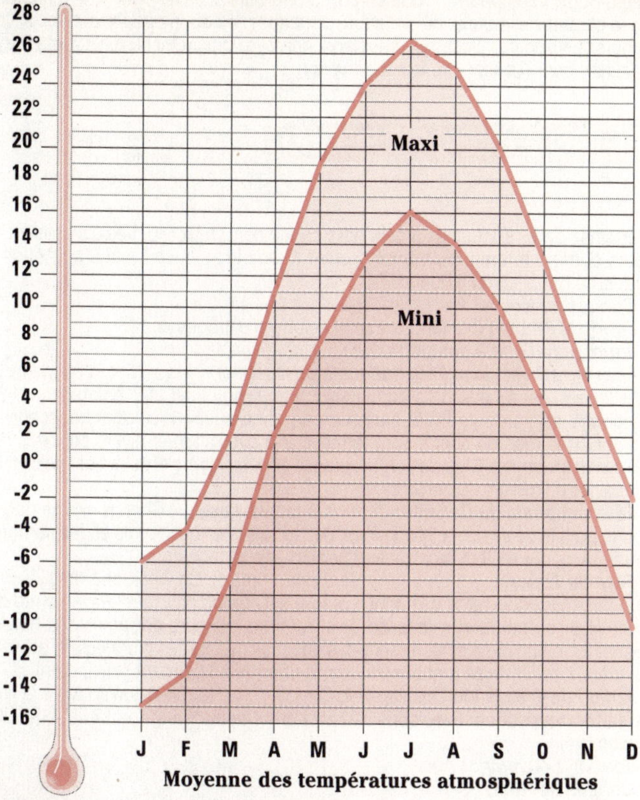

Moyenne des températures atmosphériques

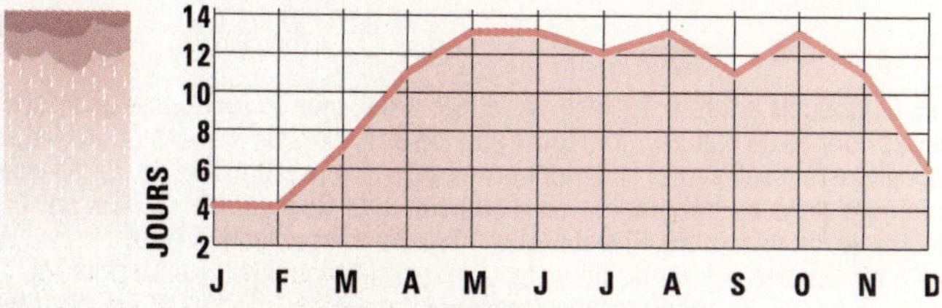

Nombre de jours de pluie

MONTRÉAL

ÉLECTRICITÉ

Si votre appareil est équipé d'un ***câble avec port USB,*** pas de problème. De plus en plus d'hébergements, de même que les voitures de location, disposent de prises. Sinon, sachez que les fiches électriques classiques nord-américaines (110 V) sont à 2 broches plates. Vous aurez donc dans ce cas besoin d'un ***adaptateur.*** En cas d'oubli, vous pourrez vous en procurer un dans les aéroports, à la réception de la plupart des hôtels, ou dans une boutique d'électronique. Attention : si vous achetez un appareil électrique sur place, prévoyez d'acheter aussi l'adaptateur qui convient pour l'utiliser une fois à la maison...

FÊTES ET JOURS FÉRIÉS

Jours fériés

Certaines dates sont utiles à connaître car de nombreux Montréalais utilisent ces fêtes comme référence chronologique ! Exemple : « ouvert jusqu'à l'Action de grâces ». Euh... jusqu'à quand ?!

– ***Congés du Nouvel An :*** *1er et 2 janv.*

– ***Lundi de Pâques*** (ou Vendredi saint selon les entreprises).

– ***Journée nationale des patriotes :*** *le lun précédant le 25 mai.*

– ***Fête de la Saint-Jean (fête nationale du Québec) :*** *23 et 24 juin.* • fetenationale.quebec • C'est à cette date que la saison touristique débute véritablement. Jour de congé pour tous (le 24) et exaltation de l'âme québécoise pour beaucoup. De nombreuses rues du centre sont fermées à la circulation et divers concerts remplacent les voitures. Clou de la fête : grands spectacles à ciel ouvert accueillant des centaines de milliers de personnes.

– ***Fête nationale du Canada :*** *1er juil.* Ce jour-là, l'avenue Sherbrooke se pare de rouge pour le défilé des anglophones, des fédéralistes québécois et des nombreux immigrants qui veulent montrer leur fierté d'être canadiens.

– ***Fête du Travail :*** *1er lun de sept* (et non le 1er mai !). Ce week-end de 3 jours est l'un des plus importants de l'année et tout est complet partout ! Passé cette date charnière, de nombreux musées et attractions mineurs adoptent des horaires restreints (on ne parle évidemment pas des principaux sites montréalais, ouverts à l'année). Les hôtels se font ensuite moins chers (sauf pendant l'été indien).

– ***Action de grâces*** (ou *Thanksgiving Day*) **:** *2e lun d'oct.* Marque souvent la fin de la saison touristique. Précisons qu'aux USA Thanksgiving tombe le 4e jeudi de novembre.

– ***Jour du Souvenir :*** *11 nov.*

– ***Congés de Noël :*** *25 et 26 déc.*

Fêtes et festivals

Les Québécois adorent les festivals et Montréal, grande métropole cosmopolite et passionnée de culture, vibre toute l'année au rythme de manifestations variées. La culture festivalière est tellement inscrite dans la personnalité de la ville qu'elle a intégré dans sa géographie un « ***quartier des Spectacles*** ». Dans cet étroit périmètre, on dénombre 40 festivals et 30 salles de spectacle. 1 billet de spectacle sur 4 au Québec est vendu dans ce quartier de Montréal ! Il y en a pour tous les goûts, à toutes les époques, avec cependant une forte inflation en été. Le festival ***Juste pour rire,*** le ***Festival international de jazz*** ou encore ***Montréal en lumière*** sont les plus importants d'entre eux. Il faudrait des pages entières pour détailler la vie culturelle montréalaise. Le mieux est de se reporter à *Voir* (• voir.ca •), un hebdo culturel gratuit que l'on peut trouver à peu près partout (dépanneurs, boutiques, librairies...). Voir également le site officiel de l'office de tourisme qui regroupe des infos sur tous les festivals montréalais : • mtl.org •

– ***Fête des Neiges :*** *de mi-janv à mi-fév dans le parc Jean-Drapeau (w-e seulement).* • parcjeandrapeau.com • *Accès gratuit, certaines animations sont payantes.* Un village de glace est façonné chaque année : resto-bar, igloos, labyrinthe, bateau de glace... Ateliers de sculpture sur glace, traîneaux à chiens, animations en soirée et divers jeux pour enfants.

– ***Festival Montréal en lumière :*** *fév-mars.* • *montrealenlumiere.com* • Une dizaine de jours de folies hivernales célébrant gastronomie, arts de la scène et fêtes populaires par le biais d'activités originales et pour la plupart gratuites qui se déroulent principalement dans le Vieux-Montréal.

– ***Art Souterrain – festival d'Art contemporain :*** *pdt 3 sem fév-mars.* • *artsouterrain.com* • Le Montréal souterrain devient pendant 2 semaines une gigantesque galerie d'exposition qui regroupe une multitude d'artistes contemporains sur une thématique, avec des projets parfois très audacieux. Également des conférences sur l'art et des visites guidées gratuites.

– ***Festival TransAmériques :*** *mai-juin.* • *fta.ca* • Un festival de danse et de théâtre contemporains à la programmation aussi internationale que pointue engageant une dizaine de pays. Pendant plus de 15 jours, théâtre, danse, bien sûr, mais aussi des performances dans de nouvelles formes, parfois inclassables, excessives, voire radicales...

– ***Festival Mondial de la Bière :*** *4 j. fin mai. Gare Windsor, 1100, av. des Canadiens-de-Montréal.* Ⓜ *Lucien-L'Allier, Bonaventure ou Peel.* • *festivalmondialbiere.qc.ca* • *Entrée gratuite mais dégustations payantes.* Réunit de nombreux exposants.

– ***Francofolies de Montréal :*** *en juin.* • *francosmontreal.com* • Un événement majeur qui permet de découvrir le meilleur de la musique francophone et du monde, avec environ 200 concerts, dont 150 gratuits (le « off »), soit un millier d'artistes d'une quinzaine de pays différents.

– ***Grand Prix de Formule 1 :*** *en juin, sur le circuit Gilles-Villeneuve, dans le parc Jean-Drapeau.* • *gpcanada.ca/fr* • Une autre course de monoplaces (série américaine NASCAR) a lieu mi-août sur le même circuit.

– ***Festival Mural :*** *en juin.* • *muralfestival.com* • Créé en 2012, ce festival rassemble des artistes urbains, des muralistes, des musiciens, des créateurs autour d'œuvres novatrices faisant de Montréal une ville à la pointe pour les arts de la rue (street art). Pour ceux qui ont manqué le festival, possibilité de découvrir les œuvres lors de visites guidées *(ttes les fins de sem jusqu'en oct, durée 2h).*

– ***Festival international de jazz :*** *juin-juil.* • *montrealjazzfest.com* • Après 40 ans d'existence, le Festival international de jazz de Montréal est devenu le plus grand festival musical au monde. Plus de 3 000 musiciens en provenance de 30 pays différents assurent près de 800 concerts, activités et animations (dont les deux tiers sont gratuits) dans un immense quadrilatère du centre-ville fermé à la circulation. Près de 2,5 millions de spectateurs, et malgré tout une ambiance bon enfant. On joue partout, toute la ville vit et vibre à l'heure de la musique.

– ***L'International des feux Loto-Québec :*** *en juil.* La plus prestigieuse compétition de feux d'artifice au monde. Voir « Dans le parc Jean-Drapeau », « La Ronde », rubrique « À voir. À faire ».

– ***Festival Juste pour rire / Just for Laughs :*** *en juil.* • *hahaha.com* • Un événement international, le plus grand du monde dans son genre, qui s'est même exporté à Nantes, Toronto, Chicago et Sydney ! Plus de 1 500 représentations étalées sur le mois de juillet, un festival de rue ininterrompu. Le volet *Arts de la rue* se déroule sur la place des Festivals, un espace urbain tout neuf proche de la place des Arts *(zoom détachable Centre, C4).* Jusqu'à minuit, c'est une débauche de sketches de rue, de gags inopinés, de matchs d'improvisation, de spectacles professionnels gratuits ou payants exécutés par des artistes des 4 coins du globe. Un grand moment à ne pas manquer.

– ***Montréal Complètement Cirque :*** *en juil.* • *montrealcompletementcirque.com* • Toutes les grandes compagnies de cirque québécoises sont là, ainsi que des troupes venues de l'étranger. Nombreux spectacles payants, mais aussi des animations gratuites en plein air sur le site de la *Tohu* (au nord du marché Jean-Talon), dans le Quartier latin et dans bien d'autres lieux.

– ***Festival Orientalys :*** *fin août, durant 4 j. et 4 nuits.* • *festivalorientalys.com* • *GRATUIT.* Ce festival se déroule au Vieux-Port de Montréal qui prend les couleurs de l'Orient, du Maghreb à la Chine. Musique, danse, gastronomie, arts et cultures.
– ***Festival international Nuits d'Afrique :*** *en juil.* • *festivalnuitsdafrique.com* • En salle (payant) ou à l'extérieur (gratuit), sur le parterre du quartier des Spectacles, des concerts de près de 500 artistes africains, antillais et sud-américains. Une trentaine de pays sont représentés chaque année. En plus des concerts, ateliers divers, expos artisanales et nourriture du Sud. Hors festival, des concerts sont organisés toute l'année.
– ***Poutinefest :*** *6 j. début août, dans le quartier du Vieux-Port.* Cet événement culinaire est consacré à la poutine d'hier et d'aujourd'hui à travers de nombreux stands tenus par des chefs « poutiniers ». Une bonne occasion de découvrir les nouvelles recettes de poutine.
– ***Festival Osheaga :*** *début juil-août.* • *osheaga.com* • Nombreux concerts en plein air, notamment des grands noms du rock, dans le parc Jean-Drapeau (sur l'île Sainte-Hélène).
– ***Activités estivales sur le Vieux-Port :*** *de mi-mai à début oct.* • *vieuxportdemontreal.com* • Une quantité d'animations et d'activités nautiques (la plupart payantes) sur le quai de l'Horloge (rue Berri), la promenade des Artistes et la promenade du Vieux-Port. « Montréal-Plage », embarcations à pédales, bateaux, pêche à la ligne, etc.
– ***Festival des Films du monde :*** *de mi-août à début oct.* Un festival de cinéma ouvert à toutes les tendances et aux cinématographies de tous les pays. Au programme, des films indépendants et des courts-métrages.
– ***Pop Montréal :*** *5 j. fin sept.* • *popmontreal.com* • Un festival international de musique, organisant des centaines de concerts de musiques actuelles internationales, dans différentes salles de spectacle et cafés musicaux. Et aussi conférences, expos et projections de films.
– ***Marathon Oasis Rock'n'Roll :*** *1 w-e en sept.* • *runrocknroll.com* • Chaque année, plus de 25 000 participants se retrouvent pour le marathon de Montréal. Sont également organisés le demi-marathon, le 5 km et le 10 km.
– ***Festival du Nouveau Cinéma :*** *pdt 12 j. mi-oct.* • *nouveaucinema.ca* • Festival consacré au cinéma d'auteur et à la création. Longs-métrages, documentaires, courts-métrages, films jeune public...
– ***Coup de Cœur francophone :*** *12 j. en nov.* • *coupdecoeur.ca* • C'est l'événement « chansons » francophones de l'automne, avec de nombreuses découvertes ainsi que des valeurs sûres, venues de toute la francophonie. En tout, 12 jours de spectacles répartis dans plusieurs salles et cabarets de Montréal, et de 8 autres villes au Canada.

HÉBERGEMENT

Si vous partez entre fin juin et fin août, ***réservez longtemps à l'avance.*** En plein été, certains établissements affichent complet plusieurs mois avant la pleine saison.

Campings

Environnement naturel préservé, tables en bois, propreté des sites... ***Camper au Canada est un plaisir.*** Sans compter les Laurentides à moins de 1h30 de route, où ils sont légion, il existe une quinzaine de campings autour de Montréal, mais pas à moins de 15 km de la ville. Il est fortement conseillé de ***réserver en été.***
Les prix varient selon l'emplacement et les « services » : eau, électricité (différentes catégories de puissance) et système d'égouts pour les motorisés. La plupart disposent aussi d'une *buanderie* (laverie), d'abris ou de salles aménagées en cas d'intempérie ; et sur chaque emplacement on trouve habituellement un foyer

pour faire du feu (prévoyez une petite grille pour vos brochettes) et une table de pique-nique. On peut la plupart du temps acheter du bois à l'accueil. Il est interdit d'en ramasser sur place ou même d'en apporter, en raison de la prolifération d'insectes nuisibles dans la forêt canadienne.

De plus en plus de campings louent des cahutes sommaires, des ***minichalets,*** des ***tentes aménagées*** (tentes ***prêt-à-camper*** ou ***tentes prospecteur***) ou des ***bungalows,*** avec ou sans sanitaires. Avec la vogue des ***hébergements insolites,*** on trouve parfois des **pods** (abris en bois arrondis), des ***cabanes perchées dans les arbres*** et des curiosités comme des conteneurs maritimes relookés. Les plus confortables disposent d'une cuisinette (avec plaques chauffantes et frigo) et d'un barbecue extérieur. Attention, très souvent les draps ne sont pas fournis.

On peut aussi consulter en ligne les ***sites des parcs nationaux et provinciaux*** (voir la rubrique concernée dans « Hommes, culture, environnement ») ainsi que • *campingquebec.com* •, le guide des campings au Québec.

Auberges de jeunesse

Les AJ canadiennes sont dans l'ensemble formidables. Outre l'***AJ officielle,*** Montréal compte plusieurs ***AJ privées*** arrangées avec soin et parfois originalité. Ce sont des hébergements très chaleureux, sources de bons tuyaux sur la ville et points de rencontre de voyageurs. Propres, parfois un peu foutoir pour les moins exigeantes, elles ont toutefois un inconvénient : leurs ***tarifs*** atteignent facilement 50 $ par personne au cœur de l'été ou lors d'un événement d'envergure ! Le plus souvent, ça tourne plutôt ***autour de 25-35 $.*** Les ***draps et serviettes*** sont fournis ou généralement disponibles à la location ; sinon, prévoir un ***sac de couchage.*** Parfois, votre propre linge ne sera pas accepté car susceptible de contenir des punaises de lit, la hantise des hébergements. La plupart des AJ ont aussi des ***chambres privées, avec salle de bains individuelle.*** Ces chambres restent moins chères que celles des gîtes, et a fortiori que celles des hôtels. Elles sont aussi moins glamour, autant le savoir... Dans toutes les AJ, vous trouverez une cuisine équipée et des espaces communs (parfois un simple salon, parfois un bar follement animé...).

Pas de limite d'âge pour y séjourner. Dans les auberges officielles, affiliées au grand réseau *Hostelling International* (dont fait partie la FUAJ française), attendez-vous à payer 10 $ de plus si vous n'êtes pas adhérent. Sinon, la carte coûte environ 25 $, est valable 1 an, et s'achète dans les AJ du réseau *HI.*

– Rens et résas : ***Hostelling International,*** • *hihostels.ca* •

Gîtes, auberges, chambres d'hôtes

Plutôt que l'hôtel, nous conseillons les ***gîtes*** – l'équivalent de nos chambres d'hôtes ou ***Bed & Breakfast*** –, désignés également dans le Canada francophone par le joli et chaleureux terme ***Couette et Café.*** Montréal en compte près d'une centaine (mais parfois très excentrés). L'***accueil*** et la ***convivialité*** rivalisent avec l'***abondance du petit déjeuner*** (compris dans le prix). Ce petit déjeuner cuisiné (appelé « déjeuner » au Québec) est d'ailleurs une véritable institution qui permet souvent de goûter aux produits régionaux et de manger ensuite très léger le midi, voire pas du tout.

Dans ce type d'hébergement, il n'est ***pas rare que les salles de bains soient partagées.*** La salle de bains privée fait sérieusement grimper la note.

Les plus grandes maisons abritent souvent des ***auberges,*** à mi-chemin entre le gîte et l'hôtel. Souvent plus proches de la demeure de charme, elles se situent en majorité dans la catégorie « Chic ».

La ***classification par soleils ou étoiles*** (de 0 à 5) permet de définir le niveau de confort du gîte, mais certains 4 ou 5 soleils, qui mettent à votre disposition peignoirs et sèche-cheveux, peuvent très bien n'avoir aucun charme et les chambres être toutes petites.

Au Québec, y compris à Montréal, la dénomination ***Gîtes et Auberges du Passant*** est un label réputé attribué par l'Association de l'agrotourisme et du tourisme gourmand du Québec, qui délivre des certificats « Terroir & Saveurs du Québec ». On les indique, mais ils ne sont pas les seuls.
– ***Fumeurs :*** le « fumage » est interdit, mais il y a toujours une terrasse, un balcon ou un accès à l'extérieur prévu pour les accros.
– ***Familles :*** même si cela n'est jamais affiché (car c'est interdit), sachez que les enfants ne sont pas toujours les bienvenus dans les gîtes ou auberges, surtout dans les adresses un peu chics qui tiennent à préserver le calme pour le bien-être de leurs clients... La limite d'âge est souvent dans ce cas fixée à 12 ans minimum.
– Pour ***réserver,*** vous pouvez passer par l'office de tourisme ; si nos adresses sont complètes, ils sauront lesquelles sont encore disponibles et les contacteront pour vous.
– ***Bon à savoir :*** les offices de tourisme ne recommandent que les hébergements qui leur paient une cotisation, leur liste est donc loin d'être exhaustive.

■ ***Gîtes et Auberges du Passant :*** • *terroiretsaveurs.com* •

■ ***GitesCanada :*** • *m.gitescanada.com* • Un recensement très complet des gîtes, *B & B* et chambres d'hôtes sur l'ensemble du pays.

Hôtels

Ville jeune à la croissance très rapide, Montréal souffre de la rareté de ces petits hôtels pas chers au confort parfois aléatoire qui, ailleurs, font le bonheur des routards. Ici, ce sont surtout les ***grandes chaînes*** qui occupent le terrain : hôtels confortables, fonctionnels mais chers et pas très chaleureux. On trouve toutefois de plus en plus de ***beaux hôtels indépendants ou de charme,*** forcément plutôt dispendieux (« chers », en québécois !).
Les chambres ont toujours une salle de bains privée, TV, wifi et clim, généralement cafetière, frigo, voire micro-ondes. Nous indiquons les ***prix pour 2 personnes,*** mais il n'est pas rare qu'une chambre possède 2 lits doubles *queen size,* ce qui permet de loger à 4 (2 adultes et 2 jeunes enfants). Compter alors 15 à 30 $ par personne supplémentaire, parfois plus. ***Le petit déjeuner est rarement inclus,*** ou alors il s'agira d'un café-filtre et de quelques muffins industriels à grignoter sur le pouce.
Attendez-vous à payer cher en ***parking*** : jusqu'à 30 $ par jour ! Bon à savoir : lors de l'enregistrement, les réceptionnistes demandent presque systématiquement une ***empreinte de carte de paiement*** pour garantir les extras (même si la note a déjà été réglée en amont via un site internet ou par une agence). C'est l'usage au Canada.

La location d'appartements ou de maisons

Une formule intéressante ***en famille*** (plus d'espace, la possibilité de prendre des repas sur place représentant une économie non négligeable), mais, à 2, pas forcément beaucoup moins cher qu'un hôtel. Tout dépend encore une fois de la demande pour la période souhaitée, et du standing de l'hébergement.
Pour réserver, on peut passer par une ***plateforme internet de mise en relation entre propriétaires et locataires*** (type *Airbnb*). L'offre est très tentante : prix attractifs, choix exponentiel dans tous les styles, du petit studio fonctionnel meublé *Ikea* au loft design en passant par la maison de ville bobo avec jardinet en plein Montréal... Les budgets les plus modestes pourront aussi tout simplement louer un bout de canapé.

■ ***Airbnb :*** • *airbnb.fr* • Des centaines de chambres (avec ou sans salle de bains privative), apparts, cabanes et maisons à tous les prix *(de 60 à plus de 500 $/nuit).* En cherchant bien et en s'y prenant à l'avance, on peut louer des lieux assez étonnants. Attention, les frais de ménage font pas mal grimper l'addition.

■ ***VRBO :*** *• vrbo.com •* Site de location entre particuliers, en anglais seulement.

Échange de maisons ou d'appartements

Il s'agit d'échanger son propre logement (que l'on soit propriétaire ou locataire) contre celui d'un adhérent du même organisme dans le pays de son choix. Cette formule offre l'avantage de passer des vacances au Canada à moindres frais, en particulier pour les jeunes couples avec enfants. Voici 2 agences qui ont fait leurs preuves (s'y prendre à l'avance pour l'été) :

■ ***Intervac :*** *06-30-76-62-83. • fr.intervac-homeexchange.com •* Adhésion annuelle environ 120 €, avec possibilité de tester gratuitement le service pendant 7 jours.

■ ***Homelink International :*** ☎ *04-42-27-14-14. • homelink.org •* Adhésion annuelle : dès 125 € (pour les mêmes services).

LANGUE

Depuis 1977, ***le français est la seule langue officielle au Québec*** et donc à Montréal. Les Montréalais, qui n'ont cessé de se battre en faveur de leur langue, ***traduisent systématiquement tous les anglicismes,*** tels que « stop » (arrêt), « parking » (parc de stationnement), « week-end » (fin de semaine), « e-mail » (courriel), « drive-in » (service au volant), « rocking-chair » (chaise berçante : joli, non ?)... Cela peut donner des traductions littérales étonnantes comme le typique « ***bienvenue*** » en lieu et place de l'anglais « *you are welcome* » (« je vous en prie »). Et puis il y a ces expressions et ces mots anglais qui ont été francisés : « ***canceller*** » (annuler), « ***appliquer*** » (postuler), « ***c'est engagé*** » (c'est occupé), « ***tomber en amour*** » (« *fall in love* »), « ***prendre une marche*** » (« *take a walk* ») et tant d'autres...

DOUBLE LANGAGE

Plus qu'une ville francophone, Montréal est une ville bilingue, où vivent entremêlées les 2 communautés linguistiques du Canada. Si bien que, dans chaque lieu public, le nouveau venu est accueilli par un singulier « Bonjour-Hi » qui, en fonction de la langue de réponse, permettra de poursuivre la conversation en français ou en anglais.

Pas de « shopping » ici, mais du « ***magasinage*** » ! L'incontournable « ***chum*** », issu de l'argot britannique d'avant-guerre, c'est un copain ou un petit ami. À noter qu'on fait une « job » ou une « jobine », selon l'importance du travail qui nous est confié... et que les noms de métiers se féminisent. On parlera d'une *auteure,* d'une *écrivaine,* d'une *mairesse.* Petite remarque de structure, pour terminer : vous entendrez souvent des questions faisant un usage répété du pronom. Exemples : « ***Tu veux-tu ?*** » « Tu penses-tu ? » Le *tu* est même parfois apposé à d'autres phrases : « Ça se peut-tu ? »

ON SE DIT « TU » ?

Le tutoiement est bien plus utilisé que chez nous. Un principe d'égalité qui surprend quand un chauffeur de taxi vous tutoie, par exemple. Un Québécois peut d'ailleurs très vite passer du vouvoiement au tutoiement au cours de la même conversation. On vouvoie plutôt les supérieurs hiérarchiques et les personnes âgées. Mais pas toujours !

Vous remarquerez sans doute que beaucoup de gens (surtout des jeunes urbains) mélangent allègrement français et anglais dans la même phrase. Une réponse en anglais peut succéder à une question en français, les interlocuteurs utilisant indifféremment l'une ou l'autre langue pour continuer le dialogue. C'est ça, le vrai cosmopolitisme !
Voici une ***petite liste d'expressions*** qui peuvent différer selon que l'on se trouve en ville ou à la campagne, selon l'âge ou autre. Un conseil : n'essayez pas d'utiliser ces termes en imitant l'accent (en général, les Montréalais détestent), ni de jurer en employant leurs expressions (comme le fameux « tabernacle »). En revanche, jetez un œil sur la liste plus bas si vous voulez éviter quelques malentendus !

LANGAGE 3.0

La langue française, on en est fiers ! À bas les anglicismes, ordinateurs et réseaux sociaux n'ont qu'à bien se tenir. Non, les Québécois ne chattent pas, ils clavardent. Ils n'envoient pas des mails mais des courriels, et même parfois reçoivent des polluriels (spams). Et sur les réseaux sociaux, vos amis ne sont pas des followers, mais bien des abonnés. Enfin, poussons bien mais poussons égal (n'exagérons pas), comme on dit par ici ! L'Office québécois de la langue française a tout de même perdu quelques batailles. Aussi, on dit bien un selfie et non un ego portrait, comme on dit un tweet et non un gazouillis (l'expression a vraiment fait débat !). En revanche, hashtag se dit bien « mot-dièse » ! On s'emmêle un peu les câbles !

Repas

- *Déjeuner :* petit déjeuner.
- *Dîner :* déjeuner.
- *Souper :* dîner.
- *Salle à manger :* restaurant.
- *Un jus :* un jus de fruits.
- *Breuvage :* boisson non alcoolisée.
- *Cannes :* boîtes de conserve.
- *Les ustensiles :* les couverts.
- *Chaudron :* casserole.
- *Un dépanneur :* une petite épicerie de proximité.
- *Bar laitier* ou *crémerie :* marchand de glaces.
- *Crème molle :* l'équivalent de notre glace à l'italienne.
- *Sous-marin :* sandwich.
- *Beurre de pinottes :* beurre d'arachides (de *peanuts* : cacahuètes).
- *Blé d'Inde :* le maïs.
- *Bonjour :* bonjour, mais aussi au revoir.
- *Bienvenue :* de rien (en réponse à un remerciement).
- *Jaser, placoter :* bavarder.
- *Foyer :* cheminée.
- *Calorifère :* radiateur.
- *Salle d'eau :* cabinet de toilette, avec lavabo (sans douche).
- *Gougounes :* tongs, chaussons.
- *La tuque :* le bonnet.
- *Égreyer, dégreyer :* habiller, déshabiller.
- *Atchoumer :* éternuer.
- *Magasiner :* faire des courses.
- *C'est dispendieux :* c'est cher.
- *Ça coûte gratuit :* c'est gratuit.
- *C'est mon plaisir :* formule de politesse par excellence.
- *Offert :* proposé (aucune notion de gratuité !).
- *Icitte :* on le dit pour « ici ».

– *Présentement :* maintenant.
– *Asteure :* maintenant.
– *Tantôt :* tout à l'heure.
– *Tabagie :* bureau de tabac.
– *Une plume :* un stylo.

Amour

– *Ma blonde :* ma petite amie (ça fonctionne aussi pour les brunes ou les rousses).
– *Mon chum* (prononcer « tcheum ») *:* mon petit ami.
– *Un bec :* un petit baiser.
– *Cruiser* (prononcer « crouser ») *:* draguer.
– *Tomber en amour :* tomber amoureux.

Divers

– *Pogner les nerfs :* s'énerver.
– *Charger :* facturer ou faire payer.
– *Party :* fête.
– *C'est l'fun* (prononcer « fone ») *:* c'est super, agréable, drôle.
– *C'est dull, c'est platte :* c'est ennuyeux.
– *C'est cute :* c'est mignon.
– *Elle est fine :* elle est gentille.
– *Bibittes* ou *bebittes :* insectes (en général).
– *Maringouin :* moustique.
– *Se tirer une bûche :* s'asseoir.
– *Y mouille :* il pleut.
– *Y fait frette :* il fait très froid.
– *La brunante, la noirceur :* le crépuscule, l'obscurité.
– *La sloche :* la neige sale et fondue dans les rues des villes.
– *Salle de quilles, quillodrome :* bowling.
– *Une bonne toune :* un bon morceau de musique, une bonne chanson (de l'anglais *tune*).
– *Chialeux :* râleur.
– *Branleux :* hésitant.
– *Niaiseux (niaiseuse) :* bête, stupide (« maudit niaiseux ») ou facile à faire.
– *Niaise-moi pas :* ne me fais pas marcher, ne te fous pas de moi.
– *Menteries :* mensonges.
– *Crosseur :* magouilleur.
– *Se faire passer un sapin* ou *se faire amancher :* se faire avoir.
– *T'as pas d'affaire à faire ça :* tu ne dois pas faire ça.
– *Avoir une face à fesser dedans :* quelqu'un d'antipathique.
– *Tannant :* fatigant ; *être tanné,* en avoir assez, être fatigué.
– *Achalant :* fatigant.
– *Réchauffé :* ivre.
– *Salle de montre :* salle d'exposition.
– *C'est sur mon bras :* c'est ma tournée.
– *Être assis sur son steak :* glandouiller.
– *Se mettre sur son 36 :* se mettre sur son 31.
– *Pantoute :* pas du tout.
– *Sécher les dents :* sourire.
– *Ruine-babines :* harmonica.
– *Pamphlet :* brochure, dépliant.

Transports

– *Bicycle à gazoline :* moto.
– *VTT :* ce n'est pas un vélo, mais un véhicule tout-terrain motorisé à 4 roues (quad).
– *Char :* voiture.

- *Tanker son char :* faire le plein d'essence.
- *Chauffer dans la noirceur :* conduire de nuit.
- *Roulotte :* caravane, camping-car.
- *La renverse, le reculon :* la marche arrière.
- *Une lumière :* un feu de circulation.
- *Une congestion :* un embouteillage.
- *Faire du pouce :* faire de l'auto-stop.

Une dernière chose... évitez de dire que vous avez joué toute la matinée avec vos gosses (« couilles » en québécois) !
Si vous voulez en savoir plus, il existe des dictionnaires de langue québécoise disponibles en France et dans les librairies du Québec. Jetez un œil aussi au site • *dictionnaire-quebecois.com* • et entraînez-vous à votre prononciation sur • *japprendslequebecois.com* •

LIVRES DE ROUTE

Littérature contemporaine

- ***Chronique de la dérive douce*** (2012), de Dany Laferrière (Le Livre de Poche). Après avoir vécu quelque temps à Miami, l'écrivain haïtien, membre de l'Académie française depuis 2015, nous narre ici sa 1re année à Montréal, en 1976, tout frais débarqué de Port-au-Prince pour fuir les Tontons macoutes. C'est un roman d'apprentissage, celui d'une nouvelle vie et d'une nouvelle ville par un jeune homme d'à peine 25 ans. Une très belle écriture, alternant prose et vers libres. Du même auteur, lire aussi *Pays sans chapeau* (Zulma, 2018), le récit d'un retour au pays après 20 années passées à Montréal. Et puis *Je suis un écrivain japonais* (2008, Le Livre de Poche). Un écrivain montréalais se prend de passion pour le Japon. Sur une méprise, il devient extrêmement célèbre à Tokyo. Entre amours sensuelles et flâneries montréalaises, un roman humoristique sur les dérives de la médiatisation, le nationalisme, mais aussi l'amour que l'académicien Dany Laferrière porte à la littérature et la francophonie.
- ***Dernière nuit à Montréal*** (2012), d'Emily St. John Mandel (Rivages). Lilia a été enlevée par son père à l'âge de 7 ans. C'est le début de leur errance nord-américaine, de motel en motel, entre fuite et semblant de vacances. Christopher, un détective privé, va alors se lancer à leurs trousses, dans une quête aussi existentielle qu'obsessionnelle. Mais d'autres personnages entrent en scène : une danseuse dans une boîte de nuit montréalaise, un New-Yorkais amoureux de Lilia... Ce très beau polar est le 1er roman d'une jeune auteure talentueuse dont la carrière est en train de s'envoler. *Station Eleven,* récit post-apocalyptique paru en 2014, a été adapté en série en 2021.
- ***La Constellation du Lynx*** (2010), de Louis Hamelin (Éd. du Boréal). Une œuvre de fiction inspirée de la crise d'octobre 1970 (lire dans « Histoire. Trudeau et le FLQ »). À travers une enquête menée par l'écrivain Samuel Nihilo sur l'assassinat du ministre du Travail Pierre Laporte par le FLQ en 1970, Louis Hamelin nous présente d'une plume libre, imagée et pleine d'humour, quels pourraient être les dessous de cet assassinat qui a entraîné l'invocation de la « loi des Mesures de guerre » par le 1er ministre Pierre Elliott Trudeau.
- ***Le bonheur est assis sur un banc et il attend*** (2010), de Janick Tremblay (Stanké). Le quotidien ordinaire des habitants d'un immeuble montréalais, de simples voisins ou des amis, des commerçants ou des retraités, qui affrontent la vie en communauté. Après le décès d'un jeune locataire, leurs liens se resserrent. Et, bien qu'ayant tous leur propre histoire, ils vont tenter ensemble de faire face à ce décès. Des personnages aussi simples qu'attachants dans un joli roman, pas des plus joyeux.

– ***Nikolski*** (2005), de Nicolas Dickner (Libretto). 3 récits parallèles tissent ce beau roman plein de fantaisie et d'atmosphère : celui d'un jeune libraire de Montréal sans autre ambition que celle de vivre au milieu de ses livres ; de Noah, un jeune Amérindien ayant passé toute son enfance et son adolescence à bourlinguer dans la Saskatchewan dans une camionnette avec sa mère ; et de Joyce, une jeune fille descendante de pirates et de flibustiers qui s'ennuie ferme à Tête-à-la-Baleine. Noah et Joyce décident de prendre leur vie en main et de tenter leur chance à Montréal. Les 3 personnages ne vont alors cesser de se croiser, de se frôler... sans jamais se rencontrer.
– ***Manuel de la vie sauvage*** (2018), de Jean-Philippe Baril Guérard (Ta Mère). Les tribulations d'un entrepreneur montréalais, s'érigeant en modèle de réussite avec force cynisme. Nouvelle coqueluche des cercles littéraires québécois, l'auteur est un touche-à-tout au regard volontiers caustique, brossant avec brio des portraits sans détour de milieux divers : des étudiants en droit nantis dans *Royal* (2016) à la moralité douteuse des humoristes à succès avec *Haute démolition* (2021).
– ***Le Plongeur*** (2019), de Stéphane Larue (Le Quartanier). La descente aux enfers d'un tout jeune étudiant en graphisme. Aspirant bédéiste et illustrateur, fan de metal, de jeux vidéo et de comics, il tombe dans l'addiction aux jeux en ligne. Endetté, il est alors embauché comme plongeur dans une trattoria. Une plongée haletante en cuisine, implacable et crue, qui rappelle les romans de Zola.

Les classiques

– ***Voyages au Canada*** (1565 et 1612), de Jacques Cartier (éd. Comeau et Nadeau). De ses multiples voyages au Canada réalisés sur ordre du roi, Cartier relate ici ceux effectués entre 1534 et 1543, qui concernent essentiellement Terre-Neuve, le golfe du Saint-Laurent et l'actuel Québec. Cartier n'est pas un écrivain, c'est un aventurier ; son témoignage est brut, sans fioritures, mais ravira les passionnés d'histoire.
– ***La Chasse-galerie*** (1891), d'Honoré Beaugrand (Bibliothèque électronique du Québec). Le conte québécois le plus populaire met en scène quelques bûcherons coincés dans leur chantier de travail à la veille de Noël. Nostalgiques de leurs fiancées, ils signent un pacte avec Satan, qui les fera voler en canot d'écorce jusqu'au lieu de leur choix pourvu qu'ils ne prononcent ni injures ni le nom de Dieu. Serment difficile à tenir lorsque l'on a festoyé toute la nuit... Issu de vieilles légendes poitevines, ce conte a été mis à l'écrit par Beaugrand, maire de Montréal entre 1885 et 1887.
– ***Bonheur d'occasion*** (1945), de Gabrielle Roy (Éd. du Boréal). Florentine est serveuse dans les quartiers pauvres de Montréal. Sa mère enchaîne grossesse sur grossesse et son père recherche désespérément un moyen de faire vivre décemment sa famille. La jeune fille s'évade dans son amour pour Jean et repousse les avances du doux et sage Emmanuel. Sur fond de 2de Guerre mondiale, de misère sociale et d'ambitions brisées, ce roman poignant nous livre des destins à la Zola, nobles et tragiques, en quête de bonheur.
– ***L'Avalée des avalés*** (1966), de Réjean Ducharme (Gallimard, « Folio »). Une écriture inventive, un style ludique et l'histoire de la petite Bérénice, née d'une mère catholique et d'un père juif qui ont décidé de se livrer une guerre sans merci, allant jusqu'à se partager leurs rejetons. La famille vit dans la banlieue de Montréal, dans une imposante abbaye trônant au milieu d'une île au climat aride d'amour... Pour cacher ses doutes et ses angoisses, Bérénice se révolte et ne rêve plus que de guerres et d'incendies... Une œuvre passionnante et majeure de la littérature québécoise.
– ***Chroniques du Plateau-Mont-Royal,*** de Michel Tremblay (Actes Sud, 1 171 pages). Une plongée captivante et savoureuse dans le Montréal des années 1940 et 1950, en compagnie du plus populaire et prolifique des écrivains montréalais. À lire aussi, du même auteur : *Un ange cornu avec des ailes de tôle,*

La Nuit des princes charmants, Le Cœur découvert, C't'à ton tour Laura Cadieux, la trilogie *La Diaspora des Desrosiers, Bonbons assortis*... Quand on commence un Tremblay, on est presque sûr de se plonger dans le bouquin jusqu'au cou et jusqu'au bout, avant d'en entamer un autre aussi sec.

Bandes dessinées

– ***Paul en appartement*** (2004), de Michel Rabagliati (Éd. de La Pastèque). On adore cette série culte au Québec, couronnée au Festival d'Angoulême 2010 par le prestigieux prix Fauve. Dans cette 3e aventure, Paul s'installe avec Lucie dans un nouvel appartement à Montréal. À travers les souvenirs de jeunesse et le récit de leur vie d'adulte, la chaleur des Québécois, leur esprit de famille, et bien sûr leur humour sont omniprésents. Les personnages sont aussi attachants que les dessins sont simples. Les mots sont justes et les expressions québécoises délicieuses. C'est *cute,* quoi ! Dans la même série, *Paul dans le métro, Paul à Québec* (l'un des titres les plus touchants), *Paul au parc* (l'enfance de Paul dans les années 1970 sur fond de crise politique)...

POSTE

Outre les bureaux de poste, on trouve des comptoirs postaux dans les grandes pharmacies, chez les dépanneurs, etc. Ces « minipostes » proposent tous les services, donc pas besoin de chercher ailleurs. ***Affranchissement pour l'Europe très cher : 2,65 $*** (plus 0,39 $ de taxes !) pour une carte ou lettre de 30 g maximum.

LA LETTRE AU PÈRE NOËL

Dans de nombreux pays, les lettres envoyées au Père Noël sont traitées par les services postaux qui répondent à tous les jeunes expéditeurs. Le Canada ne faillit pas à la règle et a mis en place une adresse et un code postal spécial (Pôle Nord, H0H-0H0), choisi en référence au rire caractéristique du Père Noël.

SANTÉ

Au Canada, ***les frais de santé sont très élevés*** pour les touristes étrangers (tarifs hospitaliers de 1 000 à 2 000 $ par jour selon les hôpitaux) : ça ne rigole pas. Les hôpitaux et cliniques exigent la présentation d'une carte personnelle d'assurance pour accepter une admission. Il est donc indispensable de prendre, avant votre départ, une ***assurance voyage intégrale avec assistance rapatriement*** (voir la rubrique « Avant le départ »).

Risques et maladies

Dès la fin de l'hiver, les ***moustiques et simulies*** (mouches noires) prolifèrent et attaquent les animaux à sang chaud – l'homme en l'occurrence – avec une agressivité rare, même sous les tropiques. Seules solutions : ***moustiquaires*** et ***vêtements couvrants*** imprégnés de répulsif spécial vêtements (pour une protection optimale), et ***répulsifs cutanés*** efficaces. Sur place, dans les magasins spécialisés dans le camping, on trouve toute une gamme de produits adaptés. Mais attention, étant fortement dosés, ils sont généralement inutilisables avant 12 ans. Et mauvais pour votre santé en tout état de cause. Si vous voyagez avec des enfants, achetez-en plutôt avant le départ, par exemple la gamme d'insecticides spécialisés ***Insect Ecran®,*** qui existe à la fois en version cutanée mais aussi en solution de trempage, résistante à plusieurs lavages pendant 2 mois. Vous pouvez aussi opter pour les ***vêtements***

en filets, genre minimoustiquaire de tête, à accrocher à votre casquette ou bien carrément l'équivalent de la combinaison d'apiculteur (cette dernière ne se trouve qu'au Canada). Pas très sexy, mais autrement plus judicieux pour l'environnement !

Par ailleurs, les ***tiques*** sont très nombreuses dans toutes les zones forestières et arbustives, autant dire la quasi-totalité du sud du Canada. Elles peuvent transmettre une redoutable infection : la ***maladie de Lyme.*** Pour l'éviter, lors de tout séjour rural : ***bannissez les vêtements blancs*** (qui les attirent), ***couvrez-vous*** bien la tête (chapeau), les bras, les jambes et les pieds ; ***examinez-vous régulièrement de la tête aux pieds,*** notamment dans les plis du corps, pour limiter les risques (il faut 24h à une tique pour transmettre la maladie). Faites-vous aider pour les parties difficilement accessibles comme dos, cuir chevelu... En cas de doute, consulter rapidement un médecin qui prescrira un traitement antibiotique d'au moins 3 semaines.

– Les ***produits et matériel utiles aux voyageurs,*** assez difficiles à trouver, peuvent être achetés par correspondance sur le site de *Santé Voyages* • *astrium.com* • Infos complètes toutes destinations, boutique Web, paiement sécurisé, expéditions Colissimo Expert ou Chronopost. ☎ *01-45-86-41-91.*

Vaccins

Aucun vaccin exigé sur le sol nord-américain, mais, comme partout, soyez à jour de vos ***vaccinations « universelles »*** : tétanos, polio, coqueluche et diphtérie (Repevax®), hépatites A et B. Le vaccin préventif contre la ***rage*** (maladie transmissible par à peu près tous les mammifères, y compris les chauves-souris) est recommandé pour tout séjour prolongé en zone rurale ou en contact avec des animaux.

Urgences

☎ *911 :* **n° gratuit à composer 24h/24** pour tous les types d'urgences.

Les ***urgences hospitalières*** sont souvent très, très engorgées et les délais de prise en charge très longs.

TABAC

Il est strictement ***interdit de fumer*** dans les édifices publics et même dans un rayon de 9 m autour des portes et fenêtres du bâtiment concerné ! Cela vaut aussi pour les moyens de transport, restos, bars, boîtes... et même sur les terrasses ! Ne pensez pas gruger avec votre cigarette électronique, son usage est soumis à la même loi. En outre, les cigarettes sont plus chères qu'en France.

Par ailleurs, le 17 octobre 2018 a vu la ***légalisation de la consommation et de la culture du cannabis à des fins récréatives.*** Voir la rubrique dédiée dans le chapitre « Hommes, culture et environnement » à la fin de ce guide.

TAXES ET POURBOIRES

Les taxes d'abord...

Les prix affichés ne sont pas ceux que vous paierez réellement. En passant à la caisse (quel que soit le produit ou le service), le client doit payer des taxes en plus. À Montréal, il y en a 2 : la taxe de vente du Québec, appelée ***TVQ,*** qui s'élève à 9,975 %, plus la ***TPS*** fédérale (taxe sur les produits et services), qui s'élève à 5 %. Le tout revient donc à ***14,975 % de plus que les prix indiqués.*** En matière d'hébergement, vous n'échapperez pas à la taxe spécifique et supplémentaire de 3,5 % par nuit et par chambre. Au resto, il faudra encore ajouter le service (voir ci-après).

... et le pourboire

Eh non, le service n'est pas compris ! ***Dans les restos*** (et partout où l'on est servi à table), ***il faut laisser au moins 15 % de la note finale avant taxes.*** Au Canada (comme aux États-Unis), les serveurs ont un salaire fixe très bas, et l'essentiel de leur revenu provient des *tips*. ***Le pourboire est une institution*** à laquelle vous ne devez pas déroger. Les Français ont la réputation d'être particulièrement radins et de laisser plutôt moins que les 15 % traditionnels, parfois même rien du tout... Dans certains restos, du coup, le service *(gratuity)* est parfois ajouté d'office sur la note quand les clients sont étrangers. Dans ce cas, évidemment, ne payez rien en plus. Le pourboire suggéré est parfois indiqué sur la note, ce qui évite tout malentendu ! Si vous êtes nul en calcul, pas de panique. Les terminaux de cartes de paiement proposent de le calculer pour vous : ils vous demandent d'indiquer soit la somme que vous souhaitez laisser, soit le pourcentage. L'une des dernières trouvailles un peu pousse-conso est le ***système de paiement par tablette*** avec 3 pourcentages préenregistrés que l'on doit valider avant le paiement, allant de 15 à 25 % selon les endroits. Si bien que, pour éviter d'être radin, on a tendance à valider la touche de 20 % de *tip*.

Lorsqu'on est servi au comptoir (dans les *coffee shops*, les *diners*, les self-services, les bars), ***le tip n'est pas obligatoire.*** En revanche, il est de coutume de laisser un petit quelque chose...

Dans les ***taxis*** : on laisse généralement 15 % en plus de la somme indiquée au compteur. Si vous oubliez, on ne se gênera pas pour vous faire remarquer vertement votre impair, et pour cause : les chauffeurs gagnent un salaire de misère.

Prévoir des pièces de 1 ou 5 $ pour tous les petits boulots de service où le pourboire est de mise (bagagiste d'hôtel par exemple).

L'ORIGINE DU *TIP*

Au XVIIIe s, le patron d'un café outre-Manche eut l'idée de disposer sur son comptoir un pot portant l'inscription To Insure Promptness *(littéralement « Pour assurer la promptitude »). Les clients pressés y glissaient quelques pièces pour être servis plus vite. Les initiales formèrent le mot* tip*, devenu un incontournable du savoir-vivre nord-américain.*

Calculer son pourboire

Le montant brut de l'addition est sur fond rose :

$	15 %	20 %	$	15 %	20 %	$	15 %	20 %	$	15 %	20 %
1	0.15	0.20	**11**	1.65	2.20	**21**	3.15	4.20	**55**	8.25	11
2	0.30	0.40	**12**	1.80	2.40	**22**	3.30	4.40	**60**	9	12
3	0.45	0.60	**13**	1.95	2.60	**23**	3.45	4.60	**65**	9.75	13
4	0.60	0.80	**14**	2.10	2.80	**24**	3.60	4.80	**70**	10.50	14
5	0.75	1	**15**	2.25	3	**25**	3.75	5	**75**	11.25	15
6	0.90	1.20	**16**	2.40	3.20	**30**	4.50	6	**80**	12	16
7	1.05	1.40	**17**	2.55	3.40	**35**	5.25	7	**85**	12.75	17
8	1.20	1.60	**18**	2.70	3.60	**40**	6	8	**90**	13.50	18
9	1.35	1.80	**19**	2.85	3.80	**45**	6.75	9	**95**	14.25	19
10	1.50	2	**20**	3	4	**50**	7.50	10	**100**	15	20

TÉLÉPHONE ET INTERNET

Règles de base pour téléphoner du Canada

- ***Canada → France :*** 011 + 33 + numéro du correspondant (sans le 0 initial).
- ***France → Montréal :*** 00 (tonalité) + 1 + 514 + numéro du correspondant à 7 chiffres.
- ***France → Canada :*** 00 (tonalité) + 1 + indicatif de la région (l'« indicatif régional ») + numéro du correspondant à 7 chiffres.
- ***Les numéros de téléphone gratuits à l'intérieur du pays (pas depuis votre portable, attention) commencent par 1-800, 1-855, 1-866, 1-877 et 1-888.*** Ces numéros ne fonctionnent pas depuis l'Europe.
- ***Évitez de téléphoner depuis les hôtels,*** qui pratiquent presque toujours des tarifs prohibitifs. Et il arrive souvent qu'une communication téléphonique soit facturée même si l'appel n'a pas abouti ! Il suffit parfois de laisser sonner 4 ou 5 coups dans le vide pour que le compteur tourne.

Le téléphone portable en voyage

> Dans les aéroports, ***les appareils électroniques*** (smartphones, tablettes, portables...) ***doivent être chargés*** et en état de fonctionnement ***pour tous les vols à destination des États-Unis.*** Les agents de contrôle doivent pouvoir être en mesure de les allumer. Par précaution, ayez votre chargeur à portée de main. Si votre appareil est déchargé ou défectueux, il peut être confisqué. Cette mesure étant susceptible d'être étendue à d'autres aéroports, nous vous conseillons de charger vos appareils électroniques avant le vol, quelle que soit votre destination.

On peut utiliser son propre téléphone portable au Québec avec l'option « International ». Renseignez-vous auprès de votre opérateur sur les conditions d'utilisation de votre portable à l'étranger.

- ***Activer l'option « International » :*** elle est généralement activée par défaut. Pensez sinon à contacter votre opérateur pour souscrire à l'option (gratuite) au moins 48h avant votre départ.
- ***Le roaming ou itinérance :*** c'est un système d'accords internationaux entre opérateurs. Concrètement, cela signifie que lorsque vous arrivez dans un pays, le nouveau réseau local s'affiche automatiquement. Vous recevez rapidement un SMS de votre opérateur qui propose un ***pack voyageurs*** plus ou moins avantageux, incluant un forfait limité de consommations téléphoniques et de connexion Internet.
- ***Forfaits étranger inclus :*** certains opérateurs proposent des forfaits incluant ***35 jours de roaming offerts par an*** dans le monde entier. On peut donc cumuler plusieurs voyages à l'étranger sans se soucier de la facture au retour. Attention, si SMS, MMS et appels sont souvent illimités, la connexion Internet est, elle, limitée. D'autres opérateurs offrent carrément le **roaming *toute l'année vers certaines destinations.***
- ***Tarifs :*** ils sont propres à chaque opérateur et varient en fonction des pays (le globe est découpé en plusieurs zones tarifaires). ***N'oubliez pas qu'à l'international vous êtes facturé aussi bien pour les appels sortants que pour les appels entrants,*** idem pour les textos. Donc quand quelqu'un vous appelle à l'étranger, vous payez aussi. Soyez bref !
- ***Acheter une carte SIM sur place :*** une option avantageuse pour certaines destinations. Il suffit d'acheter à l'arrivée une carte SIM locale prépayée chez

l'un des opérateurs (*Bell, Telus, Virgin Mobile, Rogers...* par exemple) : dans les boutiques de téléphonie ou à l'aéroport où c'est souvent un peu plus cher. On vous attribue alors un numéro de téléphone local, un petit crédit de communication et de 4G (dès 30 $ la formule « spéciale touristes » valide en général 3 semaines). Attention, on ne peut plus vous joindre sur votre numéro habituel mais uniquement sur ce nouveau numéro (sauf si vous avez un ***téléphone double SIM,*** bien sûr). Avant de payer, essayez cette carte SIM dans votre téléphone – préalablement débloqué – afin de vérifier si celui-ci est compatible.

La connexion Internet en voyage

– ***Se connecter au wifi*** au Canada est le seul moyen d'avoir accès au Web si vous ne disposez pas d'un forfait téléphonique avec *roaming* offert.
Il est important de désactiver la connexion « données à l'étranger ». On peut aussi mettre le portable ***en mode « Avion »*** et activer ensuite le wifi. Attention, le mode « Avion » empêche, en revanche, de recevoir appels et SMS.
Au Québec, la plupart des hôtels, restos, bars et mêmes certains musées et espaces publics disposent d'un réseau gratuit.
– Une fois connecté au wifi, vous avez accès à tous les services de la ***téléphonie par Internet, comme WhatsApp, Messenger*** (la messagerie de *Facebook*), ***Viber et Skype.***

Urgence : en cas de perte ou de vol de votre téléphone portable

Suspendre aussitôt sa ligne permet d'éviter de douloureuses surprises au retour du voyage ! Le plus simple est de demander la suspension de votre ligne depuis le site internet ou l'appli de votre opérateur. Voici sinon les numéros des 4 opérateurs français, accessibles depuis la France et l'étranger :

– ***Free :*** *depuis la France : ☎ 3244 ; depuis l'étranger : ☎ + 33-1-78-56-95-60.*
– ***Orange :*** *depuis la France : ☎ 3900 ; depuis l'étranger : ☎ + 33-9-69-39-39-00.*
– ***SFR :*** *depuis la France : ☎ 1023 ; depuis l'étranger : 📱 + 33-6-10-00-10-23.*
– ***Bouygues Télécom :*** *depuis la France, ☎ 1064 ; depuis l'étranger, 📱 + 33-6-60-61-46-14.*

Avant de partir, notez (ailleurs que dans votre téléphone portable !) votre ***numéro IMEI,*** utile pour bloquer à distance l'accès à votre téléphone en cas de perte ou de vol. Comment avoir ce numéro ? Il suffit de taper sur votre clavier *#06#.

Internet et wifi

Wifi disponible gratuitement presque partout (hôtels, *B & B,* AJ, cafés, bars, restos, musées, offices de tourisme...).

Attention piratage !

Les wifi publics sont de véritables passoires ! Il est devenu très facile, même pour un débutant, de s'introduire sur un réseau. La seule parade véritablement fiable est de ne fréquenter que des sites « certifiés ». Ils commencent par « https:// » et affichent souvent un petit cadenas à côté de l'adresse. Dans ce cas, vos transmissions sont cryptées et donc sécurisées. Les sites les plus sensibles et populaires, comme les banques, ont tous une connexion certifiée.
Enfin, si vous utilisez un ordinateur en libre-service, évitez, dans la mesure du possible, d'entrer votre mot de passe ou toute information personnelle. Une quantité phénoménale de ces postes est infectée par des « enregistreurs de frappes », qui peuvent transmettre vos données à un destinataire mal intentionné. Et si, malgré tout, vous les utilisez, pensez ***à bien vous déconnecter*** et à ne pas cliquer sur l'option « enregistrer mon mot de passe ».

TRANSPORTS

Métro et bus

On circule facilement dans Montréal en combinant ces 2 moyens de transports en commun. ***Les réseaux de bus et de métro sont entièrement interconnectés ;*** on passe de l'un à l'autre gratuitement (pensez à conserver vos titres de transport pour les correspondances, ils sont valables pour une durée de 2h).
Le métro est en service plus ou moins de 5h30 à 0h30 (1h le samedi). Sécurisé, simple et propre, mais il y fait toujours très chaud en toute saison. ***Vélos*** autorisés dans la 1re rame du métro, mais sous certaines conditions : en semaine de 10h à 15h et de 19h à la fermeture, ainsi que les week-ends et jours fériés toute la journée, sauf à l'occasion de certains événements. ***Plan gratuit*** dans les stations, indiquant également les connexions du métro avec la « ville souterraine ».
Les bus sillonnent Montréal et ses environs ***en général de 5h15 à 1h ou 2h*** selon la ligne et le jour. Attention quand même aux fréquences des bus, qui se font parfois attendre un peu.
- ***Tarifs des titres de transport de base :*** 3,50 $ pour un ticket à l'unité (c'est d'ailleurs le seul billet vendu à bord des bus, les autres s'achetant dans les stations ou les points de vente), 6,50 $ pour 2 unités ; gratuit pour les moins de 5 ans. La *STM* propose aussi des ***pass*** pour 1 jour (10 $) et 3 jours consécutifs (20,50 $).
- ***Carte Opus :*** pour tous les autres forfaits, il est indispensable de se munir de la carte *Opus,* une ***carte à puce rechargeable*** en vente dans pratiquement toutes les stations de métro, les centres d'informations touristiques et les tabagies (bureaux de tabac). Compter 6 $ pour l'achat de la carte, à recharger ensuite à sa guise, avec, par exemple, le ***forfait pour 10 tickets*** à 30 $. Ceux qui font un séjour prolongé pourront aussi opter pour le ***forfait hebdomadaire*** (du lundi au dimanche) à 28 $, ou 16,75 $ pour les 6-17 ans et 8,50 pour les 65 ans et plus, voire pour le ***forfait mensuel*** *(valide du 1er au 31 du mois ; 90,50 $, réduc).* Noter enfin l'existence d'une ***carte week-end*** *(valable du ven 16h au lun 5h ; 14,50 $),* ainsi que la ***carte soirée,*** illimitée à partir de 18h, au prix de 5,75 $.

Infos auprès de la ***STM*** *(Société des transports de Montréal ; • stm.info •).* En revanche, pour les trains de banlieue du grand Montréal, infos auprès du réseau de transport métropolitain ***EXO.***

À vélo ou à rollers

Montréal peut se parcourir à vélo (avec quelques belles grimpettes). Pensez à ***porter un casque,*** sauf si vous passez par un loueur indépendant (il est alors généralement fourni). La ville est équipée d'un très populaire système de ***vélos en libre-service, Bixi,*** fonctionnant de mi-avril à mi-novembre et totalisant 600 stations à travers la ville. Muni d'une carte de paiement, on s'enregistre à une borne, puis on retire un vélo. C'est simple et efficace, mais attention, ***ce système a été conçu pour les trajets courts.*** Pour un déplacement de moins de 30 mn, compter 2,95 $ (réduc pour les détenteurs de la carte de transport *OPUS*), puis 1,80 $ pour le quart d'heure suivant et 3 $ par tranche de 15 mn supplémentaires. Si l'on envisage plusieurs balades, le forfait à 5,25 $ permet d'utiliser les vélos en illimité pendant 24h (mais toujours pour des trajets de moins de 30 mn, sinon on banque !). Sachez enfin que vous devrez faire un « dépôt de sécurité » de... 100 $ par carte de paiement ! Plus d'infos sur *• montreal.bixi.com •*
Les ***pistes cyclables*** sont bien aménagées et respectées par les automobilistes comme par les piétons. De plus, la circulation reste à toute heure étonnamment sage pour une ville de ce calibre. Le réseau cyclable de l'île de Montréal est relié à celui de la banlieue par des ponts aménagés, par un service de traversiers (bacs) ainsi que par le métro (vélos autorisés gratuitement en dehors des heures de pointe). Au total, près de 900 km de pistes cyclables sillonnent Montréal.

Dans le Vieux-Montréal

■ ***Ça Roule Montréal*** *(zoom détachable Centre, D5,* ***13****)* **:** *27, rue de la Commune Est. ☎ 514-866-0633. • caroulemontreal.com • Ⓜ Place-d'Armes. L'été, tlj 9h-20h ; hors saison, jusqu'à 18-19h. Congés : de mi-déc à début mars. Tarifs : vélo env 35-40 $/j., avec plan des pistes cyclables, casque et antivol fournis.* Propose également des tours guidés à vélo *(compter 65-75 $ la balade guidée, loc de vélo incluse ; résa indispensable).* ***Tours thématiques*** d'une durée de 3 ou 4h avec un guide professionnel qui vous expliquera toutes les « montréalités » de la ville, du Vieux-Port au Mont-Royal en passant par le Quartier latin, le parc La Fontaine et le Vieux-Montréal... sans oublier une étape pour déguster des bagels et une bonne bière.

Sur le Plateau Mont-Royal

■ ***Bicycletterie J.R.*** *(zoom détachable Le Plateau, D3,* ***14****)* **:** *201, rue Rachel Est, à l'angle de l'av. de l'Hôtel-de-Ville. ☎ 514-843-6989. Ⓜ Mont-Royal. Tlj sauf dim 10h-18h (17h sam). Loc de vélos env 20 $ pour 4h, 30 $/j., 75 $/sem, casque et antivol inclus.*

■ ***Le Vélodidacte*** *(zoom détachable Le Plateau, D3,* ***15****)* **:** *4468, rue Brébeuf. ☎ 514-522-5499. • velodidacte.com • Ⓜ Mont-Royal. Lun-sam 10h-18h (17h sam) ; ouv tlj l'été. Loc env 15 $ pour 3h, 20 $/j. (30 $ 24h), 85 $/sem, casque et antivol inclus.*

En taxi

Facile de trouver un taxi à Montréal. Bon à savoir : ils ne facturent jamais leur trajet jusqu'à votre adresse lorsque vous téléphonez à un central : le compteur ne démarre que lorsque vous montez à bord ; il n'y a pas non plus de supplément de nuit.

Nous vous conseillons ***COOP*** *(☎ 514-725-9885 ; • taxi-coop.com •),* une compagnie efficace dont les chauffeurs sont propriétaires de leurs véhicules et tiennent donc à leur bonne réputation. Mais il y en a d'autres, notamment la grosse compagnie ***Champlain*** *(☎ 514-271-1111 ; • taxichamplain.com •).* Et n'oubliez pas le pourboire *(tip)* si vous ne voulez pas vous faire enguirlander ! Applications disponibles.

En voiture

Louer une voiture à Montréal est souvent plus difficile qu'ailleurs au Québec car, « en ville », beaucoup de gens ne possèdent pas de voiture et en louent en fonction des besoins. Prévoir d'ailleurs de l'attente lorsqu'il s'agit de récupérer son véhicule à l'agence au moment des départs (vacances, week-end...). Néanmoins, ce ne sont pas les loueurs qui manquent.

Pour louer une voiture, il faut ***avoir au minimum 20 ans,*** mais la plupart des agences demandent un supplément quotidien *(25-30 $/j.)* aux chauffeurs de moins de 25 ans ; certaines refusent même de leur en louer. ***Quel que soit l'âge, avoir une carte de crédit est indispensable*** : elle est toujours exigée et sert de garantie aux loueurs. Attention, ***certaines agences de location refusent les « debit cards »*** (débit différé) et n'acceptent que les « *credit cards* » (à débit immédiat). Or, la plupart de nos cartes bancaires (même de type Gold) sont souvent des cartes dites de « débit ». Donc, avant de partir, vérifiez bien auprès du loueur et aussi de votre banque pour savoir quel type de carte vous avez. Car même si vous avez prépayé votre véhicule, on peut vous refuser de le récupérer si vous n'avez pas la bonne carte bancaire. Vous pouvez accéder à ces informations sur le site *• bsp-auto.com •* après avoir lancé votre recherche dans la rubrique « Informations détaillées ».

Le ***permis de conduire français*** est reconnu au Canada (1 an de permis minimum pour une location).

L'hiver, demandez des véhicules équipés de ***pneus neige*** (avec supplément mais plus sûrs que les pneus « 4 saisons »).
Le GPS est rarement inclus dans le tarif de location : parfois facturé jusqu'à 20 $ par jour, une véritable escroquerie ! Le mieux est de télécharger les cartes nécessaires pour votre parcours sur votre smartphone quand vous avez du réseau (ou, mieux, avant de partir au Canada) et d'***utiliser une appli de navigation qui fonctionne hors connexion*** quand vous roulez (***maps.me*** par exemple).

Louer depuis la France

■ ***BSP Auto :*** ☎ *01-43-46-20-74 (tlj).* • *bsp-auto.com* • Les prix proposés sont attractifs et comprennent le kilométrage illimité et les assurances. *BSP Auto* vous propose exclusivement les grandes compagnies de location sur place, vous assurant un très bon niveau de service. Les plus : vous ne payez votre location que 5 jours avant le départ. Remise spéciale de 5 % aux lecteurs de ce guide avec le code « ROUTARD23 ».

Conduire une voiture automatique

Il n'y a pratiquement que cela au Canada. Voici la signification des différentes commandes internes :
P : Parking (à enclencher lorsque vous stationnez, mais à ne pas utiliser comme frein à main) ;
R : Reverse (marche arrière) ;
N : Neutral (point mort) ;
D : Drive (position de conduite que vous utiliserez quasiment tout le temps) ;
1, 2 et 3, ou I et L : vous sélectionnez votre propre rapport de boîte (bien utile en montagne ou dans certaines côtes mais ça consomme plus d'essence).
Il n'y a que ***2 pédales : le frein et l'accélérateur. Pour démarrer,*** rester sur la position P, sinon le moteur ne démarre pas. Ensuite, pour oublier vos vieux réflexes, calez votre ***pied gauche*** dans le coin gauche, et ne l'en bougez plus jusqu'à la fin de votre périple. On se sert uniquement du ***pied droit*** pour accélérer ou freiner. Pour quitter la position « P » ***appuyez toujours sur le frein,*** sinon la manette restera bloquée, non mais !

Quelques règles de conduite

- ***Feux tricolores :*** appelés « lumières », ils sont situés APRÈS le carrefour et non avant comme chez vous. Si vous marquez l'arrêt au niveau du feu, vous serez donc en plein carrefour. Autant vous dire qu'après une ou 2 incartades (et la frayeur qui va avec !), on prend vite le pli !
- ***Tourner à droite au feu rouge, à une intersection :*** strictement interdit sur l'île de Montréal.
- ***« Virage protégé au clignotement du feu vert » :*** aux intersections, cela signifie que vous êtes prioritaire et que vous pouvez tourner sans risque, la file d'en face étant à l'arrêt.
- ***La priorité à droite n'existe pas au Canada.*** Aux croisements dotés de stops pour toutes les voies (ou feux rouges clignotants), la règle veut que le 1er arrivé passe en 1er.
- Quand un ***bus scolaire jaune*** s'arrête, des feux rouges s'allument et un petit panneau « Arrêt » s'affiche sur la portière du conducteur. Toutes les voitures doivent s'arrêter, celles qui suivent comme celles qui viennent en face. Interdit de redémarrer avant que les clignotants s'éteignent, même s'il n'y a pas d'enfants... C'est l'une des infractions les plus graves au code de la route canadien et l'amende est très salée.
- ***Parkings*** (pardon, les ***stationnements***) ***:*** toujours payants et assez chers, particulièrement ceux des hôtels. Mais, surtout, ***stationner dans une rue de Montréal*** est un véritable casse-tête pour le néophyte ! Ici, le stationnement est interdit le

jeudi et le vendredi entre 9h et 10h d'avril à octobre. Là, c'est interdit le mardi avant 21h, et là c'est payant 24h/24, etc. Quant aux stationnements résidentiels (payants ou gratuits), certains sont autorisés mais également à certaines heures ou certains jours. Bien ***lire les panneaux*** (des flèches sur ceux-ci indiquent la zone concernée). Même les Montréalais y regardent à 2 fois avant de laisser leur véhicule en toute quiétude... Concernant les ***stationnements payants par horodateur,*** il faut mémoriser son numéro d'emplacement et le saisir sur le clavier avant de payer. À Montréal, pas besoin de poser son justificatif de paiement sur le tableau de bord, le règlement est enregistré dans l'horodateur avec votre numéro d'emplacement. On peut également ***régler depuis son téléphone portable,*** avec sa carte de crédit. Attention, les contrôles sont très fréquents et l'amende pour défaut de paiement ou interdiction de stationnement va de 55 $ à plus de 100 $. Quant au stationnement sur une voie de bus, devant une entrée de bâtiment administratif ou une borne d'incendie, c'est direct une ***mise en fourrière*** ! Bref, utilisez les parkings publics, cela vous évitera bien des désagréments.

Enfin, si malgré tout vous avez chopé une prune à Montréal, vous pouvez régler votre ***amende*** en ligne sur : • *servicesenligne2.ville.montreal.qc.ca/sel/constats/accueil.do* •

MONTRÉAL

• Pour les plans de Montréal et celui du métro, se reporter au plan détachable en fin de guide.

INFORMATIONS UTILES

Arriver – Quitter

En avion

Tous les vols internationaux se posent à l'aéroport **Montréal-Trudeau (YUL),** situé à 22 km au sud-ouest du centre de Montréal.

✈ ***Aéroport de Montréal*** *(hors plan détachable par A4)* **:** • *admtl.com* • *Site très complet (horaires des vols, des navettes, tarifs, etc.).* Services habituels : *ATM,* bureau de change (taux peu intéressant)... Les agences de location de voitures sont situées dans le parking, face aux arrivées.

➢ ***Bus express vers le centre-ville :*** • *stm.info* • ***Bus nº 747,*** bon marché et on ne peut plus direct ; départs ttes les 10-30 mn (1 bus/h 1h-4h), 24h/24. Le *pass* coûte 10 $. Valable pendant 24h sur le réseau de transports publics urbains (métro et bus). Mais le bon plan, c'est le forfait 3 jours à 20,50 $, très vite rentabilisé. Également des versions week-end, hebdo ou mensuelles (lire « Transports urbains » plus loin). Achat aux distributeurs dans le hall des arrivées (avec une carte internationale ou en liquide). 2 trajets possibles, le 1er direct jusqu'à Lionel-Groulx *(plan détachable, B4-5),* le 2d remonte le bd René-Lévesque, desservant une dizaine d'arrêts pour finir à Berri-UQAM, centre névralgique de la ville (gare routière, nombreuses connexions). Compter 40 mn-1h selon trafic.

➢ ***Taxis :*** un employé vous indiquera la marche à suivre. Tarif fixe pour le centre-ville : 41 $. Il y a également une zone prévue pour les Uber.

En bus

🚌 ***Gare d'autocars de Montréal*** *(zoom détachable Centre, D4)* **:** *1717, rue Berri.* • *gamtl.com* • Ⓜ *Berri-UQAM.* Consignes et bureau de change. Pour de nombreuses destinations, il est préférable, soit d'acheter ses billets 1 semaine à l'avance (surtout vers New York), soit de se renseigner sur les forfaits touristes afin de payer moins cher.

Plusieurs ***compagnies d'autobus grandes lignes*** :

- ***Orléans Express :*** • *orleansexpress.com* •
- ***Limocar :*** • *limocar.ca* •
- ***Intercar :*** • *intercar.ca* •
- ***Greyhound :*** • *greyhound.com* •
- ***Megabus :*** • *frca.megabus.com* •

➢ ***Pour Trois-Rivières et Québec :*** nombreux bus quotidiens. Env 2h de trajet pour Trois-Rivières et 3h15 pour Québec.

➢ ***Pour la Gaspésie et le Nouveau-Brunswick :*** bus avec *Orléans Express.* Pour Gaspé, env 15-16h de trajet en bonne saison, avec changement à Rimouski.

➢ ***Pour Ottawa et Gatineau :*** 5 bus/j. avec *Orléans Express.* Compter 2h30 de route pour Ottawa. Correspondances pour Toronto.

➢ ***Pour Toronto :*** 6 bus/j. avec *Megabus.* Compter env 6h de trajet.

➢ ***Pour Sherbrooke et les Cantons-de-l'Est :*** avec *Transdev Limocar,* 8 bus/j. Env 2h-3h30 de trajet.

➢ ***Pour New York :*** env 4 bus/j. avec *Greyhound.* Prévoir 7h35-9h30 de route (les plus rapides sont ceux de nuit car ils marquent moins d'arrêts).

En train

Gare centrale *(plan détachable, C4) : 895, rue de la Gauchetière Ouest ; une autre entrée sur University et Belmont.* ● *viarail.ca* ● Arrivées et départs depuis/vers le reste du Québec et du Canada, ainsi que depuis les États-Unis. Consignes : on peut y laisser ses bagages pendant 24h maxi en présentant un billet de train valide. Conseil : s'y prendre un maximum à l'avance et acheter ses billets de préférence le mardi car jour des réductions (les fameux « Mardis à rabais »).

➢ ***Pour la ville de Québec :*** 3-5 départs/j. Trajet : env 3h30.
➢ ***Pour Ottawa et Toronto :*** 3-6 trains/j. pour Ottawa et 4-6 trains/j. pour Toronto. Compter env 2h de trajet pour Ottawa et 5-6h pour Toronto.

En stop et covoiturage

Ici, on dit : « Je vais sur le pouce à... » Infos sur le site ● *hitchwiki.org/fr/Montréal* ●
– ***Amigo Express :*** ● *amigoexpress.com* ● Un trajet Montréal-Ottawa coûte env 20-25 $.
– ***Le Réseau de Covoiturage :*** ● *covoiturage.ca* ●

MONTRÉAL

Adresses et infos utiles

Informations touristiques

Centre Infotouriste *(Tourisme Québec ; plan détachable, C4, **1**) : 1255, rue Peel, sur le sq. Dorchester. ☎ 514-873-2015.* ● *mtl.org* ● Ⓜ *Peel. Ouv tlj 9h-17h. Fermé 25 déc et 1er janv.* Une mine d'infos sur Montréal et le Québec. Accueil excellent. Demander la « carte touristique officielle » de Montréal (plan très précis), *Le Guide touristique de Montréal* – brochure très complète. Visites guidées proposées. À noter enfin que la ville a développé une ***excellente application*** à télécharger (gratuitement) : « Mon guide MTL ». Plein de pistes pour planifier ses visites, réserver un resto, trouver des idées d'activités.

Bureau d'accueil touristique Vieux-Montréal *(zoom détachable Centre, D4, **5**) : 174, rue Notre-Dame Est (entre les rues Saint-Vincent et Jacques-Cartier).* ● *mtl.org* ● Ⓜ *Champ-de-Mars. Juin-sept, tlj 9h-19h ; avr-mai et oct-déc, tlj 10h-18h ; le reste de l'année, jeu-lun 10h-13h, 14h-18h.* C'est le bureau du Vieux-Montréal. Documentation de base sur la ville.

– ***Cité Mémoire :*** *en principe, ts les soirs sauf lun de la tombée de la nuit à 23h/minuit (jeu-dim sept-oct, et ven-sam seulement hors saison).* ● *montrealenhistoires.com* ● Appli gratuite à télécharger : « Montréal en Histoires ». Parcours urbain multimédia gratuit, en tout une vingtaine de tableaux projetés sur les murs, le sol ou même les arbres de la vieille ville, illustrant un fait marquant de l'histoire de Montréal, un personnage connu ou une tranche de vie.

Représentations étrangères

■ **Consulat de France** *(plan détachable, C4, **2**) : 1501, McGill College, au 10e étage, bureau 1000. ☎ 514-878-4385.* ● *montreal.consulfrance.org* ● Ⓜ *McGill. Bus nº 24 (arrêt Sherbrooke – McGill-College) et nº 15 (arrêt Sainte-Catherine-University). Lun-ven 8h30-12h30.*

■ **Consulat de Belgique** *(plan détachable, C4, **3**) : 1000, rue Sherbrooke Ouest, suite 1400. ☎ 514-849-7394 ou 514-236-5402 (seulement en cas d'extrême urgence).* ● *canada.diplomatie.belgium.be/fr* ● Ⓜ *Peel (sortie « Metcalfe »). Lun-ven 9h-13h (plus 14h-16h par tél) ; rdv obligatoire.*

■ **Consulat de Suisse** *(plan détachable, B4) : 1572, av. du Dr-Penfield (angle Côte-des-Neiges). ☎ 514-932-7181.* ● *eda.admin.ch/montreal* ● Ⓜ *Guy-Concordia puis bus nos 165 ou 435. Sur rdv uniquement.*

■ **Consulat des États-Unis** *(zoom détachable Centre, C5) : 1134, rue Sainte-Catherine Ouest. ☎ 514-398-9695.* ● *ca.usembassy.gov* ● Ⓜ *Peel. Lun-ven 7h30-17h.* Prendre rendez-vous au préalable sur Internet.

■ ***Renouvellement du visa*** *(plan détachable, B4)* **:** ***Citoyenneté et Immigration Canada,*** *1010, rue Saint-Antoine Ouest, 2e étage. ☎ 1-888-242-2100. • question@cic.gc.ca • canada.ca/fr/services/immigration-citoyennete.html • Lun-ven 8h-16h. Seulement sur rdv.* Fournit les formulaires à remplir pour les demandes de renouvellement du visa. Très difficile à joindre par téléphone. Commencer par consulter le site internet.

Services

■ ***Météo :*** prévisions enregistrées sur 7 jours pour la région de Montréal : *• meteo.gc.ca •*

■ ***Infos neige et travaux routiers :*** ***Transports Québec,*** *☎ 511. • transports.gouv.qc.ca •* Pour connaître les éventuels travaux (et donc bouchons) et l'état d'enneigement des routes.

Internet

ZAP est le réseau wifi gratuit de l'île de Montréal. Maillage et points d'accès sur *• zapwifipublic.ca •* Il y a aussi le MTLWIFI, qui permet de se connecter gratuitement dans plusieurs espaces de la ville (825 bornes implantées dans toute la ville). Ce qui en fait d'ailleurs l'un des réseaux WIFI gratuits des plus étendus au monde.

Urgences, santé

■ ***N° d'appel en cas d'extrême urgence :*** *☎ 911.*

✚ ***Centre hospitalier de l'Université de Montréal*** *(CHUM ; zoom détachable Centre, D4)* **:** *1051, rue Sanguinet. ☎ 514-890-8000. • chumontreal.qc.ca • Ⓜ Champ-de-Mars.* C'est le CHU de la ville, très central et majoritairement francophone. Notez que les cliniques médicales coûtent moins cher que les hôpitaux, à préférer donc pour des problèmes bénins. D'autant que certaines reçoivent les urgences sans rendez-vous (pas le week-end en revanche), par exemple la ***Clinique En Route*** *(895, rue de la Gauchetière Ouest, au niveau de la gare ferroviaire ; ☎ 514-954-1444 ; plan détachable, C4)* ou la ***En Route – Complexe Desjardins*** *(150, rue Sainte-Catherine Ouest ; ☎ 514-312-7777 ; zoom détachable Centre, C-D4).*

■ ***Pharmacies : Jean Coutu*** est l'enseigne la plus répandue. La rue Sainte-Catherine Ouest, certes très longue, possède plusieurs de leurs succursales, aux nos 677, 980 et 1675. *Ouv en général tlj 8h-22h (9h-21h w-e). Celle du n° 1675 est ouv tlj jusqu'à minuit (☎ 514-933-4221). Également au 865, rue Sainte-Catherine Est (☎ 514-842-9622 ; tlj 8h-22h). • jeancoutu.com •* ***Pharmaprix*** est l'enseigne concurrente.

Change

Évitez le bureau de change de l'aéroport Trudeau, dont le taux est plutôt défavorable. Mieux vaut aller dans ceux des quartiers touristiques (par exemple rue Notre-Dame, dans la vieille ville, rue Peel ou Sainte- Catherine dans le centre-ville, etc.).

La plupart des banques font le change, mais leurs horaires sont plus restreints. En cas de panne de distributeur, en revanche, elles peuvent délivrer de l'argent liquide sur présentation d'une carte de retrait et de 1, voire 2 pièces d'identité. Voir aussi la rubrique « Argent, banques, change » dans « Montréal utile ».

Tourisme

■ ***Aux Quatre Points Cardinaux*** *(zoom détachable Centre, D3,* ***7****)* **:** *551, rue Ontario Est. ☎ 514-843-8116. • aqpc.com • Ⓜ Berri-UQAM (sortie station centrale de bus). Lun-sam 10h-17h.* Les grands spécialistes des cartes topographiques du Québec et du Canada. Tous les randonneurs leur rendront donc utilement visite.

■ ***Altaï Canada :*** *7735, bd Saint-Laurent. ☎ 1-514-634-5000. • canada.altaibasecamp.com • Ⓜ De Castelnau. Lun-sam 9h-16h30.* Une agence spécialisée dans le tourisme d'aventure. Forfaits tout compris (guide, sac de couchage, transport, nourriture...) de la demi-journée à l'expédition de 24 jours. Également des « autotours ».

■ ***L'Autre Montréal*** *(zoom détachable Centre, C3,* ***17****)* **:** *3680, rue*

Jeanne-Mance, local 310. ☎ 514-521-7802. • autremontreal.com • Visites guidées payantes de certains quartiers pour découvrir la ville sous ses multiples facettes.

Culture

■ ***Spectacles à tarif réduit :*** pour dégotter un billet à la dernière minute, s'adresser à ***La Vitrine*** *(zoom détachable Centre, D4,* ***12****) : 2, rue Sainte-Catherine Est. ☎ 514-285-4545. • lavitrine.com • Tlj 11h-18h (20h jeu-sam).* Centralise les ventes pour tous les spectacles et festivals.

■ ***Radio :*** excellente musique rock et pop sur la station anglophone *CHOM* (97.7 FM). En français, on aime bien la station alternative communautaire *CIBL* (101.5 FM), ses émissions et sa programmation musicale éclectique, sans oublier *CHOQ*, la radio des étudiants de l'UQAM, pour la qualité de sa programmation alternative et émergente *• choq.ca •* Et puis la station de variétés la plus populaire à Montréal, c'est *CKOI* (96.9 FM). La radio des tubes romantiques, c'est *Rouge FM* (107.3 FM). Enfin, la fréquence de *Radio-Canada* est 95.1 FM. Toutes ces radios peuvent aussi être écoutées en ligne sur leurs sites web respectifs.

Loisirs

■ ***Patinoires :*** que ce soit sur les étangs, sur de larges sentiers ou dans les parcs, il en existe une douzaine en plein air (non, pas l'été !). Sachez aussi que, même l'hiver, les patinoires peuvent fermer si les températures sont trop douces.

– ***Parc La Fontaine*** *(plan détachable et zoom détachable Le Plateau, D-E3) : 3819, av. Calixa-Lavallée. ☎ 514-280-2525. Ⓜ Sherbrooke (puis 5-10 mn à pied vers l'est). En principe, de mi-déc à début mars, tlj 8h-21h30. Loc de patins : env 11 $.* On patine sur les eaux glacées d'un étang dans le cadre romantique et branché du Plateau.

– ***Vieux-Port, bassin Bonsecours*** *(zoom détachable Centre, D4-5) : ☎ 514-496-7678. Ⓜ Champ-de-Mars. Déc-début mars ; tlj 10h-21h (22h jeu-dim). Entrée payante (env 8 $; réduc) et loc de patins sur place (11 $).* Un lieu enchanteur, avec vue sur la vieille ville et le fleuve.

– ***Atrium Le 1000*** *(plan détachable, C4) : 1000, rue de la Gauchetière Ouest (entre Mansfield et la cathédrale). • le1000.com • Ⓜ Bonaventure (à 2 pas). Patinoire couverte, ouv tte l'année, sous une grande verrière lumineuse. En été, tlj 11h30 (12h30 w-e)-21h (18h sam-mar et en hiver). Entrée : 5 $; réduc. Loc de patins : 5 $.* Petits restos sur place.

■ ***Piscines :*** *• montreal.ca •* Montréal compte plus de 100 piscines extérieures et intérieures, et au moins autant de pataugeoires pour les tout-petits (notamment au parc La Fontaine) ! GRATUITES quand elles sont municipales (souvent ouvertes de 11h30 à 19h ou 20h). À part ça, signalons le complexe aquatique en plein air du parc Jean-Drapeau *(plan détachable, E5)* sur l'île Sainte-Hélène *(• parcjeandrapeau.com • ; tlj 9h30-19h en été ; entrée adulte : env 6,50 $; forfait famille : env 15 $)* et les piscines couvertes du Parc olympique *(• parcolympique.qc.ca • ; entrée payante ; plan détachable, G2).*

Plage Jean-Doré : *au sud du parc Jean-Drapeau, sur le lac de l'île Notre-Dame (plan détachable, D6). • parcjeandrapeau.com • Ⓜ Jean-Drapeau puis navette n° 767. De mi-juin à mi-août, tlj 11h-18h, puis le w-e seulement jusque début sept. Entrée : 9 $; réduc ; forfait famille : 22 $; gratuit moins de 3 ans.* Rafraîchissant lorsque Montréal fond sous la canicule. Également un complexe aquatique en été (lire « Piscines » plus haut). Une autre plage (la plage de l'Horloge) a été aménagée au Vieux-Port, au pied de la tour de l'Horloge *(zoom détachable Centre, D-E5)*, mais la baignade y est interdite. C'est donc une plage pour la détente. *De mi-juin à début sept, tlj 11h-19h – plus tard en cas d'animation ; début juin, seulement le w-e. Rens : • vieuxportdemontreal.com •* Sur le sable blond, des transats avec vue sur le fleuve et la marina. On y est aux 1res loges pour assister aux grands feux d'artifice estivaux.

OÙ DORMIR ?

Le ***Grand Prix de Formule 1,*** à la mi-juin, ouvre la saison des festivals et manifestations de toutes sortes qui remuent la ville jusqu'à fin septembre. Pendant cette période, ***réserver le plus tôt possible.*** La semaine du ***Festival international de jazz,*** de fin juin à début juillet, affiche parfois complet 1 an à l'avance !

Campings

Les Laurentides, situés à 1h-1h30 de route de la capitale, sont une alternative de séjour possible pour découvrir les sublimes paysages autour de Montréal. Voir « Les environs de Montréal », plus loin.

⛺ ***Campings du parc national d'Oka :*** *2020, chemin Oka, à* ***Oka.*** *☎ 450-479-8365. • sepaq.com/pq/oka • À 55 km de Montréal. Centre d'accueil du parc, à 1,5 km avt le village d'Oka. De début mai à mi-oct. Résa conseillée en hte saison. Emplacements 18-67 $ selon services (6 pers max). Tentes en formule « prêt à camper » à partir de 100 $. Chalets (été et hiver) 115-200 $. Douches payantes.* Aménagé dans le parc national d'Oka, ce camping est très (trop ?) populaire, car il est l'un des plus beaux de la région. À 30 mn de Montréal, ce sont déjà les lacs et les forêts, donc aussi nos amis les moustiques... Rien que 900 emplacements ! Mais attention, pas d'endroit spécifique pour planter sa tente et on campe dans une futaie assez sombre. Jolie plage surveillée au bord du lac des Deux-Montagnes (cafétéria et restos sur place). Plein d'activités (école de voile, canoë-kayak, embarcations à pédales, surf à pagaie, location de vélos, etc.). À notre avis, mieux vaut mettre le cap sur Lanaudière ou les Laurentides, d'autant que camper ici ne vous dispense pas de payer, chaque jour, le droit d'accès au parc *(9 $/j. ; réduc).*

⛺ ***Camping Saint-André :*** *au sud de Montréal, au 73, rang Saint-André, à* ***Saint-Philippe-de-la-Prairie.*** *☎ 450-659-3451. • lecampingstandre.ca • Par l'autoroute 15, sortie 38, à env 30 km de Montréal. De mi-mai à fin sept. Emplacements 32-38 $.* Un très beau site naturel, situé à environ 20 mn de voiture de Montréal. Bien aménagé, avec de l'ombre, il dispose d'un petit plan d'eau charmant. Environ 90 emplacements pour les tentes, plaisants et au calme. Bon accueil. Piscine, aire de jeux pour enfants, terrain de pétanque, buanderie. Ni resto ni dépanneur, mais un supermarché à Candiac, à 4 km de là.

Auberges de jeunesse

Dans le Vieux-Montréal

🏠 ***Auberge alternative du Vieux-Montréal*** *(zoom détachable Centre, C5,* ***30****) :* *358, rue Saint-Pierre. ☎ 514-282-8069. • auberge-alternative.qc.ca • À 10 mn à pied du métro Square-Victoria. Lits 25-40 $/pers. Triples env 110-130 $. Réception ouv de 12h à 17h seulement.* Petite auberge indépendante et branchée écolo, installée à l'étage d'un ancien entrepôt réhabilité, dans un coin tranquille du secteur historique. Un grand dortoir de 20 lits, des dortoirs de 3 à 9 lits, dont un réservé aux femmes, et des triples (pas de doubles ici !). Tous sont colorés, propres et joliment aménagés, avec des œuvres d'artistes émergents. Sanitaires communs bien tenus. Pièce commune conviviale, qui sert à tout : réception, salon, salle à manger et cuisine (réduite au strict minimum). Laverie et location de vélos.

Dans le Quartier latin et le Village

🏠 ***M Montréal*** *(zoom détachable Centre, D4,* ***40****) :* *1245, rue Saint-André.*

☎ 514-845-9803. • m-montreal.com • Ⓜ Berri-UQAM. Lits en dortoir 40-60 $/pers ; doubles avec sdb privée 120-180 $. En plein cœur du Village, dans une rue calme et ombragée, une AJ de compét' version glamour. Elle a d'ailleurs été élue meilleure AJ du Canada, et même du monde dans la catégorie extra-large ! Ici, on a vraiment pensé à tout : un immense bar au sous-sol avec canapés baroques, billard, baby-foot, une scène pour les concerts, et, cerise sur le gâteau, un toit-terrasse avec jacuzzi. Pour dormir, des dortoirs de 4 à 14 lits (certains réservés aux filles), tous avec casiers, sanitaires et ventilo, mais également des doubles et même des studios. De quoi accueillir 450 heureux élus dans la bonne humeur ! L'auberge propose également plusieurs activités gratuites, balades, *comedy night,* et même un repas une fois par semaine.

Samesun Montréal *(zoom détachable Centre, D4,* ***33****)* **:** *1586, rue Saint-Hubert. ☎ 514-843-5739. • samesun.com • Ⓜ Berri-UQAM. Lits en dortoir 30-60 $/pers ; doubles 75-190 $, avec petit déj. Same sun for all,* le même soleil pour tous ! Cette auberge de chaîne, remarquablement située, abrite des dortoirs de 4 à 8 lits, propres et bien équipés : salles de bains, casiers, ainsi que des lampes de lecture et des prises électriques pour chaque lit. Ensemble très bien tenu. Il y a aussi des chambres privatives. Ici, tout est fait pour les rencontres : belle cuisine commune, espaces à la fois lumineux et proprets, petite terrasse sur l'arrière, bar, et soirées BBQ. Des activités sont aussi organisées.

Sur le Plateau Mont-Royal

Auberge du Plateau Mont-Royal *(zoom détachable Centre, D3,* ***32****)* **:** *185, rue Sherbrooke Est. ☎ 514-284-1276. • aubergeduplateau.com • Ⓜ Sherbrooke. Tte l'année. En dortoir 6-8 lits, à partir de 40 $/pers ; doubles 94-170 $; draps, petit déj et taxes compris.* Dans une grande maison victorienne stratégiquement située, une excellente AJ. La grande pièce commune sert à la fois de réception, de cuisine, de buanderie et de salle internet. Très belle terrasse également. Les couloirs labyrinthiques conduisent aux dortoirs bien tenus (dont un aménagé sur le vaste toit-terrasse). Chambres privatives pour 1 à 4 personnes, toutes différentes, avec clim. Certaines ont un peu plus de cachet et possèdent une salle de bains individuelle. Celles sur l'arrière sont plus tranquilles. Sinon, on apprécie les pancakes préparés le matin, et les activités : *pub-crawl* tous les vendredis soir ; souper gratuit le dimanche en hiver.

Auberge Chez Jean *(zoom détachable Le Plateau, D3,* ***34****)* **:** *4136, av. Henri-Julien. ☎ 514-843-8279. • aubergechezjean.com • Ⓜ Mont-Royal. Nuitée en dortoir 25 $/pers, 50 $ en chambre privée, petit déj et taxes compris.* C'est un concept. Sur 3 étages, cette AJ pas vraiment standard cultive un esprit baba et c'est plutôt l'ambiance coloc qui règne : ceux qui tiennent à leur nid douillet et intime passeront leur chemin ! Routard solitaire à la recherche d'un lieu convivial où faire plein de rencontres, cet endroit atypique est peut-être pour toi. Matelas en mezzanine au-dessus de la petite salle commune avec piano, cuisine, et une « chambre » séparée par un rideau. Dans les étages inférieurs, quelques autres chambres pour 2 à 4 personnes et des petits dortoirs (4 à 8 lits). Une auberge pas banale, donc, où l'entretien est comme le reste, très relax. Sorties en groupe et repas communautaire. Accueil vraiment sympa, par Jean, le propriétaire de la maison, qui l'a transformée ainsi il y a plus de 30 ans maintenant.

Dans le centre-ville

Auberge Saintlo Montréal *(plan détachable, B4,* ***70****)* **:** *1030, rue Mackay. ☎ 514-843-3317. • saintlo.ca • Ⓜ Guy-Concordia ou Lucien-L'Allier. Lits en dortoir 20-45 $/pers, draps fournis. Doubles 80-150 $, petit déj compris.* Dortoirs climatisés de 4 à 10 lits, tous équipés de douche et w-c, et une vingtaine de chambres privées avec clim aussi et TV. C'est propre, simple et hautement convivial malgré la taille de l'endroit (près de 230 lits). On peut y faire sa cuisine. Consigne, laverie automatique, parking à vélos, resto-bar, billard et espaces de *coworking.* L'AJ organise des excursions, l'occasion de se faire des potes du monde entier !

Universités

La plupart ne fonctionnent que l'été et ferment leurs portes dès que les 1ers étudiants pointent le bout de leur nez vers la mi-août ou même avant. On vous prévient, le cadre est rarement folichon.

Résidences universitaires de l'UQAM : *2 endroits : les* ***résidences universitaires Saint-Urbain (RS),*** *dans le quartier des Spectacles (zoom détachable Centre, D4,* ***35****), au 2100, rue Saint-Urbain. ☎ 514-987-7747. Ⓜ Place-des-Arts. Et les résidences universitaires René-Lévesque (RL), dans le Quartier latin (zoom détachable Centre, D4,* ***36****), au 303, bd René-Lévesque Est (angle Sanguinet). ☎ 514-987-6669. Ⓜ Berri-UQAM. Résas et infos sur • uqam-residence-rl@uqam.ca • uqam-residence-rs@uqam.ca •* ***De mi-mai à mi-août seulement.*** *Studios 95-100 $/j. pour 2, doubles 90-95 $. Également apparts pour 3-8 pers.* Très central, c'est son gros avantage. Chaque résidence universitaire possède plus de 300 chambres mais, attention, elles ne sont pas climatisées. On peut y louer des studios et des appartements équipés d'une cuisine et d'au moins une salle de bains. Côté Saint-Urbain, certaines chambres sont accessibles aux personnes à mobilité réduite. Draps, couvertures et serviettes sont fournis et on peut stationner à l'intérieur (cher).

MONTRÉAL

Gîtes touristiques

Les prix varient selon la saison : nous vous donnons donc une fourchette indicative. Attention, nos meilleures adresses sont très demandées : ***en haute saison, mieux vaut s'y prendre à l'avance pour la réservation.*** Le petit déj est toujours inclus.

Association de l'Agrotourisme et du Tourisme gourmand *(plan détachable, G2,* ***4****)* **:** *4545, av. Pierre-de-Coubertin. ☎ 514-252-3138. • terroiretsaveurs.com • Ⓜ Pie-IX. Lun-ven 8h30-16h30.* L'organisme *Terroir et Saveurs* gère un réseau de gîtes de charme : les *Gîtes et Auberges du Passant.*

Dans le Quartier latin et le Village

De prix moyens à chic

Gîte À l'Adresse du Centre-ville *(zoom détachable Centre, D4,* ***42****)* **:** *1673, rue Saint-Christophe. ☎ 514-528-9516. • aladresseducentreville.com • Ⓜ Berry-UQAM. Doubles 125-155 $ (2 nuits min) ; appart 150-260 $ pour 4-6 pers.* C'est central, donc. Mais surtout, l'accueil aux petits oignons fait la différence, à l'image du petit déj aussi plantureux que soigné ! Quant aux chambres, elles sont agréables, confortables (salle de bains partagées pour 3 d'entre elles) et bien propres. Petit plus : la terrasse à l'arrière pour se relaxer. Gros plus : l'appartement bien conçu et entièrement équipé situé dans la maison voisine, idéal pour les familles (cuisine, salon, 2 chambres). Un bon plan !

Gîte Le St-Christophe *(zoom détachable Centre, D4,* ***53****)* **:** *1597, rue Saint-Christophe. ☎ 514-527-7836. Ⓜ Berry-UQAM. Doubles 110-140 $.* Les jolies couleurs de la façade ne trichent pas et annoncent un endroit chaleureux et cosy. On est accueilli par un hôte affable et créatif qui a mis du rose, du rouge, du violet un peu partout dans la déco. Les 5 chambres, confortables et arrangées avec goût, ont une salle de bains privative pour la plupart (celle du sous-sol est par conséquent la moins pratique). Les parties communes ne manquent pas de style non plus, entre vieux meubles, miroirs, lampadaires rétro, tapis et canapés moelleux.

La Loggia *(zoom détachable Centre, D4,* ***51****)* **:** *1637, rue Atateken. ☎ 514-524-2493. • laloggia.ca • Ⓜ Berri-UQAM. Doubles 120-180 $ (2 nuits min* *mai-oct).* Ce gîte raffiné en plein quartier gay propose 5 chambres charmantes et confortables (dont 2 avec salle de bains à partager situées à l'entresol). La déco, très réussie, conjugue beaux matériaux et couleurs chaleureuses. Nos préférées : la « chambre du jardin » ainsi que la « romantique » à l'étage. Petit déj cuisiné copieux composé de produits locaux et bio que l'on peut déguster dans une ravissante cour fleurie à l'arrière, agrémentée d'œuvres d'art.

Sur le Plateau Mont-Royal

De prix moyens à chic

Chez François *(plan détachable, E3,* ***73****) : 4031, rue Papineau. ☎ 514-239-4638. • chezfrancois.ca • Ⓜ Mont-Royal ou Papineau. À 10 mn à pied de la rue Saint-Denis par le beau parc La Fontaine. Doubles sans ou avec sdb 110-175 $, taxes comprises (un min de nuitées exigé à certaines dates). Parking privé gratuit.* Dans un quartier calme, une solide maison avec de typiques escaliers métalliques en façade. 5 chambres de bon confort (avec clim) bien insonorisées, méticuleusement entretenues. Parquet en bois blond et beaux matériaux pour une ambiance aussi chaleureuse que l'accueil, avec, en prime, vue sur les arbres du jardin ou du parc. Savoureux et copieux petit déj (pain perdu, crêpe bretonne, gaufre et omelette, confiture maison, céréales...). Balcon commun et cuisine à dispo.

Gingerbread Manor *(zoom détachable Centre, D3,* ***43****) : 3445, av. Laval. ☎ 514-597-2804. • gingerbreadmanor.com • Ⓜ Sherbrooke. Doubles sans ou avec sdb env 135-170 $ (2 nuits min).* À 2 pas des transports, mais dans une rue résidentielle tranquille, cette jolie maison à la façade tout en dentelles est un point de chute idéal : les chambres sont classiques et nickel, le petit déj est bien copieux (et différent chaque jour), et l'accueil est attentif. Que du bon.

À l'est de la ville (Jardin botanique)

Gîte Dézéry *(plan détachable, F3,* ***50****) : 3545, rue Dézéry. ☎ 514-972-4654. • gitedezery.com • Ⓜ Préfontaine, puis env 7 mn à pied. Doubles 135-160 $.* Proche du Parc olympique et du Jardin botanique, un gîte chic et classe, proposant 5 chambres doubles à thème (arts & déco, asiatique, champêtre, cubaine, marocaine) avec salle de bains, clim, balconnet, TV câblée, frigo et une déco de type magazine mais sans trop en faire. Les plus grandes donnent sur l'arrière. Dans les espaces communs, vous vous sentirez comme à la maison : fontaine à eau, frigo, cafetière à dispo, petit salon pour lire. Savoureux petit déj préparé par le maître des lieux.

Hôtels

Rappel, ***les prix indiqués ne comprennent pas les taxes.***

Prix moyens

Hôtel Élégant *(zoom détachable Centre, D4,* ***54****) : 1683, rue Saint-Hubert. ☎ 514-521-9797. • hotelelegant.ca • Ⓜ Berri-UQAM. Doubles dès 100 $, taxes comprises. Promos sur leur site.* Un hôtel basique et vieillot qui porte bien mal son nom, mais fonctionnel (clim, frigo, salle de bains) et à prix corrects vu son emplacement, et c'est vraiment son seul atout ! Dans la même rue, plusieurs autres hôtels du même genre pour dépanner.

Chic

Hôtel Ambrose *(plan détachable, C4,* ***76****) : 3422, rue Stanley (juste au nord de Sherbrooke Ouest). ☎ 514-288-6922. • hotelambrose.ca • Ⓜ Peel. Doubles 100-175 $. Promos sur leur site internet.* Devenu en réalité une sorte d'*Airbnb*, c'est une belle maison centenaire de style victorien, typiquement montréalaise, dans une rue tranquille. Même modernisée, elle a su garder son caractère : mobilier ancien, jolies boiseries, cheminées et bibliothèque. En tout, une vingtaine de chambres impeccables et tout confort (clim), dont les 2 moins chères sont tout de même assez étroites. Une suite familiale également ainsi que des dortoirs. Charmant café de l'hôtel au rez-de-chaussée.

Hôtel Manoir Sherbrooke *(zoom détachable Centre, D3,* ***55****) : 157, rue Sherbrooke Est. ☎ 514-845-0915. • manoirsherbrooke.ca • Ⓜ Sherbrooke. Doubles 140-200 $. Réduc de 10 % si résa en direct (les appeler).* Sur Sherbrooke, large artère bruyante, une grande bâtisse en pierre grise, mais à l'intérieur c'est bien plus avenant. Une trentaine de chambres toutes décorées avec soin, avec clim, moulures et mobilier de style. Sous les combles, 4 chambres moins chères et agréables, à éviter si vous êtes grand. Accueil chaleureux.

Château de l'Argoat *(zoom détachable Centre, D3,* ***56****) : 524, rue Sherbrooke Est. ☎ 514-842-2046. • hotel-chateau-argoat.com • Ⓜ Sherbrooke. Doubles 140-220 $, avec petit déj.* L'emplacement est idéal, à la limite du Quartier latin et du Plateau du Mont-Royal, mais aussi tout proche des transports en commun. Bien que situé sur une grande artère, le *Château de l'Argoat* (une demeure bourgeoise grande et cossue) propose des chambres calmes et cosy, avec salle de bains privée. Certaines avec un bain tourbillon, les plus chères avec un beau mobilier ancien. Décor au cachet particulier et élégant. Gros plus : la maison dispose d'un parking privé (gratuit, mais fonctionnant selon le principe du 1er arrivé, 1er servi). Accueil très gentil. Un bon rapport qualité-prix.

Hôtel Zéro 1 *(zoom détachable Centre, D4,* ***44****) : 1, bd René-Lévesque Est. ☎ 514-871-9696. • zero1-mtl.com • Ⓜ Saint-Laurent (le bus de l'aéroport, le nº 747, s'arrête juste devant). Doubles 125-400 $. Promos sur Internet.* À l'entrée du Quartier chinois et au bord du boulevard Saint-Laurent, ce grand immeuble ancien en brique, restauré avec imagination, abrite désormais un grand hôtel design et tendance. Chambres à la déco contemporaine (pas froide), bien agencées, lumineuses et d'un grand confort. En demander une dans les étages élevés, plus calmes.

Hôtel et restaurant de l'Institut ITHQ *(zoom détachable Centre, D3,* ***61****) : 3535, rue Saint-Denis. ☎ 514-282-5120. Resto : ☎ 514-282-5155. • ithq.qc.ca • Ⓜ Sherbrooke. Doubles dès 180 $, petit déj compris. Au resto (fermé sam-dim midi, et le soir dim-lun), table d'hôtes 25 $ le midi et 35 $ le soir. Parking payant.* Derrière ce grand bâtiment design se cache l'*Institut de tourisme et d'hôtellerie du Québec,* accueillant un millier d'élèves. L'hôtel et le restaurant sont donc tenus par des apprentis (en période scolaire) ou par des stagiaires et employés (en été). Côté hôtel, la quarantaine de chambres sont standard mais confortables et bien entretenues (la moindre des choses dans une école où l'on apprend le métier !). Toutes (sauf 2) ont un balcon. Côté fourneaux, les menus, servis dans l'agréable resto du rez-de-chaussée, sont concoctés par des étudiants en fin d'études, sous l'œil avisé de leurs professeurs. Menu à la carte le midi et menu dégustation le soir. Terrasse l'été.

Très chic

Le Petit Hôtel *(zoom détachable Centre, D5,* ***59****) : 168, rue Saint-Paul Ouest. ☎ 514-940-0360. • petithotelmontreal.com • Ⓜ Place-d'Armes. Doubles 180-450 $, avec petit déj.* Au cœur du quartier historique, ce vieux bâtiment entouré de restos et de petites boutiques abritait jadis des manufactures de cuir de jouets. Aujourd'hui, c'est un superbe hôtel de charme, un petit établissement intimiste à la fois design et chaleureux. Les chambres, à peine une trentaine, sont super confortables et de tailles très différentes (*small, medium, large* et *extra large,* au choix). Le mobilier contemporain et les objets de créateurs se marient à merveille avec les volumes biscornus et les pierres apparentes. La classe ! Accueil attentionné.

OÙ MANGER ?

À Montréal, ville cosmopolite s'il en est, on peut faire un véritable ***tour du monde culinaire.*** Une centaine de groupes ethniques sont représentés dans des milliers de restaurants. Cela dit, on vous conseille vivement de tester les spécialités traditionnelles québécoises, pleines de surprises. Aviez-vous déjà entendu parler du pâté chinois, du ragoût de boulettes ou du pouding chômeur ? Ah, vous voyez ! Pour les fauchés, on trouve de nombreux stands culinaires (« foires alimentaires » ou *food courts*) dans les souterrains de la ville et les immenses stations de métro. Toutes les cuisines du monde y sont servies à prix modiques. C'est rapide et bien commode par mauvais temps... À l'inverse, ceux qui ont plus de moyens iront piocher parmi les stands chics du ***Time Out Market*** (dans le *Centre Eaton,* un complexe commercial sur Sainte-Catherine) qui regroupe sous un même toit les meilleurs chefs de la ville, ou bien au ***Central*** (angle Sainte-Catherine et Saint-Laurent). Montréal a en effet succombé à son tour à la mode des halles gourmandes regroupant dans un même espace différents restaurants, dont les annexes de plusieurs chefs de renom. Vous y trouverez de tout, chinois, japonais, vietnamien, libanais, italien...

Sachez aussi qu'il y a quelques années un Français a inventé la ***formule « Apportez votre vin ».*** Succès oblige, l'idée a rapidement séduit et, aujourd'hui, on ne compte plus les restos où l'on apporte sa propre bouteille achetée au *SAQ* (Service des alcools du Québec) du quartier, ce qui a le mérite d'alléger considérablement l'addition.

Enfin, pour ceux qui viennent d'arriver, sachez que les « ***tables d'hôtes*** » au restaurant sont l'équivalent de nos menus complets et que ***le pourboire* (tip) *est obligatoire*** (voir « Taxes et pourboires » dans « Montréal utile » en début de guide).

Visites gourmandes (Food Tours)

– ***Tour gastronomique du Mile End*** *(Mile End Tasting & Cultural Walking Tour)* **:** *avec Local Montreal Tours. • localfoodtours.com • Prix : 70 $/pers. Résas et paiement en ligne.* Cette excellente agence, dirigée par une équipe jeune et dynamique, propose des balades gourmandes et guidées à pied dans le quartier de Mile End. Départ en petit groupe entre 11h et midi (sauf le lundi), durée 3h. Au cours du parcours, on teste différents lieux de dégustation (boutique de bagels, chocolaterie, glacier artisanal, épicerie italienne, resto...).

Spécial petit déjeuner (« déjeuner » en québécois)

De nombreux restos affichent des « ***spéciaux du déjeuner*** ». Vous pourrez avaler des œufs, du bacon, des rôties (du pain de mie grillé ; des toasts, quoi !), des « patates rôties » et du café pour moins de 10 $. Sachez aussi que la plupart des restos de Montréal proposent un ***brunch,*** même en semaine et même souvent jusqu'en début d'après-midi.

☕ ***L'Évidence*** *(zoom détachable Le Plateau, D3,* ***92*****)** **:** *3817, rue Saint-Denis. ☎ 514-847-2267. Ⓜ Sherbrooke. Tlj 8h-22h (17h dim-lun). Petits déj 6-16 $ (servis jusqu'à 16h).* Petit bistrot contemporain prolongé d'une terrasse sur la rue. Sa carte aligne un large choix de bons petits déj aussi frais que copieux. Brunch servi jusqu'à 16h, bien pratique pour les lève-tard ! Œufs bénédictine, bagels, baguettes, pancakes, omelettes, crêpes, pains dorés... et la spécialité maison : l'Évident, avec 2 œufs, des asperges, une crêpe aux champignons et des épinards, un délice.

☕ ***Beauty'S*** *(zoom détachable Le Plateau, D2-3,* ***120*****)** **:** *93, av. du Mont-Royal Ouest (angle Saint-Urbain). ☎ 514-849-8883. Ⓜ Mont-Royal. Tlj sauf mar 8h-16h. Petits déj 9-25 $.* Ça ressemble à un *diner*, ça a l'atmosphère d'un *diner*, mais cette « luncheonette » possède un je-ne-sais-quoi qui en fait un incontournable. Son âge, peut-être, puisqu'elle fut fondée en 1942 par des commerçants juifs, Hymie et Freda Sckolnick. Le dimanche, les fans de brunch s'y massent à la file, faisant pression du regard pour qu'une table se libère. Outre ses omelettes et autres incontournables de la cuisine populaire, on y vient pour ses spécialités juives, fraîches et appétissantes, comme ces bagels tartinés de *cream cheese* ou encore leurs excellents smoothies. Un de nos coups de cœur dans cette catégorie !

Cora *(plan détachable, C4,* ***141****) : 1240, rue Drummond, entrée par la réception du* Best Western Hôtel. *☎ 514-286-6171. Ⓜ Guy-Concordia. Tlj 6h30h (8h dim)-14h. Petits déj 12-18 $.* Cette chaîne ne vaut pas tant pour son décor de banale cafétéria que pour ses « déjeuners » gargantuesques. Pléthore de crêpes, brioches, œufs et autres assiettes recouvertes de montagnes de fruits frais. « Santé », comme on dit ici, mais tellement copieux qu'on n'est pas sûrs que ce soit très diététique !

L'Avenue *(zoom détachable Le Plateau, D3,* ***94****) : 922, av. du Mont-Royal Est. ☎ 514-523-8780. Ⓜ Mont-Royal. Tlj 8h-16h. Fermé le soir. Plats 11-25 $.* C'est LE spot pour le brunch du week-end, avec évidemment une file d'attente démentielle le dimanche matin ! Jolie déco et endroit idéal pour se mélanger à la foule branchée du Plateau. Leurs œufs *Benedict* (spécialité) sont aussi copieux que succulents.

Café Myriade *(plan détachable, B4,* ***140****) : 1432, rue Mackay. ☎ 514-939-1717. Ⓜ Guy-Concordia. Lun-ven 7h30-19h, w-e 9h-17h.* Un *coffee shop* de quartier, appartenant à une chaîne *(autres adresses : 1000, rue Sainte-Catherine Ouest ; 4627, rue Saint-Denis ; 28, av. du Mont-Royal Ouest).* Ici, le p'tit noir est passé « à l'ancienne » dans des cafetières *Cona* (les amateurs apprécieront) ou plus traditionnellement au percolateur, notamment pour les cappuccinos. Sinon, muffins et autres viennoiseries à grignoter. Aux beaux jours, belle terrasse sur la rue. Très populaire on y retrouve locaux et étudiants du coin.

Et aussi (voir plus loin), ***L'Œufrier*** *(zoom détachable Centre, D-E4,* ***93****) : 1441, rue Atateken, angle avec la rue Sainte-Catherine. ☎ 514-507-2868. Ⓜ Beaudry. Tlj 7h-15h (16h w-e). Fermé le soir. Plats 11-21 $.* ***La Binerie Mont-Royal*** *(zoom détachable Le Plateau, D3,* ***124****) : 4167, rue Saint-Denis. ☎ 514-285-9078. Ⓜ Mont-Royal. Tlj 6h (7h30 w-e)-14h (21h jeu-sam).* Fèves au lard, tourtières, œufs, du typiquement québécois.

Dans le Vieux-Montréal

Quartier historique bien réhabilité qui ne manque pas de charme. Les prix des restos y sont un peu plus élevés qu'ailleurs, sauf dans le quartier chinois.

Bon marché

Le Petit Dep *(zoom détachable Centre, D5,* ***105****) : 179, rue Saint-Paul Ouest. ☎ 514-284-9162. Ⓜ Place-d'Armes. Tlj 8h-21h (23h ven-sam). Env 6-13 $.* « Dépanneur et café, magasin général depuis 1822. » Au cœur du vieux quartier, la façade hyper colorée de cette épicerie pittoresque ne passe pas inaperçue. L'intérieur est tout aussi charmant, dans un style rétro et foisonnant avec ses rayonnages débordant de victuailles de qualité. On y achète un sandwich, un croissant ou une pâtisserie, à avaler sur le pouce à l'une des quelques tables. Simple et bon.

Le Petit Dep Saint-Sulpice *(zoom détachable Centre, D4,* ***109****) : 461, rue Saint-Sulpice. ☎ 579-795-0542. Ⓜ Place-d'Armes. Tlj 8h-21h (23h ven-sam). Env 6-13 $.* C'est la 2de adresse du *Petit Dep*, mais dans une version spacieuse et mieux achalandée. Il y a plus de places assises, permettant de se poser pour un « déjeuner » ou un « lunch » ou profiter des plats du jour, des salades, des sandwichs, ou d'un pâté chinois, en profitant de la vue sur la cathédrale. Quant aux étagères, elles manquent de place pour accueillir les montagnes de friandises à l'ancienne et de produits fins provenant des

MONTRÉAL

4 coins de la province. Idéal pour faire des emplettes de souvenirs ! Et puisque jamais 2 sans 3, une nouvelle succursale a ouvert *(300, rue de la Montagne ; ☎ 514-448-0323 ; tlj 8h-18h).*

Fou d'Ici *(zoom détachable Centre, D4,* ***112****) : 503, pl. d'Armes. ☎ 514-600-3424. Ⓜ Place-d'Armes. Ouv tlj 8h-17h (10h w-e). Env 10-15 $.* Face à la cathédrale Notre-Dame, cette grande épicerie fine comprend un très beau rayon traiteur, une large gamme de vins et bières. Chaque jour, un menu différent est concocté à partir de produits de qualité : délicieux sandwichs, goûteuses salades, tartares, pokés et brownies, muffins et tartes pour le dessert. On peut rester manger dans leur salle assez neutre et moderne.

Olive et Gourmando *(zoom détachable Centre, C5,* ***104****) : 503, pl. d'Armes. ☎ 514-350-1083. Ⓜ Square-Victoria. Tlj sauf lun-mar 9h-17h. Plats 12-26 $.* Très chaleureuse boulangerie-resto tout en bois, incontournable pour ses beaux petits déj disponibles toute la journée, ses délicieux sandwichs chauds à la composition souvent originale, ses salades très créatives, ses soupes fumantes... et ses viennoiseries à tomber ! Bref, si vous voulez manger bon et sain, c'est par ici que ça se passe, autour des grosses tables en bois dans une ambiance jeune et très agréable !

Tommy Café *(zoom détachable Centre, C-D4,* ***133****) : 200, rue Notre-Dame Ouest. ☎ 514-903-8669. Ⓜ Place-d'Armes. Tlj 8h-18h. Plats 10-16 $.* Un accueillant café-bistrot un brin vintage dans un beau bâtiment en angle de rue, où l'on se pose dans une salle originale organisée sur différents niveaux et coiffée d'une mezzanine. Dès le matin, ça dépote, dans une ambiance joyeuse et animée par les étudiants et résidents du coin. Tartines ou sandwichs appétissants ainsi que des viennoiseries et boissons originales (on adore leur « *smurf chaï latte bleu* »). Parfait pour casser une graine pour pas trop cher.

Venice *(zoom détachable Centre, C-D5,* ***134****) : 440, rue Saint-François-Xavier. ☎ 438-333-7653. Ⓜ Place-d'Armes. Tlj 11h-23h. Plats 8-24 $.* Pas de poutine ici, *Venice* fait plutôt dans le régime sain tendance végétal. Les salades sont fraîches, les légumes croquent, mais pour une grosse faim on se régale d'un généreux tacos, d'un burger avec ses frites de patates douces ou d'un *poke bowl* de poisson. C'est simple, bon et copieux. Proposent aussi d'excellents cocktails. Ambiance jeune et détente, à l'image de la déco ludique façon californienne, avec planches de surf et bande-son ad hoc. Ça fleure bon les vacances !

Prix moyens

Mélisse *(zoom détachable Centre, C5,* ***108****) : 719, rue William. ☎ 514-379-3794. Ⓜ Square-Victoria. Lun-ven 7h30-14h30, 17h45-22h ; w-e 10h-15h, 17h45-22h (fermé dim soir). Le midi, plats 12-25 $; compter 40-50 $ le soir.* Lumineux ! C'est ce qui définit d'emblée ce bel espace contemporain tout en baies vitrées, où le béton et les tuyaux apparents se mêlent aux plantes, aux tableaux et au mobilier bistrot. C'est classe et rafraîchissant, en harmonie avec une cuisine délicate proposant des soupes et des sandwichs inventifs le midi, ou des plats cuisinés le soir, pas toujours très copieux mais élaborés avec des produits locaux de saison. Belle terrasse pour siroter des vins nature. Excellent accueil. Brunch le week-end.

LOV *(zoom détachable Centre, C5,* ***113****) : 464, rue McGill. ☎ 514-287-1155. Ⓜ Square-Victoria. Tlj sauf dim-lun 11h30 (16h30 lun et sam)-21h30 (22h ven-sam). Plats 16-23 $.* *LOV*, c'est pour Local, Organique et Végan, un concept qui fait le buzz auprès des fans du genre et des nombreux curieux. Et ça vaut le coup de réserver, car le chef a du talent pour donner du goût à d'improbables végétaux et créer des recettes originales, ou revisiter des classiques comme la poutine et le burger. C'est bon, inventif, et ludique. Une belle expérience, d'autant que le cadre est à la hauteur : une salle élégante et lumineuse en vert et blanc, tendance bistrot botanique. Photogénique ! D'ailleurs, ça marche tellement fort qu'il y a désormais plusieurs *LOV* à Montréal. Résa conseillée.

L'Usine de Spaghetti (zoom détachable Centre, D4, **107**) : *273, rue Saint-Paul Est. ☎ 514-866-0963. Ⓜ Champ-de-Mars. Juste à côté de la pl. Jacques-Cartier. Tlj 11h30 (17h lun)-21h (22h sam). Plats 14-28 $.* Dans un décor boisé et patiné par le temps, avec du beau parquet, des antiquités, des lustres kitsch et des tableaux sur les murs. Dickens aurait noirci des pages ici en mai 1842... Dans l'assiette, grand choix de pâtes bien cuisinées, avec des sauces parfois originales. Mais aussi des escalopes de veau, des pavés de saumon, poulet parmesan, salades... Un classique qui plaît beaucoup.

The Keg (zoom détachable Centre, D4-5, **111**) : *25, rue Saint-Paul Est. ☎ 514-871-9093. Ⓜ Place-d'Armes. Ouv le soir seulement, tlj 16h-23h (minuit jeu-sam). Résa conseillée. Plats 20-50 $.* Voici le paradis des viandards : du bœuf vieilli de 1re qualité, sous toutes ses formes et à la cuisson parfaitement maîtrisée. Côtes de bœuf, filets, bavettes, côtes levées et autres pièces de choix attirent les foules dans un décor de bistrot classe, typique des *steak houses*. Et comme souvent dans ce genre d'endroit, le burger est bon. Hors viande, il y a quand même quelques options : poissons, salades...

Club Chasse et Pêche (zoom détachable Centre, D4, **110**) : *423, rue Saint-Claude. ☎ 514-861-1112. Ⓜ Champ-de-Mars. Mer-sam 18h-22h30. Fermé dim-mar. Plats 36-45 $.* Cette institution se fait discrète : pas d'enseigne ostentatoire, et une lourde porte à pousser pour découvrir un intérieur chic, élégant et tamisé. Ambiance club, donc, mais conviviale et entièrement dédiée à la gastronomie de haut vol orchestrée par Claude Pelletier, gourmet passionné de gibier et de truite, de chasse et de pêche. À la carte, des plats signatures qui méritent le détour : magret de canard au comté avec sauce au cidre, omble et sarrasin accompagnés d'une hollandaise au raifort... Aux beaux jours, à midi, quelques tables au pied du château Ramezay. Une valeur sûre.

Buvette Pastek (zoom détachable Centre, C-D5, **102**) : *209, rue Saint-Paul Ouest. Ⓜ Place-d'Armes. Tlj 17h-23h30 (22h mar, 16h dim). Fermé lun. Plats 14-22 $.* En plein cœur du Vieux-Montréal, restaurant chaleureux et élégant au style parisien (et presque tout aussi bien rempli) où l'on vous propose de belles assiettes et un excellent brunch le week-end. Petite terrasse à l'extérieur, quelques fauteuils et banquettes en intérieur. On y est bien aussi simplement pour boire un verre de vin.

Dans le Quartier latin et le Village

Le bas de la rue Saint-Denis (du nº 1000 au nº 4000), que l'on appelle « Quartier latin », aligne une brochette de restos rapides et de bars à la fréquentation plutôt jeune et francophone : normal, l'université d'UQAM est le centre névralgique du quartier. Si le coin est loin d'être réputé pour sa gastronomie, on peut néanmoins s'y restaurer convenablement et à toute heure, avant ou après la tournée des bars. En poursuivant vers l'est, la rue Sainte-Catherine conduit au cœur du Village, le quartier gay de Montréal. Là encore, pas de grande table, mais de quoi se sustenter à tous les prix dans une ambiance festive et cosmopolite.

Bon marché

L'Œufrier (zoom détachable Centre, D-E4, **93**) : *1441, rue Atateken, angle avec la rue Sainte-Catherine. ☎ 514-507-2868. Ⓜ Beaudry. Tlj 7h-15h (16h w-e). Fermé le soir. Plats 15-21 $.* Sandwichs, baguettes grillées, « hamburbagels », salades, crêpes et bien sûr la poutine, déclinés sur une carte où les intitulés sont marrants comme tout. Attention, ce n'est pas un resto gourmet, mais une chaîne populaire et économique, pas du tout branchée. C'est bon et copieux pour le prix. Idéal pour un gros brunch avant d'attaquer les visites. Sur place ou à emporter.

Restaurant-Café Saigon (zoom détachable Centre, D4, **97**) : *1280, rue Saint-André. ☎ 514-849-0429. Ⓜ Berri-UQAM. Mer-dim 17h-21h. Fermé lun-mar. Plats 11-30 $. CB refusées.* Discrètement installé en demi-sous-sol, un petit resto très convivial. Accueil souriant, service vite expédié. À la carte, les plats traditionnels vietnamiens mais aussi des woks aux crevettes, au bœuf et au poulet (les végétariens demanderont la carte spécial tofus). Pas d'alcool ici, c'est un établissement « Apportez votre vin », ce qui revient moins cher.

De prix moyens à chic

Au Petit Extra *(zoom détachable Centre, E3, **99**)* : *1690, rue Ontario Est (près de l'av. Papineau). ☎ 514-527-5552. Ⓜ Papineau. Lun-ven 11h30-14h30, 17h30-22h ; sam 17h30-22h30 ; dim 10h-14h30, 17h30-21h30. Résa conseillée. Plats 20-39 $.* Ce n'est pas si petit, mais c'est vraiment extra. Grand resto-bistrot de style Art déco, où l'on mijote une cuisine bistronomique classique et d'inspiration française (canard, gibier, boudin), avec tout de même quelques incursions dans le terroir québécois.

Très chic

Bouillon Bilk *(zoom détachable Centre, D4, **89**)* : *1595, bd Saint-Laurent. ☎ 514-845-1595. Ⓜ Saint-Laurent. Tlj 11h30-14h30 (sauf w-e),17h30-23h. Résa indispensable le w-e. Le midi, table d'hôtes 45 $; plats 22-55 $. Menus dégustation 95-115 $.* Discrète, cette grande salle lumineuse de style contemporain affiche pourtant très souvent complet. C'est l'une des valeurs sûres du circuit gastronomique montréalais, où la cuisine canadienne moderne revisite les classiques québécois avec brio. Tout ça magnifié par une carte des vins à dérouter ceux qui se vantent d'avoir déjà tout bu ! Si votre porte-monnaie est du genre contrariant, essayez d'abord le ***Restaurant Cadet,*** la 2de adresse de la maison *(zoom détachable Centre, D4, **88**)* : *1431, bd Saint-Laurent. ☎ 514-903-1631. Tlj 11h30-14h30 (sauf w-e), 17h30-23h.* Cadre sobre, cuisine ouverte, et une séduisante carte de petites assiettes à partager autour d'un bon vin.

Dans le quartier chinois

Le minuscule quartier chinois *(Ⓜ Place-d'Armes)* aligne plusieurs restos asiatiques typiques et bon marché. Ils se situent dans la rue Clarke et autour de la rue de la Gauchetière. Laissez-vous guider par vos narines, vos yeux et vos oreilles.

Pho Bang New York *(zoom détachable Centre, D4, **103**)* : *1001, bd Saint-Laurent. ☎ 514-954-2032. Ⓜ Place-d'Armes. Tlj 11h-20h30. Compter env 15 $. CB refusées.* Un peu à l'écart des restos chinois, voici un petit vietnamien au décor neutre et dépouillé façon cantine, mais très réputé pour ses soupes tonkinoises servies dans de grands bols. Demandez la soupe *(pho)* au bœuf *(bo)* ou au poulet *(ga)*, délicieuse ! L'endroit est souvent bruyant, mais c'est une valeur sûre. Tous les ingrédients sont frais, il n'y a pas de triche. Si c'est plein, le ***Cali*** *(1246, rue Saint-Denis)* n'est pas mal non plus.

Fleurs et Cadeaux *(zoom détachable Centre, D4, **96**)* : *1002, rue Saint-Urbain. Ⓜ Place-d'Armes. Ouv 17h-23h (22h dim). Fermé lun. Plats 13-29 $.* Dans une grande maison rose où, de l'extérieur, on ne s'attend pas vraiment une salle aussi charmante. Snack-bar d'inspiration japonaise, porc tantan udon, nouilles soba-matcha, des légumes, et du grill accompagné d'un large choix de vins et de sakés. Pas de lumière du jour une fois à l'intérieur, mais une atmosphère chaleureuse et accueillante.

Sur le Plateau Mont-Royal

Quartier à la fois résidentiel et animé, fief des Français expatriés, assez emblématique du Montréal qui bouge d'un point de vue créatif (boutiques de fringues, déco, livres, bijoux, etc.) Beaucoup de circulation sur les grands axes, mais dès qu'on les quitte pour emprunter les petites rues, c'est très calme et verdoyant. Mont-Royal est aussi un quartier très agréable et attractif pour « magasiner ».

Bon marché

La Banquise *(zoom détachable Le Plateau, D3, **136**)* : *994, rue Rachel Est. ☎ 514-525-2415. Ⓜ Mont-Royal. Tlj 24h/24. Poutines 9-21 $ selon taille (mais la regular est suffisante)*

Apparemment la meilleure poutine du Québec, pas étonnant que l'on fasse souvent la queue dans cette institution incontournable ouverte 24h/24. 30 sortes différentes, pas moins, dont la *T Rex* (avec pepperoni, steak haché, bacon et saucisse hot-dog !), l'*Obélix* (à la viande fumée) et grand choix de hamburgers, sandwichs, salades pour les antipoutiniens ! Bonne sélection de bières artisanales. Du copieux et du archicopieux ! Si c'est complet, la rôtisserie portugaise en face, ***Ma Poule Mouillée,*** propose également une bonne poutine *(mar-dim 10h-21h).*

Café Santropol *(zoom détachable Le Plateau, D3, **116**) : 3990, rue Saint-Urbain (angle av. Duluth Ouest). ☎ 514-842-3110. Ⓜ Mont-Royal ou Sherbrooke. Jeu-dim 11h30-20h. Fermé lun-mer. Sandwichs et tartines 12-14 $.* Un lieu très fréquenté, plutôt *granola* (végétarien en jargon local), mais pas seulement. Décor foutraque et coloré, ambiance détendue. Très belle cour intérieure bucolique avec des plantes, des petits jeux d'eau. De bons plats rustiques comme les aiment les bûcherons du Grand Nord : énormes sandwichs, bonnes soupes, salades géantes, succulents gâteaux et cafés bio issus du commerce équitable torréfiés par la ***Brûlerie Santropol*** *(6337, rue Clark ; ☎ 514-840-1000).* Également des thés et des tisanes maison, de savoureux milk-shakes, etc.

Patati Patata *(zoom détachable Le Plateau, D3, **117**) : 4177, bd Saint-Laurent (angle rue Rachel). ☎ 514-844-0216. Ⓜ Sherbrooke. Tlj 11h-2h. Env 8-15 $.* En angle de rue, une minuscule « friterie de luxe » où se retrouvent les affamés du quartier. Une gargote de bord de route un peu *roots* où l'on sert des poutines à gogo et de petits burgers au bœuf comme au poisson. Depuis des années, la qualité et les prix restent stables, ce qui explique – en plus des horaires élastiques – le succès et les queues qui s'allongent devant cette façade peinte à l'arrache. Quelques tables et un comptoir pour consommer à l'intérieur.

Saint-Viateur Bagel & Café *(zoom détachable Le Plateau, D2, **123**) : 1127, av. du Mont-Royal Est. ☎ 514-528-6361. Ⓜ Mont-Royal. Tlj 7h-20h (partie resto 8h-18h). Bagels 7-12 $.* Pour déguster les bagels « garnis » ou les tartinades, c'est ici. Préférez ceux au sésame et choisissez la garniture. Le « traditionnel » est simple et excellent : crème, saumon, câpres et citron. Celui au poulet n'est pas mal non plus. Plus original, le bagel « WOW !», à l'italienne. Également des tartinades (moins chères). *L'adresse originale du Saint-Viateur Bagel est au 263, rue Saint-Viateur, dans le Mile End, mais elle fait uniquement point de vente, pas de consommation sur place.* Ce magasin du Plateau Mont-Royal est une des institutions juives du quartier : depuis 1957, on y cuit 24h/24 des rangées entières de bagels dans le beau four à bois.

L'Anecdote *(zoom détachable Le Plateau, D3, **100**) : 801, rue Rachel Est. ☎ 514-526-7967. Ⓜ Mont-Royal. Tlj sauf lun 15h-22h (10h w-e). Brunch w-e 10h-15h. Plats 8-18 $.* Un vieux classique du Plateau repris par des jeunes. La déco de *diner* est toujours aussi rétro, avec les tables en alu, les banquettes de moleskine rouge et même le juke-box. Vraiment sympa ! Ce qui change, c'est la *playlist* de qualité, et des plats simples mais bien faits, poutines, bénédictine, salades. Également de bons burgers. Accueil attentif.

Schwartz's *(zoom détachable Le Plateau, D3, **118**) : 3895, bd Saint-Laurent. ☎ 514-842-4813. Ⓜ Sherbrooke. Tlj 10h30-0h30 (1h30 ven, 2h30 sam). Sandwichs moins de 10 $; assiettes garnies 10-23 $. CB refusées.* Une institution de la cuisine juive à Montréal (depuis 1928), réputée dans tout le Québec. Burt Lancaster, Nana Mouskouri (si, si) et tant d'autres se sont attablés ici. La queue sur le trottoir est presque permanente. Les vitrines croulent sous la *smoked meat* et les bocaux d'énormes cornichons, le sol est graisseux, et l'accueil se fait à la chaîne, mais ce n'est pas grave. On vient ici pour un sandwich maison à emporter ou à manger sur place. S'il faut, on s'attable pour une assiette de viande fumée ou un gros steak cuit au charbon de bois. Ni dessert ni alcool.

Autre spécialité, l'accueil expéditif de certains serveurs... Au nº 4320 du même boulevard, à 3 blocs au nord, le ***Bagel Etc.,*** bar préféré du chanteur canadien Leonard Cohen, qui habitait le quartier *(tlj 7h30-16h).*

Maamm Bolduc *(plan détachable, E3,* ***145****) : 4351, rue de Lorimier (angle Marie-Anne). ☎ 514-527-3884. Ⓜ Mont-Royal. Un peu excentré. Tlj 9h-22h. Plats 9-22 $.* Un resto-snack de quartier, populaire et haut en couleur, réputé pour ses brunchs (prévoir de l'attente ou pointez-vous dès l'ouverture). Mis à part la sempiternelle poutine (spécialité de la maison), plein d'autres plats, genre pâté chinois, *fish & chips,* et des burgers variés et originaux ainsi que quelques plats végétariens et d'excellents gâteaux. Ambiance très chaleureuse et petite terrasse en bord de rue.

Café Réplika *(zoom détachable Le Plateau, D3,* ***98****) : 252, rue Rachel Est. ☎ 514-903-4384. Ⓜ Mont-Royal. Lun-ven 8h-16h, w-e 9h-17h. Plats 7-10 $.* Un autre *coffee shop* ? Oui, mais celui-ci fait dans le fameux café turc, épais et bien aromatique. Autre spécialité : les bagels maison, ou du moins ce qu'on appelle ici des *simits.* Garnis avec des tartinades, du saumon, ou de l'houmous, c'est très bon, et cela se grignote sans hâte dans la salle au mobilier dépareillé, où locaux et étudiants surfent ou jasent au coude à coude sur les grandes tables communes. Également des petites collations. Ambiance décontractée et conviviale.

Rôtisserie Romados *(zoom détachable Le Plateau, D3,* ***119****) : 115, rue Rachel Est (angle Bullion). ☎ 514-849-1803. Ⓜ Mont-Royal. Tlj 7h-21h (22h ven-sam). Plats 10-17 $.* Une rôtisserie portugaise dont la réputation n'est plus à faire. Selon beaucoup, le meilleur poulet grillé de la ville, d'où souvent un peu d'attente. On y trouve d'excellentes poutines, des sandwichs poulet, *bifana* ou chorizo, ou de belles assiettes de viande avec frites et salade, il y a aussi du pain de maïs et d'exquis *pastéis de nata* (petits flancs croustillants), aussi bons qu'à Lisbonne. Côté cadre, c'est un comptoir de vente à emporter sans charme, avec quelques tables et tabourets hauts pour dépanner.

Aux Vivres *(zoom détachable Le Plateau, D2,* ***121****) : 4631, bd Saint-Laurent. ☎ 514-842-3479. Ⓜ Laurier ou Mont-Royal. Tlj 11h-22h. Brunch w-e jusqu'à 16h. Plats 8-18 $.* Un restaurant végan au décor propret, très années 1950, avec banquettes en skaï rouge, petits box et une cour plaisante à l'arrière. Large choix, et tous les plats, sains et rassasiants, sont préparés à base de légumes de saison bio, de tofu ou de *tempeh* (soja fermenté), le tout sans aucun produit d'origine animale. Leurs variantes sont très réussies et bien copieuses, on adore leurs wraps au faux bacon (remplacé par de la noix de coco fumée). Salades, bols, soupe du jour, tofu grillé, le fameux *végépâté* (un classique québécois), jus frais, smoothies sans lait, etc. Une expérience culinaire 100 % végane que l'inventivité des cuistots et les sauces excellentes parviennent à rendre savoureuse. Il y a aussi un bar à jus.

Boulangerie Hof Kelsten *(zoom détachable Le Plateau, D2,* ***91****) : 4524, bd Saint-Laurent. ☎ 514-649-7991. Ⓜ Sherbrooke. Tlj 8h-17h. Sandwichs 5-10 $. CB refusées.* La meilleure boulange de Montréal ! Pain au levain, aux graines de tournesol, au carvi (ou cumin des prés), au seigle, au *kamut* (blé de Khorasan, nord-est de l'Iran), mais aussi de délicieux sandwichs de saumon gravlax (mariné à la suédoise), de poitrine fumée, de poulet et même de foie haché ou végétarien. Vous y trouverez aussi quelques pâtisseries. Salle en béton ciré avec un grand comptoir donnant sur le fournil du chef, Jeff Finkelstein, qui a travaillé dans de grands restos internationaux (dont le mythique *El Bulli* en Catalogne). Bon café et soupes pour compléter.

La Binerie Mont-Royal *(zoom détachable Le Plateau, D3,* ***124****) : 4167, rue Saint-Denis. ☎ 514-285-9078. Ⓜ Mont-Royal. Tlj 6h (7h30 w-e)-14h (21h jeu-sam). Repas complet 12-20 $.* Ouvert en 1938, ce lieu mythique à Montréal a abandonné son local d'origine pour un espace plus spacieux, succès oblige. Pour une grosse dizaine de piastres (dollars, quoi !), vous pourrez tester le typique déjeuner québécois : soupe aux pois, haricots (fèves au lard) et l'« assiette maison » tourtière, boulettes de viande, « patates pilées » et pouding chômeur. C'est copieux à défaut d'être diététique et raffiné. Proposent aussi poutine, burger et *fish & chips.* N'hésitez pas à arroser le tout d'une bière d'épinette *Émile,* fameuse boisson gazeuse à l'ancienne.

I●I ***L'Avenue*** *(zoom détachable Le Plateau, D3,* ***94****)* **:** *922, av. du Mont-Royal Est (entre les rues Mentana et Saint-André).* ☎ *514-523-8780.* Ⓜ *Mont-Royal. Tlj 8h-16h. Plats 11-25 $.* Idéal pour un brunch copieux et varié, dans un décor branché, avec banquettes en alcôve, mur de brique graffité, Harley-Davidson au plafond et chute d'eau. Le tout en musique, *high level* évidemment. Crêpes, pains dorés au lait, œufs bénédictine, bagels, smoothies exotiques, etc. Spécialité : le sandwich déjeuner 3 étages. Les portions généreuses en font un rendez-vous idéal pour les petits budgets et les affamés. Un bon plan, du moins quand on arrive à avoir une table !

Prix moyens

I●I ***Yokato Yokabai Ramen*** *(zoom détachable Le Plateau, D3,* ***115****)* **:** *4185, rue Drolet.* ☎ *514-282-9991.* Ⓜ *Mont-Royal. Lun-ven 12h-15h, 17h-22h (23h ven) ; w-e 12h-23h (22h dim). Ramen env 15-25 $. Yokato Yokabai* signifie « c'est excellent » en japonais. Pas étonnant que ce petit resto un peu caché soit devenu un must pour ses excellentes soupes (ramen) préparées avec des ingrédients naturels et frais. Ici, le bouillon d'os de porc, typique de la région de Hakata (Hakata Tonkotsu), mijote 12h avant d'être servi ! Le client, installé au comptoir face aux chefs, indique sur une fiche les garnitures qu'il souhaite mettre dedans (oignon vert, algue, œuf, porc, poulet, tofu...). Un régal. On y retrouve aussi un large choix de sakés.

I●I ***Robin des Bois*** *(zoom détachable Le Plateau, D2,* ***125****)* **:** *3933, av. du Parc-La-Fontaine.* ☎ *514-288-1010.* Ⓜ *Sherbrooke. Mer-dim 11h-18h (22h ven-sam). Fermé lun-mar. Assiettes 5-22 $.* Au cœur du parc La Fontaine, un restaurant à but non lucratif, une cuisine 99 % maison aux parfums d'ici et d'ailleurs, avec ou sans gluten, végétarienne ou non... Soupes, sandwichs et gaufres salées, salades, et plusieurs plats inspirés par l'Italie, l'Inde... Mais on ne vient en effet pas uniquement ici pour les plats, car cette adresse est gérée par des bénévoles, et reverse ses profits à des organismes caritatifs. *Robin des Bois* est un justicier au grand cœur !

I●I ***L'Express*** *(zoom détachable Le Plateau, D3,* ***129****)* **:** *3927, rue Saint-Denis.* ☎ *514-845-5333.* Ⓜ *Sherbrooke. Mar-sam 11h30-minuit. Plats 17-36 $.* Avec son plancher à damier et ses boiseries lustrées, son grand bar en zinc, son style vintage, cette brasserie-bistrot à la parisienne est une institution montréalaise. On apprécie ses plats classiques et vraiment bien ficelés (cailles rôties, foie de veau, tartare de bœuf...). Il n'est pas rare d'y croiser de nombreux artistes après les représentations. Atmosphère animée et décontractée, entretenue par une bonne carte des vins servis au besoin à la ficelle.

I●I ***Nil Bleu*** *(zoom détachable Centre, D3,* ***130****)* **:** *3706, rue Saint-Denis.* ☎ *514-285-4628.* Ⓜ *Sherbrooke. Tlj 17h-23h. Table d'hôtes 30 $. Plats 15-23 $.* Une belle adresse colorée et chaleureuse pour déguster une délicieuse cuisine éthiopienne, mais aussi quelques spécialités du Sénégal, de Côte-d'Ivoire et de Tunisie. L'idéal est d'y aller à plusieurs, car le principe est de choisir chacun une spécialité différente (poulet, agneau... cuits dans des sauces plus ou moins épicées) et de partager. Ici, ni assiettes ni couverts, on mange avec l'*injira,* la traditionnelle crêpe éthiopienne à la farine de teff (donc sans gluten). Quelques plats végétariens comme les lentilles *(Yemesser Watt)...*

Chic

I●I ***Au Pied de Cochon*** *(zoom détachable Le Plateau, D3,* ***131****)* **:** *536, av. Duluth Est.* ☎ *514-281-1114.* Ⓜ *Mont-Royal* *ou Sherbrooke. Mer-dim 17h-23h. Fermé lun-mar. Plats 26-54 $.* Un joli resto-bistrot animé tout en longueur, qui ne désemplit pas, tant ce *Pied de Cochon* est connu et reconnu. Si bien qu'il n'a même pas pris la peine de mettre une enseigne ! Excellente atmosphère dans un brouhaha permanent. Sa cuisine typiquement québécoise s'est élevée au rang de gastronomie. C'est l'un des rares restos où vous pourrez manger une poutine au foie gras !

Maison Publique *(plan détachable, E2,* ***122****) : 4720, rue Marquette (angle Gilford). ☎ 514-507-0555. Ⓜ Mont-Royal. Mer-dim 18h-22h30, plus 10h30-14h w-e. Fermé lun-mar. Plats 12-30 $; repas min 45 $.* Un bistrot-pub bobo par excellence, dans un cadre de pub gallois avec vieux plancher, boiseries et meubles en bois sombre... Pas de carte, les suggestions sont écrites au mur, au fond de la salle. Plats originaux, goûteux et savoureux, mais peu copieux... ce qui incite à en commander plusieurs, et faire lourdement grimper l'addition ! Une adresse bistronomique de haut vol.

Dans le Mile End, le Mile Ex et la Petite-Italie

Le ***Mile End,*** qui occupe la partie nord-ouest du Plateau, concentre restos, bars et boîtes de nuit bien dans leur époque. Autrefois faubourg ouvrier, puis lieu d'accueil des immigrants juifs, portugais et grecs, il est devenu dans les années 1980 un véritable repaire d'artistes. Depuis, son esprit alternatif a laissé la place à la branchitude. Du coup, les loyers flambent, et beaucoup migrent un peu plus au nord dans le ***Mile Ex*** encore abordable. C'est le nouveau quartier tendance de Montréal, cool, relax, branché mais pas trop. En face, côté est après le boulevard Saint-Laurent, la ***Petite-Italie*** aligne aussi de nombreux spots à la mode très prisés des Montréalais. Un peu plus au nord, le ***marché Jean-Talon*** permet de se restaurer à prix plancher.

Bon marché

Boucherie dans la Côte *(plan détachable, D1,* ***101****) : 280, pl. du Marché. ☎ 514-271-3811. Ⓜ Jean-Talon. Tlj sauf dim 9h-18h. Sandwich env 10 $.* Si, si, c'est bien une boucherie, avec ses superbes pièces de viande disposées sur l'étal. Mais on y confectionne aussi de redoutables sandwichs à base de saucisses bien charnues, de porc effiloché bien fondant, ou de savoureuses rillettes de porc ou de pintade. Délicieux et hyper calorique ! On peut même manger sur place, perché sur un tabouret. Atypique et bien pratique.93

Fairmount Bagel *(plan détachable, C-D2,* ***126****) : 74, rue Fairmount Ouest. ☎ 514-272-0667. Ⓜ Laurier. Ouv tlj 24h/24.* Depuis 1919, cette minuscule boutique-atelier fabrique des bagels avec une farine canadienne non traitée (type Matzoh). La recette secrète du fondateur, un migrant juif venu de Russie, a été transmise à l'actuel propriétaire. La porte extérieure n'a toujours pas de serrure ! Il est fier de montrer la photo de son neveu, Gregory Chamitoff, astronaute de la NASA, qui avait emporté 18 bagels maison dans sa fusée en 2008 ! Une institution. À noter cependant qu'ici on ne fait pas de « sandwich ». Les bagels sont vendus nature. Point de vente uniquement.

Dépanneur Le Pick Up *(plan détachable, C1,* ***137****) : 7032, rue Waverly. ☎ 514-271-8011. Ⓜ De Castelnau. Mer-ven 8h-15h, w-e 10h-16h. Sandwichs env 9-15 $.* Au départ, c'était un dépanneur de quartier un peu *roots* perdu dans une rue improbable. C'est toujours un dépanneur, c'est toujours un brin déglingué, mais depuis qu'il a été repris par une équipe jeune et dynamique, la *playlist* tourne et il y a foule ! En terrasse, ou sur l'une des tables coincées entre les rayonnages, on dévore de succulents sandwichs et burgers cuisinés en direct. Avec des pommes de terre sautées maison, c'est le top.

La Panthère Verte *(plan détachable, D2,* ***127****) : 160, rue Saint-Viateur Est, angle avec l'av. Casgrain. ☎ 514-508-5564. Ⓜ Laurier. Tlj 11h (12h w-e)-22h (21h dim). Env 8-15 $.* Adepte du développement durable, du recyclage et du zéro déchet, cette petite chaîne de restauration bio et végétarienne a basé son concept sur la fraîcheur des produits. Sur place ou à emporter, tout est sain, naturel et diététique. Décor dépouillé, gros tuyaux au plafond, baies vitrées, mobilier éco-rustique. Les habitués dégustent les succulents falafels, soupes, salades, et tarte aux bleuets (myrtilles). Pour boire : smoothies, lait de soja, de riz, d'amande et de coco.

Chez Claudette *(zoom détachable Le Plateau, D2, **87**)* **:** *351, av. Laurier Est (angle rue Drolet). ☎ 514-279-5173. Ⓜ Laurier. Tlj 16h (11h ven-dim)-23h. Plats 3-15 $.* Petite cantine de quartier *old school* et sans prétention, à la façade jaune canari. Dans une ambiance populaire et conviviale, on y sert une flopée de poutines toutes simples et bien caloriques qui plaisent beaucoup aux habitués. Petite portion, grande portion, épicées ou non, rien n'arrête l'imagination du cuistot. Accueil très sympa.

De prix moyens à chic

La Dînette Triple Crown *(plan détachable, C1, **144**)* **:** *6704, rue Clark. ☎ 514-272-2617. Ⓜ Beaubien. Jeu-dim 12h-20h. Fermé lun-mer. Sandwichs 13-15 $; plats 18-23 $.* Elle les mérite, ses 3 couronnes ! Car ce comptoir spécialisé dans la cuisine du sud des États-Unis et tenu par une équipe jeune et dynamique fait un tabac dans le Mile Ex. Le concept : on commande sa viande et ses accompagnements préférés (genre porc effiloché, *hushpuppies* et *mac & cheese*), on emprunte de quoi pique-niquer (un kit complet avec panier, nappes à carreaux et ustensiles), et on file festoyer dans le parc voisin. On peut aussi se contenter d'un gros sandwich aux goûts tout aussi sudistes. Génial ! Et en plus, c'est super bon. Sinon, quand il pleut, il y a une salle attenante, mais elle est sans grand charme et c'est nettement moins drôle.

Vino Rama *(plan détachable, D1, **148**)* **:** *29, rue Beaubien Est. ☎ 514-439-8747. Ⓜ Beaubien. Mar-sam 11h-19h. Plat env 18 $.* Ici, la star c'est le vin, et c'est encore mieux quand il est nature. Coincé entre les rayonnages de ce petit caviste de quartier, on déguste des curiosités et de belles trouvailles de petits vignobles québécois. On y trouve aussi quelques snacks, cakes salés, scones et autres petites gâteries. De quoi passer un bon moment dans une ambiance relax.

Vin Mon Lapin *(plan détachable, D1, **143**)* **:** *150, rue Saint-Zotique Est. Ⓜ Beaubien. Mar-sam 17h-22h30. Fermé dim-lun. Petites assiettes 8-25 $.* Dans un angle de rue résidentiel. Récemment débarqué sur la scène montréalaise, ce bar à vins fait un carton. Il faut dire que l'équipe de l'emblématique restaurant *Joe Beef* a encore frappé fort : des produits locavores triés sur le volet, des recettes malines et savoureuses proposées sous forme de tapas à partager, et, bien sûr, une sélection de vins essentiellement nature à se damner. Le tout dans une petite salle chaleureuse, façon bistrot des copains. Évidemment, la qualité a un prix, qui ici peut atteindre des sommets...

Dans le centre-ville et la Petite-Bourgogne

Hors business et commerces de chaîne, le gros de l'animation se concentre autour de l'université McGill, avec beaucoup de restos à thème et de snacks pas trop chers. En allant vers le canal Lachine, la ***rue Notre-Dame,*** épicentre de la ***Petite-Bourgogne,*** ancien quartier ouvrier notoire de Montréal, est très courue (bars, restos hors de prix, boutiques). Le ***marché Atwater,*** lui, s'avère un plan sympa pour casser la croûte pour pas cher, le midi aux beaux jours.

Bon marché

Le Warehouse *(plan détachable, C4, **135**)* **:** *1446, rue Crescent. ☎ 438-383-5077. Ⓜ Lucien-L'Allier. Tlj 11h-3h. Menu env 8 $ « sur tout en tout temps ».* Dans le secteur le plus animé et commerçant de la rue, il y a souvent une file d'attente. Avec des prix aussi attractifs, on comprend pourquoi. Pas de gastronomie ici mais des sandwichs, des burgers, des *quesadillas,* des *pastas,* des bols et des salades, dans un décor de grande salle jeune et rustique. Grande terrasse extérieure agréable aussi pour boire un verre et déguster quelques tapas ou entrées à partager. Attention quand même aux extras qui font grimper la note.

|●| ***Le Poké Station*** *(plan détachable, C4,* ***147****) : 2153, rue Crescent. ☎ 514-903-6777. Ⓜ Lucien-L'Allier. Tlj 11h (12h w-e)-21h (20h dim). Env 15 $.* Ici, on fait dans le *poke bowl.* On compose soi-même son plat d'inspiration hawaïenne, sorte de grosse salade très copieuse, en piochant parmi différentes sortes de riz, de protéines et d'accompagnements (même si la proposition du chef reste excellente !). Un plat très riche à déguster sur place (salle sobre en demi-sous-sol, terrasse l'été) ou à emporter. Ça change un peu des pizzas et des burgers !

|●| ***Échoppes du marché Atwater*** *(plan détachable, A-B5,* ***85****) : 138, av. Atwater, près du canal de Lachine. Ⓜ Lionel-Groulx. Aux beaux jours seulement. Tlj 9h-18h (17h w-e). Env 10 $.* Côté nord du marché, nombreuses petites échoppes de produits d'ici et d'ailleurs : champignons, charcuterie, plats préparés, tacos, *bruschette,* brochettes, tapas, soupe miso, etc. Quelques maîtres glaciers ou chocolatiers pour les amateurs.

De prix moyens à chic

|●| ***Le Café du Nouveau Monde*** *(zoom détachable Centre, D4,* ***114****) : 84, rue Sainte-Catherine Ouest (angle Saint-Urbain). ☎ 514-866-8669. Ⓜ Saint-Laurent. Mar-sam 17h-22h. Fermé dim-lun. Plats env 25-35 $.* Dans le hall du *Théâtre du Nouveau Monde,* un charmant bistrot bondé les soirs de représentation. Grande salle animée, chaleureuse et conviviale, avec service en terrasse ou dans la véranda en été. Cuisine soignée : bon choix de salades, tartares, burgers et petits plats le midi, ainsi qu'une jolie carte d'inspiration française le soir.

|●| ***Le Vin Papillon*** *(plan détachable, B5,* ***142****) : 2519, rue Notre-Dame Ouest. ☎ 514-439-6494. Ⓜ Lionel-Groulx. Mar-sam 17h-22h30. Assiettes 8-20 $.* C'est l'une des adresses dont on parle le plus à Montréal. 3e projet du célèbre et intouchable resto *Joe Beef* (après *Liverpool House,* un autre gastro), *Le Vin Papillon* se définit comme une cave à manger au cadre de bistrot : plus relax, donc, plus abordable aussi, et proposant des assiettes à partager pleines d'idées et de goût, escortées par une carte des vins pointue privilégiant le bio.

|●| ***Enfants terribles*** *(plan détachable, C4,* ***90****) : 1, bd Robert-Bourassa. Ⓜ McGill. Tlj 17h-22h. Plats env 15-30 $; menus 40-50 $.* Le plus haut restaurant du Québec ! Il y a 4 enseignes dans la ville mais celle-ci tire son originalité du lieu. Situé au 44e étage d'un building, la vue est imprenable sur la ville. Excellent tartare de saumon, poissons et pieuvre grillés, viandes de bœuf et fameux pâté chinois, il y a aussi des salades fraîches ou, dans un autre genre, les burgers accompagnés d'une excellente poutine. Pour le dessert, on vous conseille sans hésiter, leur excellent pouding chômeur (gâteau traditionnel québécois imprégné d'un sirop d'érable et de cassonade avec une boule de glace vanille). Et le Coureur des Bois en digestif n'est pas mal non plus ! Résa conseillée.

OÙ SE SUCRER LE BEC ?

☕ ***Dragon Beard Candy*** *(« Bonbons à la Barbe de Dragon » ; zoom détachable Centre, D4,* ***160****) : 52b, rue de la Gauchetière Ouest. Ⓜ Place-d'Armes. Tlj 12h-19h. 6 pièces 4,50 $; échantillon 1 $.* En plein quartier chinois, au milieu des adresses de *bubble tea* et de pâtisseries chinoises, cette modeste gargote est la plus réputée ! Pourquoi ? Johnny Chin (né à Hong Kong) y fabrique la Barbe du Dragon, une friandise exquise naguère servie exclusivement aux empereurs chinois lors de festins royaux. Cette gâterie sucrée se compose d'arachides, de graines de sésame, de noix de coco et de chocolat.

Queues de Castor – BeaverTails *(zoom détachable Centre, D5,* ***132****) : 136, rue Saint-Paul Est. • beavertails.com • Ⓜ Champs-de-Mars. Tlj 11h30-23h (minuit ven-sam).* Pâtisseries canadiennes servies chaudes aux multiples saveurs (cannelle, tartinade chocolat, gâteau au fromage et confiture de fraise...). Excellente *Mehple* ! Possibilité de manger sur place. Proposent aussi boissons et repas salé.

Uncle Tetsu *(plan détachable, B4,* ***172****) : 1408, rue Pierce. Ⓜ Guy-Concordia. Tlj 11h-21h. Gâteau 14 $.* Une file d'attente de folie pour un simple gâteau au fromage ? Oui, mais pas n'importe lequel ! Celui d'oncle Tetsu, une recette aérienne avec moins de sucre et de lait, qui est carrément réalisé sous nos yeux, à la minute (on a le temps d'apprécier les gestes précis des pâtissiers). On y retrouve aussi d'excellentes madeleines au miel. Tonton sait y faire !

Boulangerie Les Co'Pains d'abord *(plan détachable, E2,* ***170****) : 1965, av. du Mont-Royal Est. Ⓜ Mont-Royal ou bus n° 97. Lun-sam 7h-19h, dim 8h-18h.* Encore une autre excellente boulangerie ! Magnifiques spécialités françaises (gâteaux bretons, kouign aman, cannelés, macarons, tartes salées, quiches, sandwichs...). Quelques tables pour boire un bon café équitable. *Autres adresses : 418, rue Rachel Est, et 2727, rue Masson.*

Pasticceria Alati-Caserta *(plan détachable, D1,* ***171****) : 277, rue Dante (angle av. Henri-Julien). Ⓜ Jean-Talon. Tlj 10h (9h sam)-17h (18h jeu-ven).* Dans la Petite-Italie et à proximité du marché Jean-Talon, une authentique pâtisserie italienne située face à l'église Madonna della Difesa (Notre-Dame-de-la-Défense) où Mussolini est encore représenté à cheval sur une fresque au-dessus de l'autel ! Déco à l'ancienne, et une farandole de choix, mais sachez que les babas au rhum et les *cannoli siciliani* sont à se damner.

Juliette et Chocolat *(zoom détachable Centre, D3,* ***161****) : 3600, bd Saint-Laurent. Ⓜ Sherbrooke et Place-des-Arts. Tlj 11h-22h (19h dim).* Comme le dit Juliette, la fondatrice de cette petite chaîne montréalaise qui marche fort : « J'aime les gens qui ont le cœur sur la main et du chocolat dans l'autre. » Dans ce magasin gourmand, tout est bon, et le chocolat est décliné de toutes les façons possibles : chaud, froid ou onctueux, sous forme de mousse ou de crème dans de délicieuses verrines, en gâteau, brownie (même sans gluten)... Vous y retrouverez aussi crêpes, gaufres, fondues et glaces, le tout servi dans une grande salle sobre et moderne.

La Beignerie *(zoom détachable Le Plateau, D3,* ***150****) : 3979, rue Saint-Denis. • labeignerie.com • Ⓜ Sherbrooke. Tlj 10h-21h (ferme avt si rupture de beignets). 4,50 $ l'unité.* Derrière cette devanture bleu ciel remarquable, sans aucun doute les meilleurs beignets de Montréal. Tous plus appétissants les uns que des autres, il est difficile de faire son choix (spéculos, bleuet crumble, crème brûlée, matcha, lait de fraise et bien d'autres). Vous pourrez même voir leur confection sur place. Les produits sont de qualité et végans.

OÙ DÉGUSTER UNE BONNE GLACE ?

Avec le soleil fleurissent les glaciers artisanaux, en particulier dans le quartier du Plateau. Notre *best of.*

Kem CoBa *(plan détachable, C-D2,* ***126****) : 60, av. Fairmount Ouest. Ⓜ Laurier. Fin avr-fin sept, mar-dim 12h-20h (plus tard s'il fait chaud !). Fermé lun. Glaces en pot ou cornets 4-7 $.* Indiscutablement, l'un des meilleurs glaciers de Montréal, voire du Québec ! On doit faire la queue avant d'accéder au comptoir de cette petite salle où officie un charmant couple franco-vietnamien. Leur boutique conçue selon les règles du feng shui propose des glaces maison aux saveurs exquises et classiques (fraise, vanille...) ou plus rares (feuille de pandanus, café vietnamien). Un coup de cœur !

Le Bilboquet *(plan détachable, C2,* ***173****) : 1311, av. Bernard.*

Ⓜ *Outremont. En principe, tlj 11h-20h (jusqu'à 23h30 l'été jeu-sam).* Un autre très bon glacier de Montréal. Délicieuses crèmes artisanales et une bonne cinquantaine de parfums : à la tire d'érable, miel-lavande, chocolat 70 %, pamplemousse, etc. Face au succès, plusieurs annexes ont vu le jour *(notamment au 1600, Laurier Est, plan détachable, E2,* ***173****; tlj 12h-21h, 22h jeu-ven).*

Havre-aux-Glaces *(plan détachable, D1,* ***165****) : 7070, av. Henri-Julien (dans le marché Jean-Talon).* Ⓜ *Jean-Talon. Tlj 9h-18h (17h dim).* Glacerie artisanale de qualité : crèmes glacées, sorbets et granités. Excellente pistache et neige d'érable. *Autres adresses : 145, rue Sainte-Catherine, marché Atwater.*

Le Patio *(zoom détachable Le Plateau, D3,* ***163****) : 836, av. du Mont-Royal Est.* Ⓜ *Mont-Royal. Début avr-début oct, tlj 12h-21h.* Un petit « bar laitier » avec une terrasse de poche au cœur du Plateau. Crèmes molles et dures, lait fouetté et près de 50 parfums, la plupart artisanaux : aux fruits (bleuet/myrtille, cerise, etc.), à la tire d'érable, érable et noix, etc.

Ripples *(zoom détachable Le Plateau, D3,* ***164****) : 3971, bd Saint-Laurent.* Ⓜ *Sherbrooke. Avr-sept, tlj 12h-minuit. 4-7,50 $.* Crèmes glacées artisanales (une trentaine de saveurs). Également du yaourt glacé et des sorbets. Des dizaines de saveurs différentes, du thé vert au cappuccino. Coup de cœur pour le *kulfi* (chocolat à la cardamome).

OÙ BOIRE UN VERRE ? OÙ S'ÉCLATER EN MUSIQUE ? OÙ DANSER ? OU LES 3 EN MÊME TEMPS...

La vie nocturne à Montréal risque de vous laisser sur les rotules. Dire qu'elle est riche et intense ne suffit pas, c'est aussi l'une des moins coûteuses du monde occidental. Il n'y flotte pas l'atmosphère viciée du profit maximum, ni le climat oppressant des lieux élitistes où l'on se sent de trop. Toute soirée digne de ce nom commence en général par un « ***5 à 7*** » en sortie de boulot, autour d'une pinte de bière ou d'un pichet de sangria, idéalement en extérieur l'été. Mais pas d'inquiétude, si les terrasses se replient avec les 1ers frimas, l'animation des bars n'hiberne pas pour autant ! Vous serez surpris par la ***vitalité des cafés, des bars et des boîtes.*** Montréal est une ***ville cosmopolite qui bouge très fort,*** dans un bouillonnement culturel permanent francophone-anglophone. Il y en a pour tous les goûts, donc, mais pas de faux espoirs non plus, car au Québec la tolérance vis-à-vis de la consommation d'alcool est hyper stricte et tous les bars ferment à 3h pétantes ! Bref, ce n'est pas Berlin ! Celles et ceux qui veulent faire la bringue jusqu'à pas d'heure risquent de rester sur leur faim...

Côté concerts, les amateurs de ***jazz*** ne sauront où donner de l'oreille, tant Montréal regorge de lieux dédiés à la *blue note.* Avec comme point d'orgue le *Festival international de jazz.*

Côté ***boissons,*** on sirote avant tout de la ***bière,*** bien sûr. Enfin, des bières, plutôt, tellement la gamme de mousses microbrassées ou importées du monde entier semble sans limite. Des ***cocktails*** aussi, souvent créatifs et propres au bar en question. Et puis, allez savoir pourquoi, de la ***sangria.***

Pour les spectacles, concerts et boîtes, se reporter à l'hebdo culturel gratuit *Voir* (*● voir.ca ●*) disponible en format papier un peu partout (grands hôtels, restos, dépanneurs, cafés, librairies, etc.) ou sur le site *● nightlife.ca ●*

Rappel, il est ***interdit de fumer dans tous les lieux publics,*** y compris les bars et les boîtes ainsi qu'à proximité des terrasses extérieures (il y a un périmètre à respecter !).

Dans le Vieux-Montréal

Éminemment touristique, ce n'est pas un quartier où l'on sort, même si quelques adresses valent le coup.

Crew Collective & Café *(zoom détachable Centre, C4, **183**) : 360, rue Saint-Jacques (presque à l'angle de la rue Saint-Pierre). ☎ 514-285-7095. Ⓜ Place-d'Armes. Lun-ven 8h-16h, w-e 10h-17h.* La silhouette monumentale de cet immeuble du XIXe s rappelle qu'on est ici au cœur du Montréal de la haute finance à la Belle Époque. C'était le siège de la *Royal Bank of Canada.* Aujourd'hui classé, le majestueux building abrite toujours des bureaux, mais son immense salle au rez-de-chaussée a été aménagée en café, dans un décor grandiose aussi délirant que luxueux digne d'un temple de l'argent. Ce qui ne veut pas dire que les prix sont élevés ! Les anciens guichets servent de comptoirs, tandis que les différents coins salon permettent de surfer en sirotant un jus. On peut aussi y manger. Sans conteste le café vintage le plus impressionnant de la ville. Excellent gâteau à l'érable !

Coldroom *(zoom détachable Centre, D4-5, **186**) : rue Saint-Vincent. ☎ 514-294-6911. • thecoldroommtl.com • Ⓜ Champ-de-Mars ou Place-d'Armes. Entrée sur Saint-Vincent, dans un recoin à l'angle avec la rue Amable. Tlj 17h-1h.* Ambiance prohibition garantie pour ce *speakeasy* du tonnerre. À l'extérieur, pas d'enseigne, pas de poignée, juste une sonnette accolée à une discrète porte de service noire. Puis un escalier métallique conduit au sous-sol, dans une ancienne chambre froide... où l'atmosphère s'est sacrément réchauffée ! Musique pop, murs de brique, banquettes, miroirs, et un long comptoir où les talentueux mixologistes font des prouesses. Un des musts de la ville. Excellents cocktails !

Clandestino *(zoom détachable Centre, C-D5, **134**) : 436, rue Saint-François-Xavier. ☎ 514-285-4037. • clandestinomtl.com • Ⓜ Place-d'Armes. Mer-sam 21h-3h.* Repérez l'échoppe de gaufres à emporter. Le soir, les étagères pivotent, dissimulant un bar à mezcal et tequila caché, cosy et coloré ! Enfin, pas si caché que ça, le fun et la bonne ambiance l'emportant largement sur le côté *speakeasy...*

Terrasse de l'Auberge du Vieux-Port *(zoom détachable Centre, D5, **188**) : 97, rue de la Commune Est. ☎ 514-419-1349. Ⓜ Champ-de-Mars ou Place-d'Armes. Mai-sept, tlj 14h (13h ven-dim)-23h.* Dans le hall de l'hôtel chic l'*Auberge du Vieux-Port,* prendre l'ascenseur jusqu'au dernier étage et de là, l'escalier qui mène au toit. La vue panoramique est à couper le souffle : le port, le dôme de la Biosphère, le Saint-Laurent et les bateaux... Pour boire un verre chic, c'est le top. Pour manger aussi, mais c'est très cher.

Le Jardin Nelson *(zoom détachable Centre, D4-5, **189**) : 407, pl. Jacques-Cartier. ☎ 514-861-5731. Ⓜ Champ-de-Mars. Tlj 11h30 (11h w-e)-21h30 ou 22h (parfois jusqu'à 1h en fonction de la météo, de l'ambiance). Fermé de mi-oct à mi-avr.* Situé sur la place principale du Vieux-Montréal, ce bar-resto très touristique cache bien son jeu : il dissimule une vaste terrasse intérieure très prisée pour ses sessions de jazz *(tlj midi et soir).* Impeccable pour boire un verre en fin d'après-midi.

Dans le Quartier latin

Bar sur bar, bière sur bière, et des trottoirs envahis de – jeunes – fêtards, surtout rue Saint-Denis.

Les Foufounes Électriques *(zoom détachable Centre, D4, **180**) : 87, rue Sainte-Catherine Est. • foufouneselectriques.com • Ⓜ Saint-Laurent. Ouv jeu-sam, 16h-2h (plus d'horaires en fonction des programmations). Entrée payante (concerts et/ou boîte de nuit).* Grand bar-boîte de style punk et rock, aménagé dans une ancienne usine, qui reste malgré les années un haut lieu des nuits montréalaises alternatives. *Les Foufounes* (mot enfantin québécois pour désigner les fesses) attirent aussi bien les hipsters déjantés que les gothiques, les punkies, mais aussi des habitués propres sur eux, sans doute plus délirants à l'intérieur qu'à l'extérieur. Terrasses devant et derrière, billard, baby-foot... Sur la piste, on danse sur des musiques hard, rock, metal et autres...

Le Sainte-Élisabeth *(zoom détachable Centre, D4, **203**) : 1412, rue Sainte-Élisabeth. ☎ 514-286-4302. Ⓜ Saint-Laurent ou Berri-UQAM. Tlj sauf dim 16h (15h sam)-3h.* Pub « européen » chaleureux et festif dans un vieil immeuble en brique. Endroit réputé pour ses bières (grand choix au fût), mais surtout pour sa vaste cour-terrasse planquée à l'arrière, avec ses murs entièrement tapissés de lierre sur 45 m de haut ! Belle ambiance avec rock et blues en fond sonore. Et le lundi, c'est stand-up !

Le 4e Mur *(zoom détachable Centre, D3, **181**) : 2021, rue Saint-Denis. • le4emur.com • Ⓜ Berri-UQAM. Mer-sam 17h-minuit. Fermé dim-mar. Résa conseillée (sur leur site).* Pas d'enseigne, seulement un portier comme indice. Caché en sous-sol, il s'agit d'un *speakeasy,* c'est-à-dire un bar « clandestin » comme du temps de la prohibition aux États-Unis. Les barmen demandaient aux clients de parler doucement pour ne pas attirer la police... Déco rétro étudiée, serveurs en bretelles et nœud pap', fauteuils de cuir, courette à l'arrière, fox-trot en fond sonore. Et bien sûr des cocktails inventifs.

Eva B *(zoom détachable Centre, D4, **224**) : 2015, bd Saint-Laurent. ☎ 514-849-8246. Ⓜ Saint-Laurent. Tlj 11h-19h (12h-18h dim).* Vaste magasin délirant et coloré qui fait à la fois friperie, bistrot-bar et espace pour les événements (voir rubrique « Achats », plus loin). On le cite ici, car il offre une belle terrasse à l'arrière de la boutique et de quoi se sustenter en buvant un coup.

Le Bistro à Jojo *(zoom détachable Centre, D4, **184**) : 1627, rue Saint-Denis. • bistroajojo.com • Ⓜ Berri-UQAM. Tlj 12h-3h. Concerts tlj vers 22h-22h30.* Fondé en 1975 par Joe « Jojo » Lévis, c'est toujours une institution du blues dans ce quartier animé. Bas de plafond et sombre, aux murs de brique tapissés d'instruments de musique, de photos en noir et blanc, c'est la bonne adresse pour les fans de blues. Concerts chaque soir, dans une ambiance franchement conviviale et décontractée.

L'Amère à Boire *(zoom détachable Centre, D3, **181**) : 2049, rue Saint-Denis. ☎ 514-282-7448. Ⓜ Berri-UQAM. Tlj 16h-minuit (3h mer-sam).* Une brasserie artisanale où l'on se serre dans la bonne humeur en terrasse ou contre les murs de brique pour descendre des pintes de *lager* à l'allemande ou à la tchèque. Elles sont toutes brassées sur place. Ceux pour qui l'argument artisanal ne suffit pas à justifier une descente de mousse opteront pour le voisin, **Randolph,** « pub ludique » insolite, avec jeux de société en libre-service *(tlj à partir de 16h – 12h w-e).*

La Distillerie no 1 *(zoom détachable Centre, D4, **95**) : 300, rue Ontario Est. ☎ 514-448-2461. Ⓜ Berri-UQAM ou Sherbrooke. Tlj 18h-1h (16h-3h w-e).* Très réputée pour ses innombrables cocktails servis pour certains dans des bocaux en verre *Mason* et ses bières artisanales. On a bien aimé le Patriote, le Basilic Romantique et le Chasse & Pêche... Ambiance jazz. Devant le succès – presque plus de monde dans la file d'attente que dans le bar –, 3 autres *Distilleries* se sont ouvertes : *2047, av. du Mont-Royal (angle Lorimier), 2656, rue Masson et 105, rue Saint-Charles Ouest.*

Abreuvoir *(zoom détachable Centre, D3, **182**) : 403, rue Ontario Est. ☎ 514-843-5469. • abreuvoir.ca • Ⓜ Berri-UQAM. Mar-sam 16h-1h (3h jeu-sam). Fermé dim-lun. Soirée humour ts les mar à 20h : 10 $.* Un bar pour s'abreuver, vivant au rythme d'une fidèle clientèle estudiantine attirée par la grande variété de bières de qualité à prix raisonnables (vendues aussi au gallon, soit près de 4 l !). Autre atout, la terrasse à l'arrière, ouverte à l'année car chauffée en hiver. Soirées à thème très courues : matchs d'impro le lundi et les mercredis 100 % humour. Sans résa.

Le Mtelus *(zoom détachable Centre, D4, **187**) : 59, rue Sainte-Catherine Est. • mtelus.com • Ⓜ Saint-Laurent. Concerts payants. Billetterie ouv à partir de 15h les jours d'événements.* Une des salles (2 300 places) de concert les plus connues de Montréal. Après avoir changé plusieurs fois d'identité, ce lieu historique accueille les meilleurs groupes musicaux. S'y sont produits notamment David Bowie, les Rita Mitsouko, Björk, ou encore le Québécois

Jean Leloup (qui y possède le record de représentations). Programmation sur Internet ou dans les hebdos culturels gratuits.

Dans le Village

C'est le ***quartier gay de Montréal,*** qui s'étend le long de la rue Sainte-Catherine Est, depuis la rue Saint-Hubert jusqu'à la rue Papineau ; cette portion est rendue piétonne en été. Autrefois malfamé, le Village a désormais et depuis les années 1990 une bonne atmosphère animée avec l'arrivée des gay people, des entreprenants et d'une classe plus aisée. Impossible de rater cette rue Sainte-Catherine... vu la concentration de *rainbow flags* qui flottent devant certaines devantures. On y a même vu une église *gay-friendly* ! Voici quelques adresses mais, pour en savoir plus, consulter le mensuel gratuit *Fugues* (● fugues.com ●).

Cabaret Mado *(zoom détachable Centre, D-E4,* ***206****)* **:** *1115, rue Sainte-Catherine Est. ☎ 514-525-7566. ● mado.qc.ca ● Ⓜ Berri-UQAM. Tlj 16h-2h (minuit lun-mer). Entrée : 6-20 $.* Une fameuse institution que ce cabaret-spectacle au décor inspiré des années 1920 où officie Mado. Ce célèbre personnage mène pendant 1h environ une revue de drag-queens complètement déjantée. Façon *comedy club,* c'est plein d'énergie, d'humour ravageur (les Français se font bien chambrer !), de chansons, bien sûr... Juste après le spectacle, c'est danse à gogo.

Complexe Sky *(zoom détachable Centre, E4,* ***200****)* **:** *1478, rue Sainte-Catherine Est. Ⓜ Beaudry. Tlj 11h-3h. Fait également boîte ven-sam 22h-3h ; entrée : parfois gratuite ou env 6 $.* L'un des bars gays les plus anciens du quartier. Au 1er étage, le bar *Branché (tlj à partir de 11h).* Au 2e, le *Ball Room* et le *Poptop (jeu-sam 22h-3h).* Au 3e étage, le *Sky Club* avec, en principe, soirées électro-pop les vendredi et samedi. L'été, de 11h à 3h, superbe terrasse sur le toit avec piscine et jacuzzi. Idéal pour parfaire son bronzage ou exhiber ses beaux pectoraux ! En fait, il se passe toujours quelque chose au *Sky* !

Sur le Plateau Mont-Royal

Un quartier vitalisé par le bouillonnement des étudiants. Faune assez jeune, donc, mais plus mélangée que dans le Quartier latin, avec pas mal de trentenaires, voire de quadras, bien dans leurs pompes et leur porte-monnaie, venus flairer l'atmosphère bobo-branchée, voire alternative, de certaines zones du Plateau.
Le gros de l'animation se concentre le long de l'avenue du Mont-Royal et sur le boulevard Saint-Laurent (entre Saint-Joseph et Roy), où bars et boîtes alignés à touche-touche se font une concurrence d'enfer à coups de décibels.

Quai des Brumes *(zoom détachable Le Plateau, D3,* ***202****)* **:** *4481, rue Saint-Denis. ● quaidesbrumes.ca ● Ⓜ Mont-Royal. Tlj 16h (22h sam-mar)-3h. Fermé dim.* Le célèbre film de Marcel Carné n'a pas influencé la déco intérieure : plafonds moulés, boiseries, brasseurs d'air et vitraux. Néanmoins, ça a du caractère. L'ambiance Art déco apporte un plus à ce bar « spectaculaire » réputé pour accueillir la scène émergente montréalaise. Chaque soir depuis les années 1980, la maison sert un spectacle à 22h. Musique indé, slam, poésie, performances visuelles, littérature... De quoi s'amarrer au *Quai des Brumes* pour un bon moment...

La Buvette Chez Simone *(zoom détachable Le Plateau, C2,* ***199****)* **:** *4869, av. du Parc. ☎ 514-750-6577. Ⓜ Laurier. Tlj 16h-minuit (1h jeu-sam).* Du vin, des bulles et un joyeux brouhaha, le long de tables en bois biscornues plongées dans la semi-pénombre, voilà ce qui se passe *Chez Simone.* Pour prolonger l'apéro, assiettes de charcuterie, de fromages et quelques petits plats de brasserie autour de 10-15 $. Et comme dit le vieux proverbe breton : « Si l'horizon n'est pas net, reste à la buvette ! »

Le Majestique *(zoom détachable Le Plateau, D3,* ***191****)* **:** *4105, bd Saint-Laurent. ☎ 514-439-1850. Ⓜ Sherbrooke. Tlj 16h (11h dim)-3h. Plats 12-25 $.* Un bistrot rétro qui a la cote ! On s'installe sur des tables hautes, sur de moelleuses banquettes, au comptoir ou en terrasse parmi les locaux. Pour accompagner son verre de vin ou son cocktail, une assiette de tapas, des huîtres sélectionnées avec soin, ou encore des petits plats de la mer (esturgeon, pieuvre...) concoctés par un chef talentueux. Mais le plus ici, c'est qu'on se régale jusqu'aux petites heures du matin. Finalement, on ne sait plus si c'est un bar ou un resto !

Le Darling *(zoom détachable Le Plateau, D3,* ***192****)* ***:*** *4328, bd Saint-Laurent. ☎ 514-379-1233. Ⓜ Mont-Royal. Tlj 16h (11h jeu-ven, 10h w-e)-minuit.* Café le matin et en journée, bar le soir et brunch jusqu'à 15h, c'est toujours le bon moment de faire une escale au *Darling* ! La déco mêle les genres : après avoir passé l'entrée rideau, on y retrouve une grande salle remplie d'objets rétro et insolites (visez les lettres géantes au plafond provenant d'un théâtre !), ainsi que d'un mobilier hétéroclite égayé de plantes vertes. Ça vaut la photo ! Et comme la sélection de bières et de vins est au top, on en fait vite son QG.

Le Belmont *(zoom détachable Le Plateau, D3,* ***198****)* ***:*** *4483, bd Saint-Laurent (angle av. du Mont-Royal). • Facebook • Ⓜ Mont-Royal. Ouv ven-sam 19h30-2h. Parfois soirées spéciales mer-jeu. Entrée : 5-15 $.* *Le Belmont* est à la fois un pub très anglais (table de billard, baby-foot, écrans vidéo...), une boîte et une salle de spectacle. En fin de semaine, on y crache tous les styles de musique (électro, rock, techno, house, hip-hop, hits...). Organise également des soirées d'improvisation théâtrale ou des séances de *speed-dating* ! Clientèle plutôt jeune.

Projet Pilote *(zoom détachable Le Plateau, D3,* ***162****)* ***:*** *980, rue Rachel Est. Ⓜ Mont-Royal. Mar-sam 17h-1h (3h jeu-sam). Fermé dim-lun.* Distillerie et brasserie artisanale voisine de la fameuse *Banquise* à poutines. Immense plafond, ambiance conviviale et décontractée dans un décor raffiné. Ce n'est pas l'adresse la plus économique mais le décor ainsi que les cocktails et les petits plats sur place sont raffinés.

Appartement 200 *(zoom détachable Centre, D3,* ***194****)* ***:*** *3643, bd Saint-Laurent. Ⓜ Sherbrooke. Tlj 19h-3h.* Si vous passez par là en hiver, vous reconnaîtrez le lieu à sa clientèle à moitié congelée qui attend dans la rue ! À l'intérieur, petite boîte briquetée, où les noctambules se retrouvent autour du billard ou des jeux d'arcade. Quand le DJ met le feu au *dancefloor,* l'ambiance est aussitôt électrique. Bref, l'*Appart,* c'est comme à la maison mais sans les voisins du dessous qui donnent des coups de balai.

Bílý Kün *(zoom détachable Le Plateau, D3,* ***195****)* ***:*** *354, av. du Mont-Royal Est. • bilykun.com • Ⓜ Mont-Royal. Tlj 15h-1h (3h jeu-sam).* Son nom signifie « cheval blanc » en tchèque. Joli bar branchouille qui ne désemplit pas, accueillant une clientèle de 30-40 ans, sans doute grâce à son élégante atmosphère. Chaque soir ou presque, de petits concerts jazz, blues et même du classique ; soirées DJ. Grand choix de « boissons » : bières en fût, vins de tous les horizons et alcools bien forts. Petite restauration et terrasse sur le trottoir. Au-dessus du bar, *O Patro Vys,* une salle dédiée aux manifestations culturelles et artistiques, notamment à la scène musicale émergente. *• opatrovys.com •*

Monsieur Ricard *(zoom détachable Le Plateau, C2-3,* ***214****)* ***:*** *4543, av. du Parc. ☎ 514-678-1862. Ⓜ Mont-Royal. Tlj sauf lun 14h-3h.* Un bar convivial. Le comptoir colle comme là-bas, le Ricard coule à flots « parce que le pastis rend l'eau potable », les TV retransmettent les matchs de Ligue 1 (OM compris, pardi). À la mi-temps, on tête le cochonnet sur le terrain de pétanque à l'arrière.

Dans le Mile End, le Mile Ex et la Petite-Italie

Quand un quartier bobo le devient trop, on cherche un nouvel eldorado ! Il y a d'abord eu le ***Mile End,*** quartier pauvre devenu alternatif puis tendance, mais désormais c'est un peu plus haut que les défricheurs sont attirés par des loyers moins chers. Le ***Mile Ex,*** c'est le nouveau Graal des branchés ! De l'autre côté du boulevard Saint-Laurent, vers l'est, la ***Petite-Italie*** reste une valeur sûre pour les amoureux de vraies bonnes adresses et de montréalité !

Isle de Garde *(plan détachable, D1,* ***208****) : 1039, rue Beaubien Est. ☎ 514-835-4007. Ⓜ Beaubien. Tlj 12h-2h.* Grosse ambiance à l'*Isle de Garde,* dont la terrasse et les salles chaleureuses sont assaillies par des vagues successives d'amateurs de bières réjouis ! À la pression, des bières brassées sur place, mais aussi des invitées provenant des meilleures microbrasseries artisanales. Le top dans sa catégorie, d'autant qu'on y sert quelques plats de pub qui se défendent bien.

Taverne Atlantic *(plan détachable, C1,* ***213****) : 6512, av. du Parc. ☎ 514-544-6512. Ⓜ Beaubien ou Parc. Tlj (sauf dim) 16h-minuit.* Extérieur sans prétention et planqué derrière un *diner* au look bien rétro (voir « Où manger ? » *Chez Eddy*), ce bar vaste et classieux est une pépite : un long et superbe comptoir des années 1930, un plafond haut perché terminé par une verrière, et, tout au fond, un escalier conduisant à une terrasse géniale sur le toit. Entre 2 gorgées et un œil sur Montréal, on peut même s'y essayer à la pétanque ! Quant aux toilettes, elles occupent d'anciennes cabines téléphoniques. La perle du Mile Ex !

Dieu du Ciel ! *(zoom détachable Le Plateau, D2,* ***212****) : 29, av. Laurier Ouest. ☎ 514-490-9555. Ⓜ Laurier. Tlj 15h-1h30 (13h ven-dim), ferme plus tard jeu-sam.* Une institution dans le domaine des microbrasseries à Montréal et l'incontournable du quartier de Mile End. Renommée depuis plus de 20 ans, elle attire en masse les aficionados de bonnes mousses artisanales, au goût marqué, voire inédit (café, mangue, hibiscus, etc.). Cadre tamisé, atmosphère bien houblonnée, au service d'une ambiance bourdonnante et décontractée. Possibilité de grignoter. Petite terrasse sur la rue, avec vue sur les cuves.

Tricot Principal *(plan détachable, C1,* ***216****) : 6666, rue Saint-Urbain. ☎ 514-270-8977. Ⓜ Beaubien. Entrée par l'immeuble. Lun-ven 7h-18h.* Un nom pas banal pour un lieu original. Avec ses vélos, ses chaises au plafond et ses câbles qui pendouillent (c'est fait exprès !), la déco de cette grande salle au look indus loufoque ne laisse pas indifférent. C'est en tout cas suffisamment chaleureux pour qu'on s'y pose le temps d'un bon café, d'un jus, d'un en-cas salé, et même d'une séance de tricot ! Proposent aussi un plat chaud du jour à partir de 11h30.

Bar Waverly *(plan détachable, C-D2,* ***146****) : 5550, bd Saint-Laurent. ☎ 514-903-1121. Ⓜ Laurier. Tlj 16h-3h.* Pub, bar et disco, le *Waverly* est un peu tout cela à la fois. Enfilez votre chemise de bûcheron, et c'est parti pour un cocktail électro, à moins que le DJ du jour ne fasse dans le tube vintage ! Bonne ambiance en salle ou en terrasse.

Dans le centre-ville (Downtown) et la Petite-Bourgogne

Comme il se doit, ce quartier d'affaires est presque déserté le soir. Il y a bien, si l'on aime le côté m'as-tu-vu, quelques bars et boîtes à la mode dans les élégantes rues Crescent et Stanley, et une série de bars assez standardisés sur la portion ouest de la rue Sainte-Catherine, une fois passé Guy. Rien à voir avec l'ambiance bon enfant du Quartier latin ou du Plateau, ou celle plus bohème du Mile End et du Mile Ex. Quelques belles salles de concert, en revanche. Pour retrouver un peu d'animation, il faut gagner la *Petite-Bourgogne,* dont l'épicentre est la rue Notre-Dame, aux abords du marché Atwater.

Upstairs *(plan détachable, B4,* ***211****) : 1254, rue Mackay. • upstairsjazz.com • Ⓜ Guy-Concordia. Tlj 11h30 (17h30 w-e)-1h. Entrée 10-15 € selon groupe. Plats 17-38 $.* Ambiance chaleureuse et tamisée, dans ce petit club de jazz réputé pour la qualité et l'éclectisme de sa programmation (pas mal de groupes anglophones, world, etc.). Jazz live tous les jours à partir de 20h *(20h30 ven-sam et 19h30 dim).* Un public attentif se serre autour d'une grillade ou d'un burger, profitant en connaisseur des 3 sets du soir (chacun de 45 mn). Mieux vaut arriver tôt, ou réserver.

Biermarkt *(plan détachable, C4, **201**) : 1221, bd René-Lévesque Ouest. ☎ 514-864-7575. • thebiermarket.com • Ⓜ Lucien-L'Allier ou Peel. Tlj 11h30-minuit (2h jeu, 3h ven-sam). Plats 17-26 $.* Porte à tourniquet, écrans géants sur boiseries lustrées, tabourets en skaï rouge, c'est un *sports bar* version chic. D'abord réputé pour sa large sélection de bières, plus de 150 mousses venues d'une trentaine de pays, toutes servies à la pression (les fûts s'entassent en vitrine). Dans l'escalier grand style, un *Manneken-Pis* géant (en tout cas bien plus grand que l'original) domine les débats. Pour accompagner, *pub food* à la fois classique et soignée (*fish & chips*, travers de porc, burgers) et planches de fromage ou de charcuterie.

Atwater Cocktail Club *(plan détachable, B5, **215**) : 512, av. Atwater. • atwatercocktailclub.com • Ⓜ Lionel-Groulx. Tlj 17h-3h.* Il faut s'aventurer dans la ruelle pour dénicher la porte, façon *speakeasy.* Derrière, une cheminée et son crâne de dinosaure font antichambre. Sacrée ambiance... mais une fois passé les rideaux, on découvre un séduisant bar très créatif aux banquettes roses bien dodues, aux plafonds tapissés de miroirs et au comptoir derrière lequel s'activent des *bartenders* inventifs. C'est tout simplement l'un des bars les plus cotés du Canada ! Farandole de cocktails et de spiritueux. Les passionnés de mixologie seront à la fête.

Mckibbin's Irish Pub *(plan détachable, B-C4, **204**) : 1426, rue Bishop. ☎ 514-288-1580. • qr2.ca • Ⓜ Peel. Tlj 11h30-3h.* Un pub irlandais typique logé dans une grosse maison à bow-window, vous allez vite le repérer, avec tous ses signes distinctifs : brique, bois, vieux plancher usé, vitraux, lampes Tiffany et l'interminable comptoir de rigueur... Une douzaine de bières au fût, et énormément de choix pour manger (burgers, salades, pâtes, *pies*, sandwichs). Groupes musicaux tous les soirs, ou presque. Chaque année, la fête bat son plein le 17 mars pour la Saint-Patrick.

Salsathèque *(plan détachable, C4, **210**) : 1220, rue Peel, au 3e étage. • salsatheque.ca • Ⓜ Peel. Ouv ven-sam uniquement, 21h-3h. Entrée payante (env 15 $).* Discothèque des années 1970 à la déco clinquante où l'on danse sur des rythmes latinos du DJ ou de l'orchestre : salsa, merengue, mambo, lambada... Déhanchements sensuels et robes ultra-moulantes de rigueur. La clientèle est cubaine, brésilienne et colombienne. Pas B.C.B.G. pour un sou.

Le Studio TD *(zoom détachable Centre, C4, **207**) : 305, rue Sainte-Catherine Ouest. • lestudiotd.com • ticketmaster.com • Ⓜ Place-des-Arts. Tlj sauf dim-lun 11h30-17h ou 18h (21h les soirs de spectacle et jeu-ven). Tarifs selon affiche.* En plein quartier des Spectacles, une belle salle rénovée de près de 700 places (seulement 200 assises), où les prix ne sont pas astronomiques. Il accueille le Festival international de jazz de Montréal et reçoit des pointures l'année. Belle programmation, donc.

La Drinkerie Sainte-Cunégonde *(plan détachable, B5, **205**) : 2661, rue Notre-Dame Ouest. • Facebook : Drinkerie Ste-Cunégonde • Ⓜ Lionel-Groulx. Tlj 16h-3h. Plats 12-19 $.* Envie d'un 5 à 7 prolongé et pas trop dispendieux ? C'est ici que ça se passe ! Sur la dizaine de bières en fût que propose cette néotaverne à l'atmosphère gentiment houblonnée, les 3 premières de la liste sont à un tarif ras des pâquerettes dès l'ouverture et jusqu'à 21h. Du coup, c'est un lieu de rencontre incontournable. En cas de petite faim, salades et sandwichs des burgers végétariens et pourquoi pas une belle assiette de fromage. Tout ça en provenance directe du marché Atwater ! Soirées animées par un DJ du mercredi au samedi. De plus, le mercredi, soirée spéciale vinyle.

ACHATS

Outre les adresses que l'on vous indique ici, on vous conseille de « magasiner » dans le quartier du Plateau Mont-Royal, très agréable pour la variété et l'originalité de ses boutiques : fripes, disquaires, librairies, médecine chinoise, etc. Bonne atmosphère.

Délices Érable & Cie *(zoom détachable Centre, D5,* ***221****) : 84, rue Saint-Paul Est. Ⓜ Place-d'Armes. Jeu-dim 12h-20h ; horaires réduits hors saison.* Un grand et beau magasin dédié d'abord au sirop d'érable. On y vend aussi d'autres douceurs gourmandes, comme de la confiture de canneberge et du miel. Dégustation des produits sur place et typique tire d'érable sur neige.

Boutique Kitsch'n Swell *(zoom détachable Le Plateau, D3,* ***222****) : 4065, bd Saint-Laurent. • boutiquekitschnswell.com • Ⓜ Sherbrooke. Tlj 11h-18h (19h jeu-ven).* Un magasin unique et insolite, qui rappelle les cabinets de curiosités d'autrefois. Se côtoient vêtements d'un autre âge, crinolines, robes de style pin-up et animaux empaillés, et aussi des objets anciens, ceintures, chaussures, accessoires rétro, et même des crânes de coyote et de lynx... Inspirée par les années 1950, la propriétaire ne manque ni d'idées ni de goût.

Fou d'Ici *(plan détachable, C4-5,* ***112****) : 1407, rue Saint-Jacques. Ⓜ Lucien-L'Allier. Lun-ven 8h-17h, sam 9h-18h. Fermé dim.* Une grande épicerie fine qui réunit les meilleurs produits de la province. Grosse sélection de fromages et de charcuterie de qualité, biscuits, vinaigres artisanaux, sirop d'érable bio... de quoi rapporter plein de petites choses délicieuses à la maison. Fait aussi traiteur (voir « Où manger ? »).

Eva B *(zoom détachable Centre, D4,* ***224****) : 2015, bd Saint-Laurent. Ⓜ Saint-Laurent. Tlj 11h-19h (12h-18h dim).* Derrière cette façade copieusement graffée qui ne paie vraiment pas de mine, se cache pourtant un véritable temple de la fripe. C'est un lieu à tiroirs sur 3 niveaux avec un bistrot-bar, une scène, un espace dédié aux créateurs, des tonnes d'objets vintage et un sous-sol rassemblant un fouillis de costumes plus extraordinaires les uns que les autres. De quoi y passer des heures...

Centre Eaton et Place Montréal Trust *(RÉSO ; zoom détachable Centre, C4,* ***223****) : 677-705, rue Sainte-Catherine Ouest, entre McGill College et University. • centreeatondemontreal.com • placemontrealtrust.com • Ⓜ McGill.* De vastes et luxueux centres commerciaux reliés entre eux, pour ceux qui veulent « magasiner » à l'aise. C'est dans le *Centre Eaton* qu'on trouve le ***Time Out Market, un espace entièrement dédié à la gastronomie montréalaise*** : 16 enseignes réunies sous un même toit, pour tous les goûts et (presque) toutes les bourses !

Plusieurs ***marchés*** à Montréal, les 2 plus grands sont ouverts toute l'année.

Le marché Jean-Talon *(plan détachable, D1) : dans le quartier de la Petite-Italie au nord du Mile Ex, au 7070, av. Casgrain (coin rues Henri-Julien et Jean-Talon). • marchespublics-mtl.com • Ⓜ De Castelnau ou bus n° 55. Tlj 8h-18h (17h dim).* Le plus cosmopolite de Montréal, fidèle au poste depuis 1933. Coloré, bonne ambiance et pas cher. Si vous aimez faire des découvertes culinaires, allez-y ! Une ribambelle de stands propose un large éventail de spécialités des 4 coins du monde. On retrouve aussi juste en face du marché l'excellente ***Boucherie dans la Côte*** *(280, pl. du Marché-du-Nord).*

Le marché Atwater *(plan détachable, A-B5) : 138, av. Atwater (dans le quartier de la Petite-Bourgogne). • marchespublics-mtl.com • Ⓜ Lionel-Groulx. Tlj 9h-18h (17h w-e).* Les gourmets du Tout-Montréal adorent. Un peu plus cher et moins « populaire » que le marché Jean-Talon, il existe lui aussi depuis 1933 et occupe un bel édifice de style Art déco. On peut y accéder par la piste cyclable du canal de Lachine. Endroit idéal pour faire ses courses en vue d'un pique-nique en été, le long de l'eau et de la voie de chemin de fer. Location de vélos et de bateaux sur place. Fromages, fruits et légumes. Beaucoup de produits à base de sirop d'érable en mars et avril. C'est aussi un grand marché aux fleurs.

À VOIR. À FAIRE

Malgré son statut de grande métropole internationale, Montréal ne possède pas de musées d'envergure, à l'exception notable du ***superbe musée des Beaux-Arts*** et de la ***surprenante Cité d'archéologie et d'histoire de Montréal*** de Pointe-à-Callière. Certains sont très agréables et instructifs, tandis que d'autres, plus petits et spécialisés, nous ont paru un peu « légers ». En revanche, il faut impérativement se balader le nez en l'air ! Le ***street art*** faisant désormais partie de l'ADN de la ville, les ***fresques,*** parfois monumentales (comme celle de Leonard Cohen au 1420, rue Crescent, un vrai monument à elle seule !), donnent des couleurs à d'innombrables bâtiments aux 4 coins de l'agglomération. Grosse densité notamment dans la zone entre Sainte-Catherine, Rachel, Saint-Laurent et Amherst : un véritable musée à ciel ouvert (infos détaillées auprès de l'office de tourisme). Quelques infos utiles :

– ***La plupart des musées sont fermés le lundi,*** sauf si c'est un jour férié. À noter que ***le dernier dimanche de mai, tous les musées de la ville sont gratuits.***

– Si vous avez l'intention de visiter beaucoup de sites et musées, vous pouvez vous procurer la ***carte Excursion ou Découverte.*** La 1re est valable de 2 à 5 jours consécutifs et coûte environ 55-75 $ selon la durée. La 2de est valable 1 an. On peut acheter cette carte dans la plupart des musées, au **Centre Infotouriste** *(plan détachable, C4,* ***1****)*, au **Bureau d'accueil du Vieux-Montréal** *(zoom détachable Centre, D4,* ***5****)* ou en ligne sur • *museesmontreal.org* •

– ***Passeport MTL :*** une offre qui séduit ceux qui aiment les musées ET les attractions, du genre croisières, casino, montagnes russes et même le *laser game*. Compter 95 $ pour 48h, et 113 $ pour 72h, transports en commun inclus. • *passeportmtl.com* •

DES ÉGLISES À UN JET DE PIERRE

Le nombre d'églises à Montréal est si important (260 !) qu'il y a près de 1 siècle l'écrivain américain Mark Twain notait qu'il était impossible de lancer une brique dans les rues de la ville sans briser un vitrail ! L'explication de cette profusion est très simple : la religion a longtemps servi de fondement à la société canadienne, mais les 2 communautés principales (anglaise et française) n'ayant pas le même culte, les lieux de prière se voyaient du même coup multipliés par 2...

LE VIEUX-MONTRÉAL *(zoom détachable Centre)*

ꝏꝏꝏ Ce quartier de 2 km² est délimité par les rues Saint-Antoine, Berri, de la Commune et McGill. C'est là que l'histoire de Montréal a commencé en 1642. Cependant, même si la rue Saint-Paul, rendue aux piétons l'été, conserve une belle homogénéité, n'allez pas imaginer une « vieille ville » à l'européenne, avec ses rues étroites et ses maisons anciennes. Ici, tout est très disparate. Les vénérables maisons sont dispersées au milieu des entrepôts réhabilités, des banques et des bâtiments administratifs du XIXe s, mais aussi d'inévitables boutiques et autres lieux de consommation.

C'est autour de la ***place Jacques-Cartier*** que l'on trouve les maisons les plus anciennes. Les fortifications quant à elles, devenues inutiles, furent rasées en 181- afin de gagner un peu de place. Rénové dans les années 2000, le Vieux-Montréal dégage néanmoins beaucoup de charme et une joyeuse animation avec cafés et restos où les nombreux visiteurs se pressent durant la belle saison.

– ***Pour en apprendre plus sur l'histoire du quartier,*** possibilité de ***télécharger l'appli gratuite « Montréal en Histoires »*** • *montrealenhistoires.com* *applicationmobile/* •, une carte interactive détaillant plusieurs points d'intérêt au fil des vieilles rues. Possibilité également de faire un petit circuit en boucle autour du quartier avec le bus nº 715 à partir de l'office de tourisme (arrêt « Peel » sur Peel Avenue ; *plan détachable, C4*).

Le Château Ramezay, Musée et site historique de Montréal *(zoom détachable Centre, D4)* **:** *280, rue Notre-Dame Est. • chateauramezay.qc.ca • Ⓜ Champ-de-Mars. Juin-oct, tlj 9h30-18h ; nov-mai, tlj sauf lun, 10h-16h30. Entrée : 11 $; réduc ; gratuit jusqu'à 4 ans. Visites guidées le w-e 13h-15h (durée 1h).*
Avec son toit en tôles « à la canadienne », ses fenêtres en chien-assis et ses volets en bois, ce manoir fait curieusement penser aux gentilhommières de Bretagne. Construit en 1705 par Claude de Ramezay (alors gouverneur de Montréal), il accueillit tour à tour les intendants de la Nouvelle-France, le bureau de la *Compagnie des Indes* (à partir de 1745), puis les gouverneurs britanniques. Au XIXᵉ s, ce sont diverses institutions qui s'y établirent (l'École normale, la faculté de médecine, ou encore la cour des magistrats). ***1ᵉʳ bâtiment classé Monument historique au Québec (en 1929),*** il abrite aujourd'hui un musée vraiment intéressant comprenant 2 parties bien distinctes.
La 1ʳᵉ, interactive et bien documentée, est très classique. Dans un superbe écrin de boiseries du XVIIIᵉ s (importées de Nantes à l'occasion de l'Exposition universelle de 1967), une collection de quelque 300 objets retrace l'***histoire du Québec et de Montréal*** depuis les Amérindiens jusqu'au début du XXᵉ s : documents, costumes, tableaux, mais également de vraies reliques, comme la célèbre cloche de Louisbourg, ou des curiosités comme la 1ʳᵉ voiture immatriculée au Québec (avec l'inscription Q1 en guise de plaque minéralogique !). Puis on enchaîne avec la 2ᵈᵉ partie de la visite ***au niveau inférieur.*** Le changement est radical : chaque pièce voûtée accueille des décors reconstitués, prétextes à mettre en scène les protagonistes de l'époque de Ramezay (valet, cuisinier, garde...) au moyen de commentaires audio. Amusant et instructif ! Également des expos temporaires toujours en rapport avec Montréal ou la Nouvelle-France. Voir aussi le jardin du Gouverneur.

Presque en face du musée se dresse le plantureux ***hôtel de ville*** *(zoom détachable Centre, D4),* bâtisse néoclassique érigée entre 1872 et 1878, dans le style Napoléon III. C'est de son balcon que de Gaulle lança son fameux « Vive le Québec libre » à la fin de son discours. Juste derrière, de la place Vauquelin, panorama sur les buildings de la ville nouvelle.

Lieu historique national de Sir-George-Étienne-Cartier *(zoom détachable Centre, D4)* **:** *458, rue Notre-Dame Est. • www.pc.gc.ca/fr/lhn-nhs/qc/etiennecartier • Ⓜ Champ-de-Mars. De mi-juin à début sept, mer-dim 10h-17h ; de début sept à mi-oct, w-e et j. fériés 10h-17h. Fermé de mi-oct à mi-juin. Entrée : env 4 $; réduc.* C'est l'ancienne maison du père de la Confédération, sir George-Étienne Cartier (1814-1873), et l'une des rares bâtisses victoriennes (1860) ouvertes au public à Montréal. En introduction, une petite exposition moderne, interactive et très ludique propose un excellent ***résumé de l'histoire du Canada*** et des luttes de pouvoir qui ont conduit à la création de la Confédération. Un focus évoque évidemment le rôle joué par ce (cher !) sir Cartier, dont on découvre dans la foulée la maison, un bel exemple d'intérieur bourgeois du milieu du XIXᵉ s.
L'ambiance a été recréée avec soin : mobilier en partie d'origine dans les pièces d'apparat et la chambre, repas servi sur la table, produits de toilette dans la salle de bains... À l'étage, ***2 autres sections*** : la 1ʳᵉ sur le Canada moderne, la 2ᵈᵉ sur Cartier. Cette dernière, franchement originale, s'appuie sur les décorations foisonnantes d'un somptueux surtout de table (un objet d'ornementation XXL) pour aborder toutes sortes de sujets sur sa famille, ses liens politiques et ses travaux. Habile ! Une visite pleine de surprises.

La visite du Vieux-Montréal se poursuit avec la ***Maison Papineau*** (1785 ; *zoom détachable Centre, D4*), 440, rue Bonsecours, où habita Louis-Joseph Papineau, dirigeant de l'insurrection nationaliste de 1837. Ce fut longtemps un hôtel avant que la maison ne soit achetée par l'État canadien qui en confia la gestion aux Parcs du Canada. ***Rue Saint-Louis*** *(zoom détachable Centre, D4),* au nº 446, belle maison à « logements » (1890) en brique rouge, avec toiture argentée, corniche victorienne, lucarnes moulurées et 2 escaliers sinueux grimpant sur les côtés.

Plus loin, au 445, rue Saint-Paul Est, la ***Maison Dumas*** (1800 ; *zoom détachable Centre, D4*). À 2 pas, la ***Maison Brossard*** (1827) et la ***Maison Pierre du Calvet*** (1770 ; *zoom détachable Centre, D4*), 401, rue Bonsecours, à l'angle de la rue Saint-Paul Est.

Le marché Bonsecours *(zoom détachable Centre, D4)* **:** *350, rue Saint-Paul Est. ☎ 514-872-7730. De mi-juin à début sept, tlj 10h-21h (18h dim) ; de début avr à mi-juin et sept-oct, tlj 10h-18h (21h jeu-sam) ; tlj 10h-18h le reste de l'année.* Coiffé d'une tour à coupole, ce grand et beau monument fut construit sur les vestiges du Théâtre royal, où se produisit notamment la troupe de Charles Dickens. Inauguré en 1847, il est devenu le ***marché public de la ville.*** Admirablement éclairé la nuit, le bâtiment a malheureusement perdu tout cachet historique à l'intérieur, abritant désormais une galerie marchande clinquante et haut de gamme : boutiques de créateurs, designers, maroquiniers, bijoutiers... La vocation commerciale est restée, mais le charme s'en est allé...

MONTRÉAL

Plus à l'ouest, au 429, rue Saint-Vincent, la ***Maison Beaudoin*** (1780 ; *zoom détachable Centre, D4*) fut d'abord la demeure du shérif et marchand Edward William Gray, puis une auberge et une imprimerie au XIXᵉ s. Incendiée en 1968, puis reconstruite, elle abrite aujourd'hui le luxueux hôtel *William Gray.* Retour à sa fonction hôtelière !

➢ Autre centre historique, la ***place d'Armes*** *(zoom détachable Centre, D4)* où s'élèvent, à gauche de la basilique Notre-Dame, le ***1er gratte-ciel de la ville,*** et un autre qui rappelle, en beaucoup plus petit, la silhouette Art déco de l'Empire State Building. À droite de la basilique se tient le ***Vieux Séminaire de Saint-Sulpice*** *(zoom détachable Centre, D4-5),* le plus ancien bâtiment de Montréal. Construit de 1684 à 1687, le séminaire fut le centre du pouvoir politique et religieux de la colonie, du temps où la congrégation des Sulpiciens était « maître de Montréal ». Pendant 150 ans, les pères furent les propriétaires de l'île de Montréal. Le Vieux Séminaire n'est pas ouvert aux touristes.
Le reste de la place d'Armes se compose d'immeubles commerciaux du XIXᵉ s. Le plus remarquable est celui de la ***Banque de Montréal*** *(zoom détachable Centre, D4),* directement en face de la basilique Notre-Dame. Déjà l'extérieur classique impressionne, mais c'est l'intérieur qui vous stupéfiera. Le plafond haut de 25 m s'appuie sur 32 colonnes corinthiennes. L'effet de grandeur et de puissance est très réussi. Et c'est gratuit, tout comme le ***musée de la Banque*** *(ouv lun-ven 10h-16h)* qui se trouve dans le hall. Numismates et billetophiles pourront faire un crochet par cette mini-expo retraçant l'évolution de la monnaie canadienne.

La basilique Notre-Dame *(zoom détachable Centre, D4)* **:** *110, rue Notre-Dame Ouest. • basiliquenotredame.ca • Ⓜ Place-d'Armes. Tte l'année lun-sam 8h-16h30 (16h sam), dim 12h30-16h. Fermé à certaines occasions (comme les mariages). Résa en ligne pour visites. Entrée : 14 $ (avec visites guidées à certaines heures) ; réduc ; gratuit jusqu'à 5 ans. En été, d'autres options de visites guidées plus complètes, mais payantes, incluent la découverte des orgues, du 2ᵉ balcon et de la crypte. Toujours l'été, récital d'orgue certains jours (env 15 $). Messes le dim à 9h, 11h et 17h, plus le sam à 17h (permet d'entendre des chants et l'orgue remarquable).* Basilique néogothique de 1829, dont les tours ont été ajoutées en 1841 et 1843. Derrière une façade austère se cache un ***intérieur fabuleux*** exécuté par Victor Bourgeau, un des architectes québécois les plus prolifiques dans le domaine de l'architecture religieuse. Un curé, impressionné par la Sainte-Chapelle de Paris, demanda à Bourgeau de s'en inspirer. Le résultat ne manque pas de panache. Une certaine atmosphère chaleureuse se dégage de ce ***décor de bois très richement sculpté,*** peint et doré à la feuille. Impression renforcée par la lumière bleutée des ***vitraux,*** qui retracent l'histoire religieuse de Montréal ainsi que les principales étapes de la fondation de la ville. Notez le ***gigantesque retable*** représentant des scènes du Nouveau Testament, la chaire abondamment sculptée, l'orgue (7 000 tuyaux !), mais surtout le ***sol en pente,*** l'architecte ayant conservé l'inclinaison naturelle du terrain (vers le Saint-Laurent). La basilique a vu défiler plusieurs célébrités, dont le pape Jean-Paul II. Céline Dion y a célébré son mariage avec René Angélil en 1994, puis les funérailles grandioses de ce dernier début 2016... Derrière le chœur, la ***chapelle du Sacré-Cœur*** en partie détruite par un incendie en 1978 mêle désormais les vestiges néogothiques à d'élégants ajouts contemporains. À noter également : le grand retable en bronze de Charles Daudelin (artiste local) représentant l'« Arbre de vie ».

👣👣 ***Aura, spectacle multimédia :*** *• aurabasiliquemontreal.com • Horaires variables, vérifier sur le site. Durée : env 45 mn. Billet : 32 $ en ligne* ***(résa indispensable l'été).*** Ce spectacle multimédia illumine l'intérieur de la basilique Notre-Dame pour magnifier son architecture. Il ne s'agit pas d'un show religieux mais d'une œuvre artistique et musicale organisée en 2 temps, et animée par 32 musiciens, un chœur et des orgues. Créé par une petite start-up du Mile End, qui a déjà réalisé l'illumination de la Sagrada Familia à Barcelone. Une incontestable réussite.

👣 En descendant vers le Saint-Laurent, jetez un œil à l'***ancienne Bourse,*** au 453, rue Saint-François-Xavier. Derrière son porche à colonnes corinthiennes officie, depuis plus de 40 ans, le ***Centaur Théâtre.***

👣 Plus bas, la ***place d'Youville*** *(zoom détachable Centre, C5)* révèle de vieux bâtiments (1694-1765) très bien restaurés, comme l'ancien ***hôpital général des Sœurs grises*** (voir encadré), aujourd'hui appelé la ***Maison de Mère d'Youville*** *(zoom détachable Centre, C5 ; au 138, rue Saint-Pierre).* Non loin de là, les ***écuries d'Youville*** (1827 ; *zoom détachable Centre, C5*), bel ensemble massif, trapu, aux fenêtres peu nombreuses. Pénétrez dans les jardins intérieurs au calme étonnant.

SŒURS GRISES... OU GRISÉES ?

Vous devez sans doute penser que le nom de « sœurs grises » fait référence à la couleur de leur habit. Eh non ! À l'époque, on soupçonnait ces nonnes de soigner leurs patients à grand renfort d'alcool. La fondatrice de l'ordre, Marguerite d'Youville, avait hérité d'une affaire de contrebande d'eau-de-vie après la mort de son peu vertueux mari. On les surnomma alors les sœurs « grisées », c'est-à-dire ivres...

👣👣👣 ***Pointe-à-Callière, Cité d'archéologie et d'histoire de Montréal*** *(zoom détachable Centre, D5)* **:** *350, pl. Royale. • pacmusee.qc.ca • Ⓜ Place-d'Armes. Fin juin-début sept, tlj 10h (11h w-e)-18h. Le reste de l'année, tlj 10h (11h w-e)-17h mais fermé lun. Entrée : 25 $ (!) ; réduc ; famille 52 $; gratuit jusqu'à 4 ans. Minivisites guidées à thème (« capsules d'animation ») tte l'année (3-4/j. en été, un peu moins en hiver).*

À la fois musée, site patrimonial et centre d'interprétation, cet espace unique et hors norme est un must dans sa catégorie. Il est situé à ***l'endroit précis où fut fondée la ville*** le 17 mai 1642 par le Champenois Paul Chomedey de Maisonneuve. À l'origine, il y avait un fort, puis un petit château construit à la fin des années 1600 pour Louis-Hector de Callière, gouverneur de Montréal. C'est lui qui mit fin à la guerre contre les Indiens hurons et iroquois et signa avec les tribus le fameux traité de paix de 1701 que les historiens appellent la « Grande Paix ». Le site s'appelle Pointe-à-Callière pour lui rendre hommage.

La cité archéologique cache bien son jeu. De l'extérieur, on ne devine pas qu'elle comprend en réalité plusieurs bâtiments reliés tantôt par des souterrains, tantôt par les anciens collecteurs d'égout de la ville superbement mis en lumière. La visite débute par une ***séance multimédia*** de 20 mn présentant l'histoire du Québec et de la ville dans une salle hyper moderne. Puis on enchaîne avec une 1re série de ***fondations au sous-sol...*** découvertes lors de la construction du musée ! Du coup, architectes et muséographes ont dû revoir leurs plans. Même si ces fondations ne sont guère spectaculaires, la mise en scène interactive est très bien faite. On y observe les restes d'un ancien cimetière (le 1er cimetière catholique de la ville), de bâtiments du XIXe s, mais aussi le lit de la petite rivière Saint-Pierre et des vestiges amérindiens. De là on file vers d'autres vestiges, ceux du ***fort Ville-Marie*** (on distingue bien les emplacements des pieux et des murets, toujours expliqués par des maquettes et des vitrines), avant de revenir explorer la ***place du Marché.*** Ici, remparts, escaliers et traces de foyers forment un véritable millefeuille permettant d'évoquer toute l'histoire de la ville. Épatant ! La visite se poursuit avec une petite expo ludique et interactive sur les relations entre pirates et corsaires à l'époque des guerres de course. Vos enfants apprécieront.
Enfin, le musée accueille 2 grandes expos temporaires de qualité chaque année.

Au dernier étage, le café-resto ***L'Arrivage*** *(lun 11h30-14h, mar-dim 11h30-16h – cuisine jusqu'à 14h30 seulement)* offre une belle vue sur le port. On peut accéder au belvédère situé au 3e étage sans payer l'entrée du musée.

La Fonderie Darling *(zoom détachable Centre, C5)* **:** *745, rue Ottawa. • fonderiedarling.org • Ⓜ Square-Victoria. Jeu-dim 12h-19h (22h jeu). Entrée : 5 $ (gratuit pour ts le jeu).* Ça vaut le coup de faire une courte escapade à 2 pas du Vieux-Montréal. D'une part, cette ancienne fonderie désormais réhabilitée est classée (les amateurs de patrimoine industriel apprécieront) ; d'autre part, elle sert d'écrin à un centre d'art contemporain, porté à bout de bras par un organisme à but non lucratif dont la vocation est de soutenir la création. Expos, performances, résidences d'artistes, il s'y passe toujours quelque chose ! On peut même y boire un coup en terrasse l'été.

Le Vieux-Port *(zoom détachable Centre, D5)* **:** tout comme le Vieux-Montréal, les bords du Saint-Laurent ont connu une complète réhabilitation. Les Montréalais ont volontiers adopté ce quartier pour y faire leur jogging, du vélo, des pique-niques sur l'herbe. L'été, le port devient une vaste scène où l'on peut voir des spectacles, écouter des concerts, profiter de diverses animations et attractions (grande roue, parcours acrobatique, tyrolienne, etc.) et même aller à la plage. Un parcours piéton agrémenté de panneaux explicatifs permet d'en apprendre un peu plus sur l'histoire portuaire de la ville.
Juste à côté de l'écluse se dresse la silhouette fantomatique du gigantesque ***silo à grains nº 5*** en attente de reconversion. L'architecte moderniste Le Corbusier s'extasia naguère devant ce silo, disant que c'était le plus beau bâtiment du Canada ! Au pied du silo a été installé le 1er ***spa flottant*** du monde, le *Bota-Bota (• botabota.ca •),* un ancien bac traversier dont les différents niveaux ont été très joliment réaménagés. On peut y prendre un bain à remous sur le pont ou se faire masser en admirant le panorama. En plus, c'est bien chauffé l'hiver. Génial !
Autre arrêt photo conseillé à l'étage du vaste bâtiment ***Le Grand Quai,*** à 2 pas, dont la ***terrasse*** du toit végétalisé accessible par un large escalier extérieur offre un point de vue original sur la vieille ville et le port. Plus loin, passé le ***Centre des sciences de Montréal*** (voir plus loin), on longe de rigolotes boutiques logées dans des containers, jusqu'à atteindre l'***île Bonsecours,*** accessible par une passerelle piétonne et qui accueille souvent des expos intéressantes. Son bassin se transforme en patinoire l'hiver. Au pied de la tour de l'Horloge, la ***plage de l'Horloge*** (de sable fin) donne sur le fleuve (*zoom détachable Centre, D5* ; voir plus haut « Loisirs » dans « Adresses et infos utiles »). On y lézarde mais on ne s'y

baigne pas. De nombreuses autres activités invitent à la découverte du quartier : excursions en bateau-mouche, en *jet boat,* en bus amphibie, etc. Enfin, chaque été, le célébrissime ***Cirque du Soleil*** dresse son chapiteau sur le Vieux-Port. Se renseigner auprès du kiosque d'info du Vieux-Port ou sur *● vieuxportdemontreal.com ●* Début 2023 verra aussi le jour la ***Grande Tour du port de Montréal,*** 65 m de haut qui offrira une vue imprenable sur la ville.

Loisirs au Vieux-Port : les amateurs d'activités en plein air (sans que cela soit du sport extrême) peuvent tenter le ***Zipline Montréal*** *(zoom détachable Centre, D5 ; hangar 16, 363, rue de la Commune Est. ● mtlzipline.com ● En été, tlj 11h-21h (23h w-e) ; tarif : 20 $, réduc).* C'est une tyrolienne urbaine fixée à 25 m de hauteur au-dessus du port, offrant des vues spectaculaires sur Montréal. Pour se balader sur l'eau, ***Wet Set*** propose plusieurs options très sympa *(zoom détachable Centre, D5 ; sur le ponton en contrebas du quai Jacques-Cartier ; ● wetsetmtl.com ● ; tlj en saison, 9h-19h).* La plus fun, ce sont des randonnées guidées au volant d'une motomarine permettant de découvrir la beauté de Montréal depuis le fleuve Saint-Laurent. L'avantage, c'est qu'on peut intervertir le conducteur et le passager à mi-parcours, ce qui revient moins cher *(compter 85 $/conducteur pour 30 mn et 135 $ pour 1h, plus 25 $ pour le passager).* Dans un registre plus pépère, *Wet Set* propose aussi des sorties de 30 mn *(22 $/pers)* à 1h *(30 $/pers)* à bord d'un bateau rapide et confortable. Avec 12 personnes maxi, c'est plus maniable et plus intime que les gros bateaux-mouches. Sinon, pour les plus jeunes, c'est le parc thématique familial ***Voiles en Voiles*** qui est idéal *(zoom détachable Centre, D5).* Il propose parcours aériens, escalade et jeux gonflables, dans un univers de bateaux pirates et de bateaux royaux, place des Vestiges. *● voilesenvoiles.com ●* Enfin, une valeur sûre pour grands et petits : la ***grande roue,*** dont les nacelles surplombent largement la ville, le port et le fleuve. Avec 60 m de hauteur, c'est même la plus grande du Canada ! Gros plus, les cabines sont climatisées en été et chauffées en hiver *(zoom détachable Centre, D5 ; Terrasses Bonsecours, 362, rue de la Commune Est ; ● lagranderouedemontreal.com ● ; tlj 10h-23h ; billet : env 30 $; réduc enfants et étudiants ; forfait famille 2 adultes, 2 enfants).*

Le Centre des sciences de Montréal *(zoom détachable Centre, D5)* **:** *quai King-Edward, sur le Vieux-Port. ● centredessciencesdemontreal.com ● Ⓜ Place-d'Armes. Ouv lun-ven 9h-16h, w-e 10h-17h. Entrée : 23 $ (avec l'expo temporaire) ; réduc. Film Imax : 13 $; réduc. Billet combiné expo permanente + 1 film Imax : 34 $; réduc.* Grand complexe scientifique installé dans un ancien hangar maritime du port. Son principal objectif est de faire réfléchir aux enjeux de notre planète tout en s'amusant. Prévoir un peu de temps pour profiter des différentes activités.

Expositions permanentes

– ***Science 26 :*** 26 îlots, 26 lettres de l'alphabet pour expérimenter la science de A à Z. Derrière chaque lettre, une notion clé expliquée par diverses activités ludiques et expériences. Ou, par exemple, lettre W : comment utiliser les watts de la lumière pour déplacer un avion ?
– ***Fabrik, défis créatifs :*** un atelier avec plein d'outils pour exercer votre sens pratique et votre inventivité. Petits et grands sont invités à assembler des objets de toutes sortes : un bolide, un bateau, un parachute, une catapulte...
– ***Clic ! La zone des petits curieux :*** espace de découvertes dédié aux 4-7 ans, qui pourront y construire une maison, des montagnes russes, assembler formes et couleurs, etc.
– ***Humain :*** section axée sur le corps humain et ses transformations. Les enfants peuvent manipuler des objets et en apprendre plus sur notre fonctionnement tout en s'amusant.

Également plusieurs autres ***expos, temporaires*** cette fois, et un ***cinéma Imax*** avec une programmation de grande qualité (attention, certaines séances sont en anglais).

MONTRÉAL

Possibilité de se restaurer sur place pour pas trop cher.

Les Fantômes du Vieux-Montréal *(zoom détachable Centre, D5)* **:** *360, rue Saint-François-Xavier. • fantomesmontreal.com • Billetterie ouv 1h avt le spectacle. Départ à 20h30. Balades « Légendes et histoires » côté est du Vieux-Montréal : mai-juin le sam seulement ; juil-août, tlj ; de sept à mi-oct, ts les ven-sam. Résa indispensable. Tarif : 26 $; réduc.* Une troupe d'acteurs et de conteurs vous fait découvrir de manière originale les légendes, les crimes et les fantômes qui hantent les coins de rue du Vieux-Montréal. Très emblématique de la frénésie des Québécois pour les reconstitutions interactives, cette excursion insolite atteste de l'émergence d'une nouvelle génération de conteurs. Certains, très populaires, font désormais profession.

L'HOMME LE PLUS FORT DU MONDE

Cyprien-Noé Cyr dit « Louis Cyr » (1863-1912) avait une force herculéenne. À 12 ans, il travaillait comme bûcheron. À 18 ans, il était capable de soulever un cheval ! Il pouvait retenir pendant près de 1 mn 2 paires de chevaux pesant au total plus de 2 t ! À Londres, en 1892, le « Samson canadien » (son surnom) fut proclamé l'homme le plus fort du monde. Il donna 2 500 représentations de tours de force et des spectacles de cirque. Cependant, force n'est pas longévité : il mourut à l'âge de 49 ans, devenant une légende populaire du Québec.

LE QUARTIER LATIN ET LE VILLAGE
(zoom détachable Centre)

La colonne vertébrale du Quartier latin est la rue Saint-Denis dans sa portion comprise entre les rues Sherbrooke et Sainte-Catherine. Dans ce haut lieu de la vie nocturne, carrefour des étudiants francophones, des touristes et des marginaux, les cafés-terrasses, restos et boîtes sont à touche-touche et ne désemplissent pas, de jour comme de nuit. On doit notamment cette hyperactivité à la présence voisine de l'UQAM (Université du Québec à Montréal). Aux beaux jours, c'est vraiment la fête, tout le monde squatte bancs et terrasses, et les artistes de rue s'en donnent à cœur joie, notamment sur la ***place Émilie-Gamelin,*** près du métro Berri-UQAM. Encore plus d'animation en période de festival, c'est-à-dire pratiquement tous les jours en juillet-août !
Le ***Village, quartier gay de Montréal,*** s'articule le long de la rue Sainte-Catherine, entre Saint-Hubert et Papineau. Dans les années 1970, c'était un quartier pauvre et malfamé dans le bas de la ville. On l'appelait alors le « faubourg à la Mélasse ». L'Expo de 1967 et les Jeux olympiques de 1976 ont déclenché un changement radical qui s'est traduit par un renouveau social et culturel du quartier. Tout l'été, cette portion de la « Catherine » est entièrement rendue aux piétons et abrite une foule bigarrée de fêtards attirés par une animation intense et une ambiance très tolérante.

La Cinémathèque québécoise *(zoom détachable Centre, D4)* **:** *335, bd de Maisonneuve Est. • cinematheque.qc.ca • Ⓜ Berri-UQAM (sortie « Saint-Denis »). Séances : 11-12 $; réduc. Expos temporaires gratuites tlj 12h (14h w-e)-21h (20h dim). Médiathèque : mar-ven 13h-17h.* L'une des plus importantes collections de films d'animation au monde. Projections de raretés et de grands classiques, ainsi qu'un riche programme d'expositions temporaires.

L'écomusée du Fier-Monde *(zoom détachable Centre, D3)* **:** *2050, rue Atateken. • ecomusee.qc.ca • Ⓜ Berri-UQAM. Mer 11h-20h, jeu-ven 9h30-16h (17h en été), w-e 10h30-17h. Entrée : 12 $; réduc ; gratuit jusqu'à 6 ans ; 4 $ pour ts mer 17h-20h.* Le principal intérêt de ce musée est d'occuper un bâtiment génial, d'anciens bains publics construits en 1927 pour combattre l'hygiène déplorable dans les quartiers populaires. Superbement restaurés, le grand bassin et les coursives servent désormais de support à des expos temporaires et à quelques sections sur la condition ouvrière à la fin du XIXe s et au début du XXe s, ainsi qu'à l'évolution des quartiers suite à la désindustrialisation de la ville. Intéressant, mais un peu court pour le prix.

Le quartier chinois** (zoom détachable Centre, D4)* **:** circonscrit dans le minuscule quadrilatère formé par les boulevards René-Lévesque et Saint-Laurent, l'avenue Viger, et la rue de Bleury. ***L'épine dorsale en est la rue piétonne de la Gauchetière. À l'entrée de ce Chinatown se dresse une haute arche rouge et or. Les migrants chinois vinrent au Canada au XIXe s pour construire le chemin de fer de l'Ouest. Ce n'est qu'en 1902 que ce quartier du centre-ville, naguère habité par des Irlandais (on l'appelait « Petit Dublin »), devint le quartier chinois de Montréal. Victimes de préjugés raciaux et soumis à des restrictions légales, les Chinois durent se cantonner à la partie basse du boulevard Saint-Laurent. La 1re génération y habita, mais la 2e s'installa dans les faubourgs. Aujourd'hui, ce quartier très animé, illuminé de néons et d'enseignes clignotantes, est ***plein de commerces et de restos asiatiques*** (en majorité chinois). Le quartier survit, en quelque sorte, après avoir subi les outrages de la construction d'une voie express et de grands développements urbains.

LE PLATEAU MONT-ROYAL
(zoom détachable Le Plateau)

Très vaste quartier mesurant 4 km sur environ 2,5 km. Difficile de le parcourir à pied de long en large. À bicyclette, à patins à roulettes, à moto, oui. Très paisibles par endroits, furieusement branchées ailleurs, les rues du Plateau, longtemps populaires, quadrillent aujourd'hui un ***quartier résidentiel et commerçant*** où se mélangent tous les âges et classes sociales. La population, majoritairement francophone, compte de nombreux expatriés et étudiants venus de France. Sur 100 000 Français vivant à Montréal, environ 28 % choisissent le Plateau pour sa qualité de vie indéniable qui répond à leurs habitudes de vie, surtout alimentaires.

QUESTION POUR UN CHAMPION

D'après vous, dans un pays aux hivers si rigoureux, pourquoi les escaliers des vieilles maisons sont-ils si souvent construits à l'extérieur ? Au XIXe s, l'urbanisme exigeait l'installation d'un petit jardin, côté rue. Cette surface habitable perdue était alors récupérée en construisant l'escalier... dehors.

Sur le Plateau, les riverains habitent de jolies maisons fleuries flanquées d'escaliers extérieurs métalliques souvent en colimaçon, sagement alignées le long de rues ombragées aux façades peintes d'immenses fresques. Les adeptes de lèche-vitrines seront plus intéressés par la longue avenue du Mont-Royal : boutiques de mode à tous les prix, disques et livres neufs et d'occasion, artisanat original, objets farfelus et insolites... Nombreux cafés décontractés pour un brunch ou une pause dans la journée. On peut prolonger la balade jusqu'au beau parc La Fontaine, sillonné par les joggeurs et les écureuils. Le soir, c'est au tour des bars, boîtes et salles de concert en tout genre de prendre le relais. Bref, c'est ***à la fois bobo, populaire et chic,*** Montréal sous son meilleur jour.

LE MILE END ET LE MILE EX *(plan détachable, C1-2)*

Petit quartier mais grande réputation ! ***Repaire des geeks et des hipsters,*** des branchés urbains, des artistes nouvelle vague et des adeptes du régime végan et sans gluten. Situé entre le très résidentiel Plateau Mont-Royal et le quartier chic

d'Outremont, voici le Mile End. Son nom signifie que c'est la fin de quelque chose, mais de quoi ? Il est délimité au sud par le boulevard Saint-Joseph, au nord par le boulevard Rosemont (viaduc Rosemont Van Horne), à l'est par la rue Saint-Denis, et par l'avenue du Parc à l'ouest.
Mile End forme un petit quadrilatère d'une dizaine de rues parallèles, entrecoupées de venelles secrètes et discrètes, fleuries et verdoyantes, avec le cher grand axe tutélaire au milieu : le boulevard Saint-Laurent. Ancien quartier d'ateliers industriels désormais investi par les jeunes professionnels et les start-up, les lofts postmodernes, les magasins bio, les snacks alternatifs, les bars *lounge*... sans oublier ces insolites boutiques hybrides qui vendent à la fois de la déco et des meubles design, des fringues et du café ! ***Mile End, c'est l'un des quartiers alternatifs et créatifs les plus attachants de Montréal,*** le plateau d'essayage, la rampe de lancement de la nouvelle modernité urbaine, toujours à la recherche d'idées.
Mais il y a un revers à cette médaille, comme toujours... La mode ayant comme effet pervers de faire grimper les loyers, les plus fragiles et les nouveaux entrepreneurs en quête d'un autre eldorado alternatif ont migré un peu plus au nord, dans le ***Mile Ex.*** Dans ce quartier longtemps oublié et désormais en pleine ébullition, garages désaffectés, bâtiments industriels en friche et autres vieilles baraques bourrées de charme sont autant d'opportunités pour ces créatifs. Les projets abondent, et les bars, boîtes, restos et boutiques décalées sont aujourd'hui de puissants aimants pour tous les Montréalais branchés qui se respectent.

LE CENTRE-VILLE *(Downtown ; plan détachable, B-C4-5 et zoom détachable Centre, C3-5)*

À l'ouest du boulevard Saint-Laurent, au sud de la rue Sainte-Catherine, s'étend le centre-ville à proprement parler. ***Downtown américain pur jus,*** on se fraie ici un passage entre les *golden boys* et les cohortes de jeunes branchés assoiffés de grandes marques internationales. Mais si l'on prend la peine de marcher le nez en l'air, on trouvera bien quelques surprises. Les tours de verre ne donnent pas que dans le luxe prétentieux et, derrière l'apparente géométrie, se bousculent d'innombrables facéties architecturales. Rapidement l'œil s'habitue au chaos et s'amuse à organiser les blocs d'un puzzle formé au fil des décennies, finalement beaucoup plus surprenant que la monotonie haussmannienne. Plus on descend vers Atwater, plus le quartier affirme son identité anglophone... Tandis que, en revenant vers le boulevard Saint-Laurent, côté place des Arts, il devient un peu plus européen.

Le boulevard Saint-Laurent *(plan détachable, C1-2-3-4 et 5)* **:** c'est la ***Main Street de Montréal*** ! Un monument horizontal de béton, de bitume, de pierre et de brique. Principale artère de la ville, le boulevard Saint-Laurent traverse celle-ci du sud au nord, droit et interminable, sur environ 11 km de longueur. Depuis 3 siècles, il est l'âme dynamique, le bras commerçant et travailleur, le cœur battant de la ville. Aucun boulevard n'a autant changé de visage depuis sa création en 1717. Chemin rural entre le fleuve et les terres agricoles de l'arrière-pays, c'est au XIXe s qu'il prend son essor, poussé par l'expansion de la ville. Les migrants irlandais, portugais, italiens, chinois et juifs y débarquaient puis ouvraient leurs petits commerces et leurs ateliers. Avec le temps, le boulevard forma une ligne de démarcation linguistique et sociale entre les francophones et les anglophones. À l'est, les francophones catholiques, et, à l'ouest du boulevard, les anglophones protestants et riches. Cette frontière s'est en grande partie effacée avec la modernisation et le mélange des populations.
Le boulevard, c'était aussi le ***lieu des 1res*** : en 1896, l'édifice Robillard (détruit en 2016) organisa la 1re projection du cinématographe *Lumière en Amérique.* C'est là aussi que se trouvait le quartier des plaisirs, le ***Red Light District,*** avec ses maisons closes, ses cabarets, ses bars louches et ses salles de jeu. Il a disparu en 1960, nettoyé de sa pègre et de ses gangs, pour laisser la place à un ***quartier des Spectacles*** propre

et socialement correct. Bref, ce n'est ni Broadway ni les Champs-Élysées mais un boulevard au caractère cosmopolite et vibrant, toujours en action.
Il n'est pas toujours très beau, ce boulevard, bien que légendaire : immeubles hétéroclites parfois décatis, boutiques fatiguées, locaux abandonnés, terrains vagues... Mais comme tout change, le boulevard évolue et se transforme. Il renaît toujours de ses cendres. Et voilà les hipsters, les créateurs de start-up, les artistes, les végétariens qui le réinvestissent, lui donnant un nouveau visage, surtout vers sa partie nord, dans le quartier de Mile End (voir plus haut). Du sang neuf pour une très vieille artère : telle serait la panacée de l'éternelle jeunesse !
C'est aussi au bord de ce boulevard que l'on retrouve l'***Esplanade Tranquille,*** un nouvel escape public animé et convivial créé en plein cœur du centre-ville (patinoire en hiver, jeux d'eau l'été).

La « Catherine » *(plan détachable, B-C-D4)* **:** la rue Sainte-Catherine, entre la rue Atwater et la rue Saint-Hubert. Ce sont les « Grands Boulevards » du coin, revus par les urbanistes américains. Mélange de populaire et de démesuré. Grands magasins, boutiques de mode, cinoches, trottoirs « chauds » à l'intersection de la rue Saint-Laurent... La parcourir à pied, pour mieux juger de la mutation de Montréal. Sur votre chemin, à la hauteur de Jeanne-Mance, vous croiserez la ***place des Arts,*** symbole de l'émergence culturelle du Québec des années 1960, avec son immense temple culturel comprenant de multiples salles de théâtre, de cinéma et de concert, ainsi que le musée d'Art contemporain. Ce secteur est le cœur de la *place des Festivals* (de jazz, de l'humour, Francofolies, etc.). Il a été grandement rénové, afin de redonner un peu de lustre à ce quartier jadis laissé à l'abandon. La portion de la rue Sainte-Catherine située entre Jeanne-Mance et Saint-Dominique est désormais piétonne.

Le musée des Beaux-Arts *(plan détachable, C4)* **:** *1380, rue Sherbrooke Ouest. • mbam.qc.ca • Ⓜ Guy-Concordia ou Peel. Tlj sauf lun 10h-17h (21h mer, mais seulement pour les grandes expositions temporaires). Entrée : 24 $; réduc ; gratuit jusqu'à 20 ans et pour ts le 1er dim du mois. Application à télécharger et les visites guidées sont gratuites.*
Fondé en 1860, le musée des Beaux-Arts est devenu avec le temps un véritable mastodonte, un fascinant complexe culturel composé de 5 pavillons reliés par un passage souterrain. Les plus anciens ont gardé leur style classique, tandis que le petit dernier, le Pavillon pour la paix construit en 2016, est un grand vaisseau de béton, de bois et de verre, une belle structure à la fois aérienne et lumineuse. Ce musée retrace l'***histoire de l'art mondial*** à travers les siècles, les collections permanentes permettant d'évoquer les aspects les plus divers de la créativité. Celle-ci touche véritablement à tout, servie par une magnifique muséographie. Le musée organise aussi de grandes expositions temporaires. Voici les points forts :

Pavillon Jean-Noël Desmarais (entrée principale, billetterie, boutique-librairie)
Principalement consacré aux ***expositions temporaires,*** il abrite également au sous-sol une section d'art contemporain dédiée aux grands formats et aux installations. On y trouve aussi le *Beaux-Arts Restaurant.* C'est d'ici qu'on accède directement au *Pavillon pour la paix* voisin, qui se trouve au rez-de-chaussée, au bout de « l'allée ». Tandis qu'un passage souterrain agrémenté d'œuvres conduit aux 3 autres pavillons.

REMÈDE CULTUREL

C'est une 1re. À Montréal, les membres du MFDC (Médecins francophones du Canada), considérant que l'attention portée à l'art permet de faire oublier la souffrance et l'anxiété, prescrivent à certains patients... des visites au musée ! Et pas n'importe lequel : c'est le musée des Beaux-Arts qui accueille gratuitement ces thérapies d'un genre nouveau.

Pavillon pour la paix Michal et Renata Hornstein (Art international)
C'est le nouveau joyau culturel pour la ville ! Inauguré en 2016, cet élégant bâtiment contemporain renferme l'***exceptionnelle collection d'art moderne international*** du MBAM, enrichie par la donation de ***Michal et Renata Hornstein,*** un couple de mécènes et philanthropes montréalais. Un « musée dans le musée » en quelque sorte... On commence par le plus récent, l'art moderne en bas et on termine tout en haut par l'art médiéval.

– ***Niveau 1 : du romantisme à l'art contemporain.*** Attention les yeux, cette grande section, la plus vaste du pavillon, mérite à elle seule le détour ! Organisées de façon thématique et chronologique, les différentes salles donnant sur une galerie centrale évoquent tour à tour les avant-gardes modernes et les différents courants qui ont conduit à l'art contemporain. Peintures et sculptures se partagent l'espace avec grâce. Œuvres de Corot, Daubigny, Fantin-Latour... Des petits Renoir et Degas... De saisissants Rodin, Bourdelle... De remarquables Signac, Monet *(Falaise de Pourville le matin),* Cézanne, Vlaminck, Dufy, Matisse, Metzinger, Van Dongen *(Actrice dans le rôle de Hamlet),* Picasso *(Étreinte),* Elaine de Kooning, Otto Dix, Karel Appel, Léger, Miró et tant d'autres... Après un arrêt par le pop art et les *Bad Painters,* on termine la visite par les réalisations hautes en couleur d'artistes contemporains comme Franck Stella, Rothko, ou encore Soulages et Vasarely. Il y a de la matière !

– ***Niveau 2 : du baroque au rococo, écoles française, italienne et anglaise des XVIIe et XVIIIe s et du classicisme au Siècle des lumières en passant par la galerie Napoléon.*** Plus petit, mais tout aussi intéressant. Les Anglais sont bien représentés avec Thomas Lawrence, Reynolds, Hogarth, Romney... Élégant portrait de *Madame George Drummond,* de Gainsborough (mais on peut dire ça de tous ses portraits !). De Guardi, remarquer une étonnante *Tempête en mer* qui change de ses habituelles vues de Venise, tandis que le *Saint Joseph* de Jusepe de Ribera est remarquable de véracité. Philippe de Champaigne, David et Greuze ferment le bal. Ces portraits du temps des Lumières et ces paysages sensibles annonçaient déjà un nouveau sentiment, celui du romantisme. Dans un tout autre registre, au centre de la salle, la ***galerie Napoléon*** (salle Ben Weider, du nom de son donateur, voir encadré) expose quelques objets se rapportant à l'empereur Napoléon Ier, dont quelques cheveux et une botte. De vraies reliques !

– ***Niveau 3 :*** dédié au ***Siècle d'or en Hollande et dans les Flandres.*** Quelques paysages réalisés par Van Goyen, Ruisdael, Van de Velde, Bol. *Portrait de jeune femme* de Rembrandt... À travers ces œuvres d'artistes néerlandais, on ressent l'influence de la peinture baroque italienne contemporaine qui régnait lors du « Siècle d'or hollandais » au XVIIe s. Au centre de la salle, une petite pièce, un insolite ***cabinet de curiosités*** qui rassemble toutes sortes d'objets improbables, de la défense d'un narval à une scie chirurgicale, en passant par une serrure du XVIIe s et des coquillages. Ludique ! Cette mise en scène questionne sur le rôle du Dieu créateur et cette collection qui se concentre sur l'étude du monde et des objets fait prendre conscience de l'inéluctable mortalité de l'être.

DE NAPOLÉON À SCHWARZENEGGER

Ben Weider (1923-2008) avait une passion : les hommes forts. Né dans une ferme québécoise, ce fils d'immigrants juifs fit fortune dans la fabrication de matériel de sport. Il dirigea la Fédération culturiste internationale et contribua à lancer la carrière d'Arnold Schwarzenegger. Un autre homme fort fut sa 2de passion : l'empereur Napoléon Ier. Sa collection d'objets napoléoniens était unique au monde. Ben Weider alla à Sainte-Hélène pour écrire un livre. Dans celui-ci, il défend la thèse de l'empoisonnement de Napoléon, non par les Anglais mais par les Bourbons méfiants. Ils auraient manipulé Montholon pour qu'il mette de l'arsenic dans le vin de l'Empereur...

– ***Niveau 4 : du Moyen Âge à la Renaissance.*** En introduction, des maquettes retracent l'évolution de l'architecture du roman vers le gothique. On enchaîne avec de beaux vitraux catalans de Bernat Martorell (XVe s). Voir plus loin la *Sainte parenté* du maître du retable tardif de Salem (1500), couleurs éclatantes, visages très expressifs... *Christ dépouillé de ses vêtements* de Sigmund Holbein, remarquable composition, visages grotesques de la foule. Un coup de cœur : *Moïse frappant la roche* (1610), de Hendrick de Clerk (le plus important des maniéristes flamands), superbe composition, exaltation de la nature, maîtrise totale de la technique picturale... Ne pas rater non plus *Les Hespérides remplissant la corne d'abondance* de Cornelis Cornelisz. Admirables Mantegna, détrempe et or sur toile de lin (façon grisaille), œuvres du Greco, de Tiepolo *(Apelle peignant le portrait de Campaspe),* du Tintoret, de Véronèse, de Bruegel le Jeune...

Pavillon Michal et Renata Hornstein (Archéologie et Cultures du monde)

– ***Archéologie méditerranéenne :*** cette section regroupe près de 900 pièces allant des débuts de l'âge du bronze à la fin de l'Antiquité. Arts grec, égyptien, romain et moyen-oriental. Sculptures, bijoux, monnaies, céramique, et même un sarcophage... Remarquable collection d'objets en verre ancien (vases, lampes, bouteilles de parfum...).

– ***Art des Amériques :*** importante collection d'œuvres provenant des 3 Amériques (Nord, centrale et Sud). La grande majorité des pièces sont d'***époque précolombienne*** (avant le XVIe s). Les œuvres sont présentées par grandes zones archéologiques, notamment la Mésoamérique (du Mexique au Honduras, du Nicaragua au nord de l'Équateur, les Andes et les bassins de l'Amazone et Caraïbes).

– ***Art asiatique :*** superbes collections d'art chinois et japonais. Pour découvrir les temples, statues, disques rituels, petits bronzes, terres cuites, jades et céramiques. Ne pas manquer aussi ce beau lit-alcôve en bois ciselé polychrome du XIXe s... Voir également une collection de 3 000 boîtes à encens *(kogo)* ayant appartenu à l'homme d'État Georges Clemenceau.

– ***Arts africain et islamique :*** beaucoup d'objets africains (région sub-saharienne) ont été réunis par le prêtre jésuite Ernest Gagnon. L'art islamique porte autant sur le monde arabe que la civilisation de la Perse (Iran aujourd'hui). Verres et métaux ciselés, textiles et tapis orientaux, belles céramiques iraniennes. De l'Inde moghole, 2 objets du XVIIIe s : un bol d'argent et un plumier aux incrustations d'or. Ces derniers objets ont longtemps été considérés comme antihistoriques. Le but ici n'est pas de représenter exhaustivement l'art africain ou l'art islamique mais simplement de développer l'esprit autour de ces œuvres.

Pavillon Liliane et David M. Stewart (Arts décoratifs et Design)

Couvrant une longue période artistique, c'est l'éblouissement par l'intelligence de la muséographie, la luminosité des salles, le choix des objets et des meubles, la dynamique confrontation des styles... Un ***hymne joyeux à l'inventivité,*** aux formes et aux couleurs, aux télescopages du kitsch le plus débridé avec le design le plus épuré... Il y a de tout, des superbes réalisations signées par Gallé ou Majorelle au dernier Bixi ! À voir aussi, le cabinet de curiosités et le Lab Design.

Pavillon Claire et Marc Bourgie (Art québécois et canadien)

Pavillon hybride et insolite composé de l'ex-église Erskine et d'un édifice moderne. Intéressant ***panorama de l'art canadien,*** démarrant au 4e étage avec une courte mais remarquable sélection d'artistes contemporains inuits sculptant sur stéatite, notamment Shorty Killiktee et son étonnant couple de caribous dressés sur leurs pattes arrière, ou encore l'angoissante migration de Joe Talirunnilik. Le reste de la visite est chronologique, étage après étage, depuis les balbutiements de l'art québécois jusqu'au début du XVIIIe s : art amérindien d'abord, puis l'époque des Salons (1880-1930) avec des portraits, paysages, scènes de vie aux styles variés (classique, naturaliste, impressionniste, etc.).

On découvre ensuite « les chemins de la modernité » jusqu'aux diversités d'expressions de l'art contemporain, avec notamment le foisonnement créatif du groupe de Beaver Hall dans les années 1920. Ce pavillon abrite aussi la ***salle de concert*** Bourgie.

Jardin de sculptures du musée des Beaux-Arts (3410, av. du Musée)
Cette avenue plantée d'arbres a les dimensions d'une modeste rue. Elle commence rue Sherbrooke et conduit à l'avenue des Pins. Une bonne partie de cette voie est jalonnée de plusieurs sculptures contemporaines qui font partie du décor urbain et de l'environnement extérieur du musée des Beaux-Arts.

Le musée McCord *(plan détachable, C4) : 690, rue Sherbrooke Ouest. • musee-mccord.qc.ca • Ⓜ McGill. Tlj 10h-18h (21h mer, 17h w-e). Fermé lun de mi-sept à mi-juin. Entrée : 19 $; réduc ; gratuit jusqu'à 12 ans, le mer dès 17h (sauf pour certaines expos temporaires) et pour ts le 1er dim du mois.* Au XIXe s, David Ross McCord, un notable érudit d'origine irlandaise, rassemble et fait don d'une collection de 15 000 objets en provenance de toute la colonie. Un fonds largement enrichi puisque le musée en possède aujourd'hui plus de 1 million ! Comme l'expo permanente n'en présente évidemment qu'une infime partie, la sélection est renouvelée chaque année pour faire tourner la collection. De quoi se faire une idée du riche héritage des 1res Nations du Canada : costumes, coiffures... À l'étage, expositions temporaires de grande qualité sur des thèmes variés.

NUL N'EST PROPHÈTE DANS SON PAYS

Non loin du métro Guy-Concordia, une petite place porte le nom d'un oublié de l'histoire : Norman Béthune. Médecin canadien, humaniste, inconnu dans son pays, il est un héros en Chine populaire. Il rejoint en 1935 le parti communiste, monte des unités de soin lors de la guerre d'Espagne. En 1938, il suit la Longue Marche avec Mao Zedong. Dans des conditions affreuses, il sauve des milliers de vie et meurt en 1939... en sauvant une vie. Tous les écoliers chinois aujourd'hui connaissent cet humaniste au service d'une cause étrangère ! Sa tombe est en Chine. Sa statue sur la place a été offerte par Pékin.

Le musée d'Art contemporain *(le MAC ; zoom détachable Centre, C4) : pl. des Arts, 185, rue Sainte-Catherine Ouest (angle Jeanne-Mance). • macm.org • Ⓜ Place-des-Arts. Mar-ven 11h-21h (18h mar), w-e 10h-18h. Fermé lun. Entrée : 15 $; réduc ; gratuit moins de 13 ans et ½ tarif pour ts le mer à partir de 17h.* ***Attention, pendant les travaux de rénovation, le MAC a déménagé pl. Ville-Marie jusqu'en 2024.*** Le temple de l'art contemporain à Montréal se refait une beauté. En attendant, il continue de présenter d'ambitieuses expos temporaires d'artistes de renommée internationale sur la place Ville-Marie. Une petite partie du musée est dédiée aux collections permanentes de 1939 à nos jours.

LA MUSIQUE DE CHAMBRE DE JOHN ET YOKO

Le mythique hôtel Fairmont Queen Elisabeth, *situé au 900, bd René-Lévesque, a vu passer du beau monde : la reine d'Angleterre, Charles de Gaulle, Mandela, Gorbatchev... Mais 2 clients firent un passage encore plus mémorable : John Lennon et Yoko Ono. Refoulés des États-Unis où ils comptaient tenir un* « bed-in » *contre la guerre du Vietnam, les jeunes mariés choisirent Montréal pour se mettre au lit pendant 1 semaine. Cette grasse matinée s'avéra productive, puisque c'est dans la chambre 1742 qu'ils enregistrèrent la magnifique chanson* Give Peace a Chance.

Le Centre des Mémoires montréalaises *(zoom détachable Centre, D4) : 1210, bd Saint-Laurent.* • *memmtl.ca* • ***Ouv prévue fin 2022.*** Le Centre d'histoire de Montréal renaît sous ce nouveau nom à une nouvelle adresse. Il est destiné à rassembler une foule de témoignages citoyens à travers lesquels une histoire de la ville s'esquisse en creux. Une façon originale et vivante de revenir sur les événements marquants qui façonnèrent le Montréal que l'on connaît aujourd'hui.

Le Centre canadien d'architecture *(plan détachable, B4) : 1920, rue Baile.* • *cca.qc.ca* • Ⓜ *Guy-Concordia (sortie « Saint-Mathieu »). Mer-dim 11h-18h (21h jeu). Fermé lun-mar. Entrée : 10 $; réduc ; gratuit enfants et étudiants ainsi que pour ts le jeu après 17h et le 1er dim de chaque mois. Possibilité de visites guidées du bâtiment ou des expos en cours.* Bâti autour d'une ancienne maison victorienne, voici un édifice d'une modernité et d'un équilibre remarquables. Les expositions temporaires sur l'architecture moderne ou ancienne sont généralement d'une très grande qualité. Études, plans, dessins, maquettes, etc. Beaux jardins dépouillés et superbe librairie spécialisée, très fournie. Dans son genre, un lieu rare.

Le Centre Bell *(plan détachable, C4) : 1909, rue des Canadiens-de-Montréal.* • *centrebell.ca* • Ⓜ *Bonaventure ou Lucien-L'Allier. Billetterie ouv en saison, lun-sam 12h-18h.* Stade de 21 273 places, le plus grand de la ***Ligue nationale de hockey,*** où jouent les fameux, incontournables et mythiques Canadiens de Montréal. La saison régulière de hockey s'étend d'octobre à avril. Mais si l'équipe carbure bien, la saison peut se prolonger jusqu'en juin. Le jour même du match, 2 000 billets sont en vente. Cela laisse une petite chance de se procurer de bonnes places plutôt chères *(env 100 $).* D'autres moins bien placées mais plus abordables *(env 40 $).* Pour être sûr de trouver de la place, mieux vaut réserver le plus tôt possible !
Pour qui voudrait voir un match pour moins cher *(env 10 $),* l'autre option est d'assister aux ***rencontres universitaires*** à l'université McGill *(plan détachable, C4).* Matchs contre des équipes canadiennes et états-uniennes de bon niveau, puisque chaque année des étudiants passent pro. Au programme : hockey, bien sûr, mais aussi basket, base-ball, football américain, etc. Plus d'infos sur • *mcgillathletics.ca* •

Le parc du Mont-Royal *(plan détachable, A-B-C2-3) : plan du parc au Centre Infotouriste ou, dans le parc, dans les centres d'infos du belvédère et de la maison Smith.*
À ne pas confondre avec le Plateau Mont-Royal, quartier à l'est du mont Royal (voir plus haut). Impossible de manquer cette colline de 233 m de haut qui se voit de partout. Plus qu'une colline, pour les Montréalais c'est un symbole de la continuité de leur histoire. Ce parc de ***200 ha,*** densément boisé et sauvage par endroits, est un poumon d'oxygène, une oasis de verdure, un lieu de pique-nique traditionnel des familles. Inauguré en 1876, le parc est l'œuvre de F. L. Olmsted, qui a aussi dessiné Central Park à New York (les 2 n'ont cependant rien de comparable).
Il abrite 700 essences végétales, 200 espèces d'oiseaux et une vingtaine de mammifères. Du ***belvédère,*** splendide panorama sur Montréal. Le mieux est

À TOISE, TOISE ET DEMIE

Montréal n'aura peut-être jamais de véritables gratte-ciel. En 1994, pour préserver la ligne d'horizon, un règlement d'urbanisme interdit la construction d'édifices plus hauts que Mont-Royal (233 m au-dessus du niveau de la mer). Le seul à avoir enfreint cette règle, c'est l'oratoire Saint-Joseph, mais on lui pardonne, car il fut achevé en 1967. C'est aussi la plus grande église du Canada et le 3e plus grand oratoire au monde. Amen !

MONTRÉAL

peut-être d'y monter à pied depuis l'avenue du Mont-Royal (compter une bonne heure de grimpette) ou par l'escalier (256 marches) démarrant à l'angle des rues Pins et Peel, et de faire le retour en bus n° 11 depuis le lac des Castors jusqu'au métro Mont-Royal. Ou alors l'inverse... À pied depuis l'avenue des Pins c'est à environ 20 mn. Une ***haute croix lumineuse*** de 31 m de haut culmine au sommet du parc, soit à 252 m. Construite en acier, elle a vu le jour grâce à plus de 100 000 bénévoles qui vendirent des timbres pour son financement. Inaugurée en 1924, elle pèse 26 t. Visible à 80 km de distance, elle illumine le ciel de Montréal la nuit.

Dans le parc, sortir des routes principales et préférer les sentiers parcourant la forêt, notamment le ***sentier de l'Escarpement.*** Il suit le flanc nord du parc au départ du belvédère, distribuant au passage plusieurs points de vue sur la ville. L'hiver, les chemins se transforment en pistes de ski de fond ou à raquettes et le ***lac des Castors*** (qui n'en a sans doute jamais vu la queue d'un) en patinoire.

UNE CROIX TRÈS PROTOCOLAIRE

Dis-moi ta couleur, je te dirai qui tu acclames ou qui tu pleures ! La couleur des ampoules de la croix lumineuse du Mont-Royal change selon les événements. Elles sont de couleur pourpre pour la mort d'un pape ou d'un roi, et jaune pour un couronnement. En temps normal, les ampoules sont blanches.

En été, le ***parc voisin Jeanne-Mance*** *(plan détachable, C3 ; près du croisement entre l'av. du Parc et l'av. du Mont-Royal)* accueille chaque dimanche après-midi ensoleillé un rassemblement spontané de percussionnistes et autres artistes de rue : les ***Tam-tams du mont Royal*** s'accompagnent de danses, jongleries, et parfois même de joutes médiévales, le tout dans une ambiance fraternelle et endiablée. Juste à côté, petite scène musicale informelle. De l'électro, surtout...

Au pied du mont, sur son versant ouest, se dresse l'***oratoire Saint-Joseph*** *(plan détachable, A3)* : *entrée par le 3800, chemin Queen-Mary. • saint-joseph.org • Ⓜ Côte-des-Neiges. Bus n°s 165 ou 166. ♿ (ascenseur). Parking payant sauf pour les pèlerins. Tlj 6h30-21h. Concert d'orgue dim à 15h30.* ***Attention, des travaux sont en cours et peuvent perturber la visite.***

Construite par étapes entre 1926 et 1956, cette basilique frappe par son immensité et son austérité. Lieu de pèlerinage très fréquenté, cet oratoire roman domine tout le nord de Montréal par son ***énorme dôme,*** qui rappelle le *Duomo* de Florence. Ce serait le 3e plus grand dôme au monde, après Notre-Dame-de-la-Paix de Yamoussoukro et la basilique Saint-Pierre de Rome. L'oratoire Saint-Joseph témoigne de la foi catholique exceptionnelle des Canadiens francophones dans la 1re moitié du XXe s. On en voit encore certains monter l'escalier gris, au centre, à genoux. Plus prosaïque, la bénédiction des motos qui a lieu chaque année à l'oratoire le dernier dimanche de mai ! Dans le jardin de l'oratoire Saint-Joseph, ***magnifique chemin de croix*** composé de 17 sculptures grandeur nature en marbre de Carrare et en pierre naturelle de l'Indiana.

Autres lieux importants du quartier, l'immense ***cimetière Notre-Dame-des-Neiges*** qui s'étend sur l'autre versant, à côté du tout aussi impressionnant ***cimetière Mont-Royal*** (surface : 66 ha). À l'origine, le 1er était réservé aux catholiques, le 2d aux protestants. Depuis 1975, cette distinction n'existe plus, mais les styles respectifs restent perceptibles. Sachez que le cimetière Mont-Royal est, après celui d'Halifax, celui où reposent le plus grand nombre de victimes du *Titanic* (une douzaine). Parmi elles, vous trouverez la tombe de Charles Melville Hays, président du chemin de fer Grand Tronc, dont le corps ne fut identifié que grâce à sa montre en or, gravée à son nom. Minutieusement entretenus, ces énormes espaces verts ne sont pas que des lieux de sépultures, ils sont devenus d'étonnantes ***pépinières d'espèces végétales*** et un ***refuge pour les oiseaux migrateurs.***

Les quartiers résidentiels de Westmount et d'Outremont : si vous avez le mollet alerte (ou un véhicule) et que vous aimez les belles maisons victoriennes, le quartier de Westmount *(plan détachable A-B-C2-3-4)*, à l'ouest du Mont-Royal, devrait vous enchanter. Immense quartier verdoyant, très chic, voire tape-à-l'œil, il est celui de la riche bourgeoisie anglophone ayant fait fortune au XIXe s comme les Bronfman (groupe Seagram) ou les Molson.

– ***À Westmount,*** on est dans un autre pays, similaire à la banlieue de Londres ou de New York, avec des panneaux de signalisation en anglais et non plus en français. C'est là qu'est né le chanteur **Leonard Cohen** (au 599, Belmont Avenue), dans une riche famille juive canadienne. Maisons de style victorien ou Tudor, entourées de pelouses tondues avec précision, mais aussi villas modernes avec des touches Art déco, néogothiques... Se balader notamment sur Summit Circle ou chercher la ***rue Redpath-Crescent*** *(plan détachable, C3)*, accessible par l'avenue des Pins. C'est une impasse sinueuse, bordée des plus belles maisons de Westmount. Certaines sont de véritables petits manoirs ou châteaux construits entre 1910 et 1930. Nos coups de cœur : au nº 1245, une maison de 1927, au nº 1260, la maison du politicien Herbert Meredith, et, surtout, au nº 1328, la demeure (1930) de Francis Stuart Molson, de la riche famille des brasseries Molson. Cette dernière est la plus imposante des demeures patriciennes de la rue.

– Le ***quartier d'Outremont*** *(plan détachable, B-C1-2)*, au nord du mont Royal, est le quartier bourgeois francophone. Les maisons y sont plus sobres qu'à Westmount, mais d'une belle élégance quand même. C'est ici qu'habitèrent le chanteur Renaud, le politicien Alain Juppé dans son exil, et qu'habitent toujours les artistes Lewis Furey et Carole Laure. Outremont est aussi un quartier de prédilection de la communauté juive hassidique. Il n'est pas rare d'y croiser des hommes en habit noir, portant les cheveux en papillote, et parlant encore le yiddish. Voir notamment le *parc Saint-Viateur,* sur Bloomfield (angle Bernard), avec son plan d'eau... et ses danseurs de tango le dimanche. Vous seriez d'ailleurs étonné de voir à quel point les Montréalais aiment le tango (beaucoup de cours collectifs dans les parcs aux beaux jours).

Pour une pause glace, allez donc au **Bilboquet** *(plan détachable, C2, **173**)* : *1311, av. Bernard.* Voir plus haut, rubrique « Où déguster une bonne glace ? ».

RÉSO – La ville souterraine et son cœur, la place Ville-Marie *(plan détachable, C4)* **:** le plus grand réseau souterrain au monde ! Une gigantesque toile d'araignée de 12 km², avec plus de 33 km de galeries qui suivent plus ou moins le tracé des lignes de métro 1 et 2. Pas moins de 500 000 personnes y circulent chaque jour. Ce réseau relie entre eux près de 1 500 commerces ainsi que des universités (McGill, UQAM...), des cinémas, des théâtres, le tout desservi par une dizaine de stations de métro. Il existe près de 200 entrées pour accéder au Montréal souterrain, désormais appelé « RÉSO ». Son cœur historique – et aussi le segment le plus fréquenté – part de la place Ville-Marie (dessinée par l'architecte Pei, avec son gratte-ciel en croix qui a longtemps symbolisé le Montréal moderne). Mais on y entre aussi par les grands centres commerciaux de la rue Sainte-Catherine *(centre Eaton, Place Montréal Trust...)*, par la gare ferroviaire ou encore les stations de métro Square-Victoria (avec une véritable bouche de métro Art nouveau d'Hector Guimard, comme à Paris), Bonaventure, Place-d'Armes et Place-des-Arts. Consulter le plan de métro (gratuit) qui indique toutes les entrées possibles, repérables grâce au logo *RÉSO* (avec une flèche vers le bas dans le O).

– Signalons l'existence du festival **Art Souterrain** *(● artsouterrain.com ●)*, qui se tient chaque année en février-mars : les couloirs du RÉSO se transforment alors en galeries d'exposition pour des dizaines d'artistes contemporains. Ce rendez-vous grandit d'année en année, et le parcours artistique atteint désormais une dizaine de kilomètres.

MONTRÉAL

LA PETITE-BOURGOGNE ET LE CANAL DE LACHINE
(plan détachable, A-B5)

Plus ou moins parallèle au canal de Lachine, la rue Notre-Dame Ouest est en quelque sorte la colonne vertébrale de la Petite-Bourgogne. Ancien quartier d'ouvriers noirs, plutôt prospère, avant qu'il ne se dégrade suite à la fermeture du canal de Lachine en 1970, l'***ancien « Bronx montréalais »,*** terre natale du jazzman Oscar Peterson, connaît aujourd'hui une 2de jeunesse avec ses restos pour fines gueules, ses bars branchés et ses boutiques originales. Si le marché Atwater demeure l'un de ses temps forts pour une partie des habitants de Montréal vivant dans les quartiers sud-ouest, le canal de Lachine, lui, est une véritable bouffée d'oxygène pour l'ensemble des Montréalais.

Le quartier de la Petite-Bourgogne *(plan détachable, B-C4-5)* **:** ancien quartier ouvrier (noir) et populaire qui s'était greffé autour du canal de Lachine et de ses usines. Délimité au nord par la rue Saint-Antoine, à l'est par la rue de la Montagne, à l'ouest par l'avenue Atwater, au sud par le canal de Lachine. Accès par les stations de métro Lucien-L'Allier *(plan détachable, C4)* et Lionel-Groulx *(plan détachable, B4-5)*. C'est aussi la balade à vélo idéale car le trafic est très modéré. Au fond se détache la silhouette massive de la brasserie *O'Keefe.* Pratiquement toutes les vieilles HLM et maisons ouvrières ont été démolies pour céder la place à de pimpants ensembles de brique rouge ; ce phénomène de gentrification donne une nouvelle physionomie au quartier.
Emprunter la ***rue Coursol*** *(plan détachable, B4),* l'un des derniers paysages urbains typiques de la Petite-Bourgogne. Alignement homogène de maisons ouvrières fort bien rénovées et vestiges de l'architecture du XIXe s. Dans ce secteur vivent encore beaucoup de familles noires (héritières de celles qui construisirent le chemin de fer vers 1850) et d'immigrés haïtiens. Dans le prolongement de la rue Coursol, après le boulevard Georges-Vanier, joli alignement de maisons montréalaises typiques et colorées. Plus au sud, la rue Notre-Dame est en passe de devenir une des rues les plus en vue à Montréal.
Enfin, plus près du canal, le ***marché Atwater*** *(plan détachable, A-B5),* de style Art déco (à l'architecture un peu mussolinienne !). C'est le plus apprécié de Montréal, avec celui de ***Jean-Talon*** au nord de la ville.

Une ***superbe piste cyclable*** goudronnée aménagée à l'embouchure du ***canal de Lachine*** court le long du canal de l'Aqueduc et jusqu'au Vieux-Port. Une autre piste longe le fleuve, la bien nommée « piste des Berges ». Les abords du canal ont été réaménagés pour mettre en valeur cette voie de communication qui fut si importante au XIXe s et au début du XXe s. De 1824 à 1959, avant l'ouverture de la voie maritime, le canal de Lachine permettait l'accès aux Grands Lacs et au Midwest états-uniens. Tous les grands bateaux et les cargos passaient par ce canal qui participa ainsi largement à l'expansion économique du Canada mais surtout des États-Unis. Voir nos adresses de location de vélos dans « Adresses et infos utiles » pour faire cette balade. Pour de nombreuses infos sur les excursions guidées et les activités nautiques (location de bateaux sans permis, kayaks, etc. avec *Aventures H2O* ; ● aventuresh2o.ca ●).

C'EST ENCORE LOIN, LA CHINE ?

Samuel de Champlain remonta le Saint-Laurent 1 siècle après Jacques Cartier et fut bloqué par les rapides du fleuve. Le canal fut creusé plus tard pour assurer le passage des bateaux. Mais pourquoi ce nom Lachine ? Il viendrait d'une moquerie faite au XVIIe s au propriétaire des terres, l'explorateur Robert Cavelier de La Salle. Celui-ci cherchait en vain un accès vers la Chine (le fameux passage du nord-ouest) et pensait y être presque arrivé !

DANS LE PARC JEAN-DRAPEAU
(plan détachable, E5-6)

Le parc Jean-Drapeau : *● parcjeandrapeau.com ● Accès en voiture à l'île Notre-Dame par le pont de la Concorde (parking obligatoire et cher, env 20 $/j.). Accès à l'île Sainte-Hélène par le pont Jacques-Cartier (M Jean-Drapeau) ou bus n° 769 du métro Papineau (quand la Ronde est ouv). Au départ du métro Jean-Drapeau, le bus n° 767 offre une visite agréable (dessert notamment la Ronde et la plage Jean-Doré). De mi-mai à mi-oct, pour piétons et cyclistes, accès par la navette fluviale, 4,25 $ l'aller, du quai Jacques-Cartier dans le Vieux-Port (départs tlj de mi-juin à début sept, w-e seulement le reste du temps ; ttes les heures 11h-19h en sem ; 9h-22h w-e et j. fériés). ● navettesfluviales.com ● Plan du parc au centre d'info, à la sortie du métro Jean-Drapeau.*

Nommé d'après celui qui fut maire de Montréal pendant 30 ans, le parc Jean-Drapeau regroupe les îles Sainte-Hélène et Notre-Dame, formant ainsi un espace vert d'environ 2,6 km² dédié au divertissement et au sport. De l'Exposition universelle qui s'y tint en 1967, il ne reste que des ***jardins et quelques pavillons,*** dont celui de la France et du Québec, magnifique, transformé en casino (entrée gratuite, pertes payantes !), et celui des États-Unis, qui est devenu la Biosphère.

Paisible, baigné par le Saint-Laurent et presque exempt de circulation, le parc fait l'objet d'une balade très agréable, surtout sur l'***île Sainte-Hélène.*** Cette dernière rassemble en fait la majorité des choses à voir (dont un complexe aquatique – lire plus haut « Adresses et infos utiles. Loisirs »). Depuis l'île, vous aurez une superbe vue sur les hauts buildings de Montréal.

L'***île Notre-Dame*** est, pour sa part, plutôt réservée aux activités sportives : vélo, « patins à roues alignées » (rollers), embarcations à pédales, canots, etc. On y trouve également une jolie plage pour pique-niquer et se baigner dans l'eau – filtrée – du Saint-Laurent *(plan détachable, D6 ; tlj fin juin-début sept 11h-18h ; entrée : 9 $, réduc, pass famille 22 $).* C'est aussi là qu'on trouve le circuit Gilles-Villeneuve qui accueille le ***Grand Prix du Canada*** vers la mi-juin. Par bonheur, on peut marcher librement, et même faire du roller ou du vélo sur le bitume destiné aux courses de Formule 1. Environ 1 mois avant le Grand Prix, on installe les grillages, tribunes et autres stands, à ne pas manquer si vous êtes fan de F1 !

L'Homme *(plan détachable, E5)* **:** à la pointe ouest du parc, l'une des plus grosses sculptures *(stabiles)* de Calder, située sur un promontoire. On embrasse de là une vue surprenante sur la ville. La puissance sauvage du fleuve impressionne. Les dimanches d'été (de 14h à 22h), beaucoup d'ambiance lors des *Piknic electronik* qui attirent une foule hétéroclite venue pique-niquer sur fond de house et de techno *(● piknicelectronik.com ●).*

> **BIDONNAGE**
>
> *Sur chaque sommet du pont Jacques-Cartier, on peut déceler une petite tour Eiffel (de 6 t quand même !). On prétend qu'elles devaient servir à l'érection d'une grande tour Eiffel. Rien n'est plus faux, car ces embouts étaient prévus sur les plans originaux.*

La Biosphère, musée de l'environnement *(plan détachable, E5)* **:** *160, chemin du Tour-de-l'Isle. ● espacepourlavie.ca/biosphere ● M Jean-Drapeau. Ouv tlj mai-août 9h-17h30 ; mar-dim début sept-janv et fév-avr 9h-16h30. Fermé les lundi en basse saison. Entrée : 22 $; réduc ; gratuit moins de 4 ans. Parking payant.*

Édifiée par l'architecte Buckminster Fuller pour le pavillon américain de l'Expo 67, la sphère demeure un symbole architectural de la ville et reste l'***édifice de ce type le plus important au monde.*** Ce dôme géodésique se compose de milliers de tétraèdres, mesure près de 63 m de haut pour un diamètre de 76 m et pèse environ 600 t. D'abord utilisé comme une oasis florale doublée d'une volière, la « peau » en acrylique de la sphère brûla en 1976... C'est en 1995 que le projet de Biosphère en tant que ***musée entièrement dédié aux liens entre Société et environnement*** voit le jour. Recouvert de végétation qui attire les oiseaux et illuminé tel un globe terrestre de nuit, l'éco-bâtiment évoque la nécessité de vivre en harmonie avec la nature.

La Biosphère est un des cinq musées d'Espace pour la vie, le plus grand complexe en sciences de la nature au Canada. Il s'agit d'un lieu propice au dialogue entre culture, innovation sociale et la cohabitation humaine avec la nature. Une douzaine d'expos et d'installations artistiques régulièrement renouvelées portent sur des thématiques liées aux ***enjeux environnementaux*** contemporains, le développement durable et les pratiques à adopter pour vivre en éco-citoyen au quotidien. Des activités ludiques, vidéos (film 4D), expos interactives (effets sensoriels) et autres expériences en laboratoire permettent de sensibiliser petits et grands aux technologies vertes. Superbe vue sur le centre-ville de Montréal et le fleuve Saint-Laurent depuis le belvédère (fermé l'hiver et par mauvais temps).

La Ronde *(plan détachable, E-F4-5)* **:** *22, chemin MacDonald. • laronde.com • Ⓜ Jean-Drapeau. Bus nos 767 ou 769 (à partir du métro Papineau). Sur la pointe est de l'île Sainte-Hélène. De mi-mai à fin mai et sept-oct, seulement le w-e 10h-19h ; l'été, tlj, en principe 11h-21h. Horaires très variables, voir le site web. Fermé de nov à mi-mai. Entrée : billet de 1 j. env 42 $ sur Internet ; réduc. Parking payant (28-30 $ selon événement).* Grand parc d'amusement avec montagnes russes (le *Goliath,* parmi les plus hautes d'Amérique du Nord), cabaret, spectacles pour enfants, resto, etc. Chaque année, de nouvelles attractions et animations voient le jour. Affluence bien répartie qui limite l'attente aux diverses attractions (*Passes Flash* possibles quand même). Spectacles de bonne qualité. En juin et juillet, grand concours de feux d'artifice. Pour y assister, on peut aussi se placer gratuitement sur le pont Jacques-Cartier, fermé à ces occasions.

L'ESPACE POUR LA VIE ET LE PARC OLYMPIQUE
(plan détachable, G2)

Derrière son nom un peu naïf, l'*Espace pour la vie* regroupe au sein du parc Maisonneuve (l'ancien Parc olympique des Jeux de 1976) ***4 sites consacrés à la nature et aux grands défis écologiques de l'humanité.*** Il y a de la matière, d'autant que certains d'entre eux ont même profité d'importantes campagnes de rénovation : scénographies repensées, outils modernes, interactivité... De quoi donner du peps à cet immense ensemble ! Au centre trône l'emblématique ***Tour de Montréal,*** la tour penchée la plus haute du monde. Pour éviter les files d'attente (particulièrement l'été), on conseille de ***réserver en ligne ses billets.***

Le Biodôme *(plan détachable, G2)* **:** *juste à côté de la tour du stade olympique, 4777, av. Pierre-de-Coubertin. • espacepourlavie.ca • Ⓜ Viau. ♿ Mai-début sept, tlj 9h-18h ; le reste de l'année, mar-dim 9h-17h. Entrée : 22 $; 5-17 ans 11 $; famille 61 $; gratuit moins de 4 ans.* À ne pas confondre avec la Biosphère du parc Jean-Drapeau. Le Biodôme est un site original reconstituant avec la manière ***4 écosystèmes d'Amérique*** : la forêt tropicale, la forêt laurentienne, le golfe du Saint-Laurent et les régions subpolaires, où se baladent différentes espèces d'animaux caractérisant chacun d'entre eux. On peut même ressentir le froid du Grand Nord !

Le Jardin botanique *(plan détachable, G2)* **:** *4101, rue Sherbrooke Est. • espacepourlavie.ca • Ⓜ Pie-IX. ♿ De mi-mai à début sept, tlj 9h-18h (19h ven-sam). Mai-début sept, tlj 9h-18h. Début sept-fin oct, tlj 9h-21h (22h ven-sam). Le reste de l'année, mar-dim 9h-17h ; fermé lun. Entrée : 22 $; 5-17 ans 11 $; famille 61 $; gratuit moins de 4 ans. Possibilité de visites guidées du jardin en hte saison (rens à l'entrée). Parking payant (12 $/j.).*

Ses 22 000 espèces, sa trentaine de jardins thématiques et ses 10 serres d'exposition répartis sur 75 ha en font l'***un des plus grands jardins botaniques au monde.*** Au hasard de vos déambulations, vous découvrirez : jardin chinois, jardin japonais et sa remarquable collection de bonsaïs (certains plus que centenaires !), jardin des 1res Nations, jardin alpin, plus d'un millier de variétés d'orchidées, en fleur de fin janvier à avril, dont certaines très rares... Mais le soir, la magie est carrément décuplée lorsque ces mêmes jardins se métamorphosent en somptueux ***jardins de lumières*** (visites à heure fixe sur résa, avec un billet spécifique). Un must !
Enfin, l'***Insectarium*** vient de faire sa réapparition. Son architecture intégrée et translucide fait paraître un véritable biotope qui nous immerge dans l'univers des insectes au travers de collections de papillons, de fourmilières en activité et de terrariums bourrés de curieuses bêtes.

Restaurant du Jardin : *près de l'entrée principale et des serres d'exposition. Plats env 10-12 $.* Hamburgers, paninis, pizzas... Pratique après la visite, d'autant que la terrasse est bien agréable.

Le planétarium Rio Tinto Alcan *(plan détachable, G2)* ***:*** *4801, av. Pierre-de-Coubertin (stationnement 3200, rue Viau). • espacepourlavie.ca • Ⓜ Pie-IX et Viau. Tlj 9h-17h30 (20h30 jeu-sam). Entrée : 22 $; 5-17 ans 11 $; famille 61 $; gratuit moins de 4 ans. Programme des projections sur leur site.* Avec sa toiture végétalisée et ses 2 canons braqués vers le ciel, le planétarium est un modèle du genre. Ses 2 théâtres bénéficient des dernières technologies en matière de projections immersives : c'est la promesse d'un voyage bluffant à travers ciel et espace, à destination des apprentis astronomes et des simples curieux. 2 spectacles avec animateurs en live.

Le Parc olympique et la Tour de Montréal *(plan détachable, G2)* ***:*** *3200, rue Viau. • parcolympique.qc.ca • Ⓜ Viau.* C'est le site des Jeux olympiques de 1976, qui virent le sacre de la jeune gymnaste roumaine Nadia Comaneci. L'architecture audacieuse et, à l'époque, furieusement moderne, est due au Français Roger Taillibert. La structure est étonnante. Il a fallu pas moins de 400 000 m^3 de béton, 400 000 t d'acier, 225 km de câbles... Impressionnant, certes, mais pas très solide : le toit du stade a déjà été changé 3 fois. De gros travaux d'entretien des structures sont en cours. ***La Tour de Montréal est, quant à elle, fermée pour travaux jusqu'à fin 2023 au moins.*** **C'est la plus haute tour inclinée au monde** (165 m de haut, inclinaison 45 degrés) ! Un impressionnant ascenseur-funiculaire vitré mène au sommet (durée 2 mn). Vue exceptionnelle sur la ville et les installations.

DANS LA PÉRIPHÉRIE DE MONTRÉAL

Le Cosmodôme, camp spatial du Canada *(hors plan détachable par A1)* ***:*** *2150, autoroute des Laurentides, Laval. • cosmodome.org • Ⓜ Montmorency et bus nos 61 ou 70. À 30 mn de voiture du centre de Montréal (si tt va bien). Pour y aller, autoroute 15 Nord ; sortie 8, bd Saint-Martin Ouest, puis à droite au 2e feu du bd Pierre-Péladeau et tt droit jusqu'à l'av. du Cosmodôme ; vous ne raterez pas l'entrée : une réplique de la*

UN CAILLOU À PRIX D'OR

Trésor national des States, la roche lunaire prêtée par les États-Unis au Cosmodôme fait l'objet d'un contrat renouvelable tous les 4 ans. Son assurance atteint les nues, et sa manutention exige un protocole des plus strictement militarisé, car ce petit morceau de Lune rarissime est le seul au monde à être accessible au public. Souriez, vous êtes filmé !

MONTRÉAL

fusée Ariane s'y dresse. Fin juin-début sept, tlj 9h-17h ; le reste de l'année, tlj 10h-17h. Entrée : expo seulement 5 $. Expo + 1 mission virtuelle de 60 mn : 16,50 $ (réduc), forfait famille env 45 $. Expo + 2 missions virtuelles de 60 mn : 30 $ (réduc), forfait famille 80 $. Un grand centre vraiment bien conçu, dédié à l'espace et à son exploration. On y rencontre tous les grands hommes qui ont fait avancer l'humanité vers la connaissance de l'Univers. Le décor met tout de suite dans l'ambiance : un système solaire reproduit à l'échelle (enfin presque, sinon Pluton serait à Vancouver !), des répliques de sondes et de satellites, un scaphandre de la mission Apollo...
Mais l'accent est surtout mis sur l'***interactivité,*** notamment pour le jeune public (9-15 ans). On embarque pour une mission spatiale (virtuelle, évidemment), avec un objectif à réaliser au fil de nombreuses salles de préparations, qui se termine par un petit tour dans une réplique de la navette *Endeavour,* comme pour de vrai ! Ces camps spatiaux durent de 24h à 6 jours (on dort et on mange sur place ; réservation obligatoire). Au programme, de quoi travailler ses méninges et des simulateurs d'entraînement identiques à ceux utilisés par les astronautes dans la réalité ! Bref, de quoi vous faire regretter d'être un adulte !

La descente des rapides de Lachine *(hors plan détachable par A4)* ***: Les Excursions rapides de Lachine,*** *8912, bd LaSalle, à LaSalle. • raftingmontreal.com • jetboatingmontreal.com • Ⓜ Angrignon, ligne verte et autobus n° 110. À 20 mn du centre-ville, autoroute 20 Ouest, sortie 63 Pont Mercier ; puis sortie 2 Clément, et suivre les indications « rafting sur le Saint-Laurent ». Résa obligatoire. Rafting pdt 1h30 55 $, 13-18 ans 45 $, 6-12 ans 38 $, famille (parents, 2 enfants) 171 $;* jet-boating *(durée 1h) 65 $, 6-12 ans 55 $. Arriver 30 mn avt le début de l'activité, âge min 6 ans.* En rafting, on embarque sur un petit Zodiac et on se déplace en pagayant. Le *jet-boating* est un gros Zodiac propulsé par un moteur avec lequel on fait des dérapages sur les eaux tumultueuses. Sensations garanties ! Départs tous les jours de mai à septembre, plus ou moins fréquemment selon l'affluence. Malgré les équipements fournis sur place, on revient totalement trempé car le Saint-Laurent est du genre lessiveuse (rapides type Colorado), donc prévoir des vêtements de rechange.

Surf sur le fleuve Saint-Laurent : *rens auprès de KSF (Kayak Sans Frontières), 7770, bd Lasalle. • ksf.ca • Cours pour débutants, loc de matériel et aussi balades en kayak de randonnée, kayak d'eau vive et SUP (stand-up paddle).*
Entre mai et septembre, il est possible de pratiquer le surf sur les vagues du Saint-Laurent. Ni houle ni mascaret mais de puissantes vagues stationnaires (ou statiques) dans un environnement de courants très forts et de rochers dangereux. Contrairement aux vagues de la mer, les ***vagues urbaines de Montréal*** ne sont pas créées par des courants marins mais par l'effet de vitesse de l'eau sur le fond rocheux. Elles peuvent dépasser 2 m de haut. Ces vagues ne ramènent pas le surfeur à la berge, il faut lutter contre les courants du fleuve pour y revenir. Surfer sur les vagues du fleuve n'est donc pas si facile.
Il y a ***2 gros spots*** : le site d'*Habitat 67 (plan détachable, D5)* se trouve au niveau du 2600 avenue Pierre-Dupuy, en direction du pont Victoria. Traverser le parc, et prendre le sentier longeant le fleuve qui mène à la vague. Le 2d site *(hors plan détachable par A6),* plus au sud de la ville, est situé le long du boulevard Lasalle, entre la rue Gagné et la rue Raymond. L'accès à la vague se fait directement par le parc des Rapides.

Les surfeurs de Montréal ont leur QG : le ***September Surf Café*** *(plan détachable, B5), 2471, rue Notre-Dame Ouest. ☎ 514-934-5000. Tlj 7h (8h w-e)-22h (18h dim-mar, 20h mer).*

À voir également à ***Lachine,*** près du canal, le petit ***musée du Commerce de la fourrure*** *(1255, bd Saint-Joseph ; ☎ 514-637-7433)* installé dans un ancien entrepôt en pierre de 1803. L'expo tient dans une seule pièce, mais on apprend l'essentiel sur le commerce de la fourrure et la Compagnie de la Baie d'Hudson. *De mi-juin à début sept, tlj 10h-17h. Entrée : env 4 $; réduc ; stationnement 1,50 $.*

CASTOR SENIOR !

Le feutre en poil de castor était apprécié pour sa souplesse et son imperméabilité. Mais ce n'est pas tout, car de nombreuses croyances étaient liées au castor. On pensait notamment que porter un feutre en poil de castor rendait plus intelligent, que les sourds portant de tels couvre-chefs recouvraient l'ouïe, ou encore que masser le cuir chevelu avec de l'huile de castor favorisait la mémoire !

Plus haut, le ***musée de Lachine*** *(1, chemin du Musée-de-Lachine ; de mi-juin à mi-sept, mar-dim 10h-17h ; de début mai à mi-juin, mer-ven 12h-17h, w-e 10h-17h ; GRATUIT)* est situé dans la maison Le Ber-Le Moyne, un ancien poste de traite des fourrures de 1669. On y voit quelques objets amérindiens et coloniaux trouvés pendant les fouilles archéologiques, qui d'ailleurs se poursuivent. À côté de ce musée, en bordure du fleuve Saint-Laurent, l'art et la nature se rejoignent dans l'un des plus grands jardins de sculptures du Canada. Près d'une cinquantaine d'œuvres y sont exposées à l'air libre.

LES ENVIRONS DE MONTRÉAL

VERS L'EST

Réserve naturelle Gault : *422, chemin des Moulins, Mont-Saint-Hilaire. • gaut.mcgill.ca • Située dans la vallée du Richelieu (région touristique de la Montérégie) ; à 20 mn à l'est de Montréal par l'autoroute 20 Est (sortie 115), puis la 229 Sud. Parc ouv tlj dès 8h, ferme entre 16h et 20h selon saison. Entrée : 9 $ (plus 5 $ pour le ski de fond) ; réduc ; gratuit jusqu'à 17 ans. Loc de matériel de rando sur place (bâtons de marche, raquettes...).* Une des vieilles montagnes montérégiennes. 25 km de sentiers pédestres de différents niveaux mènent à des belvédères qui, par temps clair, offrent une vue spectaculaire sur la vallée du Richelieu et sur Montréal. Le Centre de la nature du Mont-Saint-Hilaire, classé « Réserve de la biosphère » par l'Unesco, appartient à l'université McGill (université anglophone de Montréal). Balades au milieu d'arbres centenaires, lac peuplé d'oiseaux aquatiques, loutres, chevreuils, rapaces... Au pied du mont, des vergers et cidreries où les citadins viennent s'adonner aux joies de l'« autocueillette » des pommes.

Le fort Chambly : *à Chambly (30 mn au sud-est de Montréal par l'autoroute 10 Est). • pc.gc.ca • De mi-mai à mi-juin et de début sept à mi-oct, mer-dim et j. fériés 10h-17h ; de mi-juin à début sept, tlj 10h-17h. Fermé de mi-oct à mi-mai. Entrée : 8,50 $; gratuit jusqu'à 17 ans.* Cet élégant fortin, tout d'abord bâti en bois (1665), a été reconstruit en pierre (1711) et soigneusement restauré par la suite. Installé au bord d'un magnifique et tumultueux cours d'eau, il servait à défendre l'accès au Saint-Laurent contre les incursions des Iroquois et des Anglais. Sa visite est particulièrement intéressante, car il ne reste presque plus de grands ouvrages militaires français au Canada. Qui plus est, le musée qu'il renferme est à la fois agréable et pédagogique, avec un parcours émaillé de citations, de vidéos, de cartes et d'objets détaillant l'enjeu des guerres qui faisaient rage à la fin du XVIIIe s entre Français et Anglais, attendu que les échauffourées avec les Amérindiens ont pris fin dès 1701. On apprend aussi des tas de choses sur le quotidien de la garnison et sur la rude vie des paysans qui trimaient pour le compte des seigneurs. Le staff du musée, adorable et passionné, organise des activités en relation avec le costume et l'architecture. Le départ de ces visites, irrégulier (selon affluence), est annoncé au micro. Après avoir vu le fort, baladez-vous un peu dans le parc. Sur Chambly même, 3 parcours « patrimoine » à découvrir avec un audioguide couvrant une durée totale de 4h. Renseignements au Bureau d'accueil touristique de Chambly : *1577, av. de Bourgogne, à 2 pas du fort. ☎ 450-658-0321. Tlj 10h-17h en saison. Audioguide : env 7 $, pièce d'identité en guise de caution.*

Les Grillades du Fort : *1717, av. de Bourgogne, à 2 pas du fort. ☎ 450-447-7474. Tlj midi et soir (brunch le dim). Table d'hôtes 16-24 $ le midi, 26-42 $ le soir. Plats 17-30 $.* Une jolie maison en bois avec terrasse surplombant le fleuve. De quoi prendre l'air et profiter d'un panorama apaisant tout en dégustant la bonne cuisine de la chef portugaise, Patricia Atunes, notamment... les grillades (on s'en serait douté) et des tapas.

Les Cantons-de-l'Est *(ou l'Estrie)* **:** ***bureau d'informations touristiques,*** *785 King Ouest, à* ***Sherbrooke.*** *• cantonsdelest.com •* On traverse cette région quand on descend vers les États-Unis par l'autoroute 10. Une très belle région vallonnée parsemée de lacs tièdes et de villas d'artistes autour de la ville de Magog et de villages environnants. De nombreux Montréalais y ont leur résidence secondaire. Pas mal d'activités sportives ou autres en été, ski à Bromont et au Mont-Orford l'hiver. Avis aux gourmands : la région des Cantons-de-l'Est compte une kyrielle d'auberges et de restaurants gastronomiques. Ceux-ci sont douillettement installés dans de belles maisons victoriennes, vestiges de l'époque des loyalistes, ces fidèles à la couronne d'Angleterre qui peuplèrent la région après l'indépendance américaine.

VERS LE NORD-OUEST : LES LAURENTIDES

• Carte Lanaudière-Laurentides *p. 125*

Parcs nationaux et régionaux, pourvoiries et réserves fauniques émaillent ce territoire d'une superficie de 22 000 km² situé à moins de 1h30 de route du centre de Montréal. Dans le cadre absolument sublime d'une nature sauvage qui change au gré des saisons, les amateurs de rando, de sports en eaux vives, de vélo de montagne (VTT) et d'activités hivernales (motoneige, ski, raquettes, pêche blanche, etc.) seront comblés.

Comment se rendre dans les Laurentides et s'y déplacer ?

En bus

Autobus Galland : *départs tlj à 7h30 ainsi que 14h30 les ven et w-e. Horaires sur • galland-bus.com •* Au départ de Montréal vers Mont-Laurier, dessert Saint-Jérôme (début de la piste cyclable du P'tit Train du Nord), Sainte-Adèle, Val-David, Sainte-Agathe, Mont-Tremblant, Labelle et Rivière-Rouge.

Autocars Maheux : *• autobusmaheux.com •* Liaison Montréal-Rouyn-Noranda, desservant au passage Saint-Jérôme, Sainte-Agathe, Mont-Tremblant et Mont-Laurier.

À bicyclette

C'est l'épine dorsale d'un séjour dans les Laurentides. Le P'tit Train du Nord reprend le tracé d'une ancienne voie ferrée. Ce parcours est une piste cyclable l'été et une piste de ski de fond l'hiver (motoneige sur certains tronçons). ***Long d'environ 230 km, il relie Saint-Jérôme à Mont-Laurier. Sur cet itinéraire, taillé dans la plus vieille chaîne de montagnes du monde,*** nous avons relevé quelques étapes situées à distance raisonnable de Montréal. Mais la région, qui ne manque pas d'attraits, est étendue, aussi les lecteurs curieux sauront-ils pousser au-delà du Mont-Tremblant, au pays de l'ours noir, de la truite arc-en-ciel et de l'orignal. *• laurentides.com • ou • ptittraindunord.com •*

Pour faire plaisir à ses mollets, l'autobus Le P'tit Train du Nord assure le transport des bagages d'étape en étape. *• autobuslepetittraindunord.com •*

SAINTE-ADÈLE *(12 627 hab.)*

À une soixantaine de kilomètres au nord de Montréal, Sainte-Adèle déploie ses petits chalets autour de son lac tout rond. Petite station de sports d'hiver (et d'été), elle recèle aussi l'un des plus vieux cinémas du Québec.

Adresse utile

Espresso Sports : *1000, rue Saint-Georges. • espressosports.net • Tlj 10h (9h w-e)-17h. Env 30-90 $/j. selon vélo.* Boutique de sports bien achalandée. Location de vélos pour adultes et enfants.

Où dormir ? Où manger ?

Gîte Pantoufles et Pamplemousse : *1408, rue Archambault. ☎ 450-229-5312 ou 514-441-7683. • pantouflespamplemousse.com • Tte l'année. Double env 125 $.* Dans une jolie maison champêtre construite pendant la 2de Guerre mondiale, Lise et Claude, aussi affables qu'attentionnés, vous reçoivent dans leurs 3 chambres lumineuses et fleuries. Tout respire fraîcheur et propreté, alors on s'accommodera sans histoires du fait de partager la douche pour 2 d'entre elles. Accès indépendant, terrasse extérieure, et, au petit déj, pas moins de 4 services !

Café de la Gare : *1000, rue Saint-Georges. ☎ 450-229-5886. Dans l'ancienne gare. Tlj 9h-17h (horaires étendus en hte saison). Sandwichs env 5-7 $, combo 10 $.* Le cadre est pittoresque : une gare de 1928 tout en bois dans un écrin de verdure. Et comme elle est au bord de la piste cyclable, c'est une halte tout indiquée pour se requinquer autour d'un bon sandwich, d'une quiche et d'une soupe, surtout en terrasse. Accueil très sympa.

Bistro-lounge Garçons ! : *1049, rue Valiquette. ☎ 450-745-1566. Dans le centre-ville. Tte l'année. Mer-sam 17h-21h (22h ven-sam). Fermé dim-mar. Table d'hôtes env 35 $.* Une adresse tout en saveurs, où, dans un cadre sobre, mais décontracté et chaleureux façon bistrot, 2 compères servent une cuisine classique du marché d'inspiration française : tartares, boudin noir, canard à l'orange, joue de bœuf braisée, tartiflette... Ici, la viande est si tendre qu'on la mange à la cuillère ! Si, si, essayez !

VAL-DAVID (4 639 hab.)

Ceint de collines et de bois, à la fois point de ralliement des amateurs de grimpe et des artistes plasticiens en quête de notoriété, Val-David fait partie de ces adorables petits villages où il fait bon se décontracter quand arrive la fin de semaine. Les Montréalais ne s'y sont pas trompés. À l'instar des touristes locaux qui déboulent ici en famille dès que le mercure se sent pousser des ailes, ils rappliquent pour se mettre au vert, égrener les galeries d'art ou chiner sur le marché d'été du samedi.

Adresses utiles

Bureau d'accueil touristique de Val-David : *2525, rue de l'Église. ☎ 819-324-5678, poste 4235. • valdavid.com • De mi-juin à mi-oct, tlj 9h-17h ; hors saison, horaires réduits. Congés : de mi-oct à mi-déc et de mi-avr à mi-mai.* Doc et cartes sur les Laurentides, ainsi qu'un petit patrimonial sur Val-David. Expos temporaires l'été dans la salle attenante. Excellent accueil de l'équipe, aux petits soins.

Roc & Ride : *2444, rue de l'Église. ☎ 819-322-7978. • rocnride.com • Tte l'année, tlj 9h-17h (18h jeu-ven). Compter 55-100 $/24h pour un VTT électrique ou non ; tarifs en ligne.* Boutique spécialisée. Location de vélos pour adultes et enfants, de route ou de montagne, et une flopée d'accessoires.

Où dormir ? Où manger ? Où sortir ?

Les Passionnés : *1480, chemin de la Rivière. ☎ 819-322-8888. • passionnés.ca • Double env 150 $, avec petit déj. Ouv mer-dim (le soir sur*

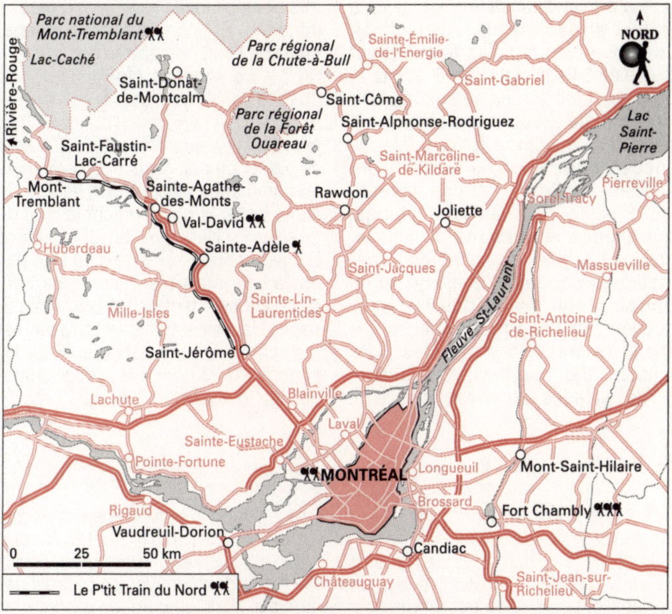

LANAUDIÈRE-LAURENTIDES

résa). Table d'hôtes 25 $ au déj, 45 $ le soir ; brunch w-e 15-25 $. Belle situation pour cette jolie maison posée au bord de la rivière. Le soir, on s'endort en écoutant son débit dans de belles chambres sobres et actuelles, de très bon confort. On peut y manger aussi, et plutôt (très !) bien, une cuisine de saison et de marché qui privilégie la qualité à la quantité.

Le Village Suisse : *1175, rue de la Sapinière. ☎ 819-322-2205. • villagesuisse.ca • Chalets rustiques (2-10 pers) à partir de 150 $ pour 2 pers (2 nuits min). Réduc sur le site.* Un ensemble de chalets construits dans les années 1940, répartis autour d'une petite piscine, non loin du lac de la Sapinière. Salon, cuisine équipée, espace extérieur privé. Bois fourni pour la cheminée, accès au lac, glissade. « Plus » non négligeable : livraison de bon pain frais 3 fois par semaine.

Le Général Café : *1303, rue de la Sapinière. ☎ 819-322-6348. Lun-ven 9h-16h, w-e 9h30-16h30. Petits déj 3-15 $, sandwichs 9-15 $.* Un café chaleureux tenu par une équipe de gourmets. Les petits déj, servis toute la journée, sont inspirés de recettes anciennes. Le midi, sandwichs, soupes, salades originales et pâtisseries prennent le relais, à base de produits du terroir. Le concept plaît : la petite salle tout en boiserie et la terrasse de poche sont souvent prises d'assaut, surtout lors du brunch dominical !

Auberge et Microbrasserie Le Baril Roulant : *2434, rue de l'Église (pub) ; ☎ 819-320-0069 ; tte l'année, tlj : juin-août 12h-1h (plus tard le w-e), sept-mai 15h-1h. 1430, rue de l'Académie (auberge) ; ☎ 819-322-2280 ; • barilroulant.com • ; même saisonnalité que le pub mais resto ouv tlj 17h-22h en basse saison (à partir de 12h le w-e) et tlj 11h-22h en été. À l'auberge, doubles avec sdb privée 110-150 $ (sans petit déj), lits en dortoir 30-50 $/pers (pas de petit déj) ; plats 12-24 $.* Au départ, c'était un bar ambulant (et roulant !), puis c'est devenu une microbrasserie festive et gourmande. Aujourd'hui, *Le Baril* a bien roulé sa bosse et est divisé en 3 lieux distincts. D'abord, le pub, rustique et chaleureux, où une vingtaine de savoureuses bières sont servies à la pompe (plus quelques snacks pour éponger !) et où ont lieu les concerts et autres soirées-jeu. Ensuite, l'accueillante auberge, qui expose les artistes du village, propose le gîte (des chambres thématiques coquettes et cosy, ou un dortoir façon chalet douillet) et le couvert (agréable terrasse avec vue sur la rivière). On y sert des plats mijotés, des poutines, des burgers ou des salades top niveau, à base de très bons produits locaux et d'herbes du jardin. Et enfin, la microbrasserie, bien sûr. Bref, une affaire qui tourne !

Le Mouton Noir : *2301, rue de l'Église. ☎ 819-322-1571. • Facebook • Mer-sam 8h (10h w-e)-22h (minuit jeu-sam). Plats 6-15 $.* Dans ce bistrot un peu *roots* et coloré règne une ambiance relax et bon enfant. Si, sur la carte, la poutine tient le haut du pavé, on y découvre aussi quelques burgers, soupes et wraps, le tout pas renversant mais bien fait. Le service, en revanche, mériterait d'être plus efficace. Heureusement, la terrasse est bien agréable pour patienter. Pour les spectacles et concerts, programmation sur leur site.

À voir. À faire

À l'Abordage ! : *2268, rue de l'Église (à côté du pont, derrière le garage Fix Auto). • val-david.alabordage.ca • De mi-juin à mi-sept, tlj 9h-15h30 (dernier départ) ; 1re quinzaine de juin et sept, le w-e seulement, 10h-15h30. Forfait kayak + vélo env 48 $/pers ; réduc.* Une belle façon de découvrir les Laurentides en famille. Le principe est simple comme bonjour. Vous embarquez à bord d'un kayak, d'un canot ou d'un canoë (simple ou double) pour une petite descente de rivière sur 7 km, aussi belle que paisible. Ensuite, vous repartez à vélo par la piste du *P'tit Train du Nord*. Compter 3h en tout. Les fatigués peuvent rentrer en navette pour le même prix. Également des parcours sur la rivière du Diable, au Mont-Tremblant (3-6h, différents niveaux).

Le parc régional de Val-David – Val-Morin : *1165, chemin du Condor : ☎ 819-322-6999 (chalet Anne-Piché). Ou 5966, chemin du Lac-La-Salle : ☎ 819-322-2834 (chalet Far Hill). • parcregional.com • Tte l'année. En été, forfait d'accès au parc 8-12 $ selon activité ; réduc. En hiver, compter 8-17 $; réduc. Matériel non fourni. CB refusées au chalet Anne-Piché.* Parois et blocs d'escalade, vélo de montagne (VTT), sentiers de rando. Tout un panel d'activités de pleine nature à partager avec vos loupiots hiver comme été.

SAINTE-AGATHE-DES-MONTS (10 582 hab.)

Ville quelconque au 1er abord, Sainte-Agathe laisse apparaître, dans un 2d temps, un joli petit centre de maisons de brique rouge, avec une rue principale qui glisse en pente douce vers le lac. Son patrimoine architectural à vocation balnéaire du début du XXe s lui confère un certain charme. Comme Sainte-Adèle et Val-David, Sainte-Agathe est desservie par le *P'tit Train du Nord*. L'hiver, on dénombre plus de 50 km de pistes de ski de fond.

Adresses utiles

Bureau d'accueil touristique de Sainte-Agathe-des-Monts : *24, rue Saint-Paul Est (dans l'ancienne gare de style Queen Anne). ☎ 819-326-0457. • ville.sainte-agathe-des-monts.qc.ca • De mi-juin à début sept, tlj 9h-18h ; 1re quinzaine de juin et de début sept à mi-oct, lun-jeu 10h-16h,* *ven-dim 10h-18h. Fermé 24 déc et 1er janv.* Brochure du circuit patrimonial qui détaille quelques vénérables demeures du début du XXe s, du temps où la ville comptait plusieurs sanatoriums. Doc sur les activités à faire sur le lac et dans les environs.

Hôpital Laurentien : *234, rue Saint-Vincent. ☎ 819-324-4000.*

Où dormir ? Où manger ?

Chez Girard : *18, rue Principale Ouest. ☎ 819-326-0922. • aubergechezgirard.com • Tte l'année. Doubles 110-130 $, avec petit déj ; table d'hôtes 30-45 $.* Dans leur grande maison cossue de style balnéaire, Annick et Marco ont aménagé 3 chambres tout confort à la déco thématique. Le resto, quant à lui, fleure bon les années 1960, avec ses tables dressées à l'ancienne. En salle ou en terrasse (très belle), on y déguste une cuisine du terroir bien maîtrisée. Excellent accueil.

Auberge aux Nuits de Rêve : *14, rue Larocque Ouest. ☎ 819-326-5042. • reve.ca • Tte l'année. Doubles 199-239 $, avec petit déj (2 nuits min le w-e et en été ; plus 55 $ pour un spa privé).* Envie d'une chaude nuit ? Cet établissement, idéalement situé au bord du lac, propose des chambres à thème spécialement conçues pour les couples qui veulent s'éclater. De la « Neptune & Vénus » à la « César & Cléopâtre » en passant par la « Roméo & Juliette » et la « Suite James Bond » (notre préférée), la déco délirante tendance kitsch vous en met plein les mirettes. Évidemment, tout un tas d'extras : service traiteur livré en chambre, papouillothérapie et quelques gadgets étudiés. Également un beau jacuzzi format « olympique » ouvert sur le jardin, et de quoi se balader sur l'eau (canots, kayaks...). Accueil gentil.

La Table Ludique : *81, rue Saint-Vincent. ☎ 819-774-0750. Tte l'année. Mar-sam 11h-14h, 17h-20h (21h ven-sam). Plats 14-38 $.* Dans un resto convivial style « bistrot français » comme disent les Québécois, une adresse qui satisfera à la fois vos neurones et vos papilles. Le concept est amusant : on dîne en jouant (mais on n'est pas obligé). Sur place, de nombreux jeux de société (boutique au sous-sol) et des soirées-jeu organisées régulièrement. Dans l'assiette, ces grands voyageurs proposent une « cuisine d'ici et d'ailleurs » généreuse et savoureuse, à base des meilleurs produits. Il y a même des repas thématiques (comme les moules à volonté du jeudi !). Vins de petits producteurs, bière de microbrasserie. Une adresse vraiment sympathique.

Où dormir dans les environs ?

Auberge Archambault Inn : *221, rue Aubin, à 100 m du lac et de sa plage, à* ***Saint-Donat-de-Montcalm.*** *☎ 819-424-3542. Au cœur du village. Doubles 70-105 $, avec petit déj.* Une auberge spacieuse où l'on est accueilli avec beaucoup de gentillesse. On s'y sent tout de suite bien, même si les chambres sont simples et un brin datées. Salle de bains commune pour les moins chères. L'été, barbecue, piscine ; l'hiver, ça papote autour du feu de cheminée dans le salon. Un bon camp de base 4 saisons (balades en traîneau à chiens, à raquettes, à skis, en quad, à cheval, etc.).

À voir. À faire à Sainte-Agathe et dans les environs

Plage Major : *chemin du Lac-des-Sables (en face du camping). Ouv de mi-juin à début sept, tlj 9h-20h (10h-18h de mi-mai à mi-juin).* Belle plage offrant de nombreuses activités (location de kayaks, beach-volley...). 2 autres plages à Sainte-Agathe : la plage Tessier et la plage Sainte-Lucie.

Tyroparc : *400a, chemin du Mont-Catherine. • tyroparc.com • Tte l'année (motoneige en hiver). Activités 23-190 $ (et plus pour certaines sorties en motoneige) ; réduc.* Des tyroliennes parmi les plus hautes et les plus longues du Canada ! Et tout un panel d'activités encadrées par des pros, pour se faire des petites montées d'adrénaline : via ferrata, escalade, accrobranche, descente en rappel, etc.

Le parc national du Mont-Tremblant : *à env 40 km au nord-ouest de Sainte-Agathe. Résas : ☎ 418-890-6527. • sepaq.com/pq/mot • Tlj : de mi-mai à sept, 7h-21h ; d'oct à mi-mai, 9h-16h. Entrée : 9 $; gratuit jusqu'à 17 ans. Voici 2 des 5 points d'accès au parc : accueil de la Diable (3824, chemin du Lac-Supérieur,* ***Lac-Supérieur.*** *☎ 819-688-2281) ; accueil de la Cachée (1002, rue du Lac-Caché,* ***La Macaza.*** *☎ 819-686-1880). On peut s'y rendre aussi directement de Montréal pour une excursion à la journée avec la Nana (Navette Nature). Rens et tarifs : • navettenature.com •*
Superbes collines boisées agrémentées de centaines de lacs et de cascades. Compte tenu de sa relative proximité de Montréal, le parc est assez fréquenté, ce qui n'empêche pas de croiser des biches peu farouches. En dehors des nombreux sentiers de randonnée qui sillonnent le parc, plein d'activités à faire : canot (et même canot-camping avec réservation d'emplacements de camping le long de la rivière), kayak, baignade, pêche, via ferrata... Si vous êtes dans le coin en automne, c'est à ne pas manquer, pour les couleurs fauves et mordorées des arbres. Fantastique ! En hiver, vous pourrez aller skier à la station de Tremblant.
Camping, prêt à camper, yourtes et chalets : *ts rens sur le site internet officiel du parc.*

VERS LE NORD-EST : LANAUDIÈRE

• Carte Lanaudière-Laurentides *p. 125*

Aux portes de Montréal, Lanaudière est une région agricole moins résidentielle et plus rustique que les Laurentides. Tout habillée de vert, offrant un paysage de vallées secrètes et de forêts, elle est aussi pleine de ressources pour le touriste en mal de grand air.

Où dormir ? Où manger ?

Kabania : *2244, chemin du Grand-Duc,* ***Notre-Dame-de-la-Merci.*** *☎ 819-424-0721. • kabania.ca • Tte l'année. Résa conseillée. Cabane pour 2 env 110 $, cabañita pour 2 env 85 $ (min 2 ou 3 nuits le w-e).* Un concept écolo (toilettes sèches, énergie solaire, etc.) de cabanes sur pilotis. Réception en self-service, chariot pour transporter ses bagages jusqu'à son refuge, isolé dans la forêt mais proche de beaux espaces communs couverts et démoustiqués, avec sanitaires nickel, jeux pour enfants, cuisine, bibliothèque, espaces repas, etc. L'idée, c'est de favoriser les rencontres, surtout le soir au coin du feu. Oubliez les *cabañitas,* trop petites et sans hauteur sous plafond. Préférez les plus chères. Sinon, plein d'activités hiver comme été, un coup de cœur !

Auberge Le Cheval Bleu : *414, route 343,* ***Saint-Alphonse-Rodriguez.*** *☎ 450-883-3080. • lechevalbleu.com • Sur la 40, sortie 122, vers Joliette. Double 136 $, avec petit déj. En ½ pens, 204 $/chambre. Resto ouv sur résa ; plats 13-35 $.* Monique, d'origine belge, est intarissable sur les activités à faire dans la région.

Côté dodo, 5 chambres dont 2 se partagent la même salle de bains. Elles sont simples mais coquettes, dans un style champêtre ou montagnard. Côté ripaille, des bières belges et une cuisine qui va de la bavette de bison aux moules-frites ! Bref, rien que du bon. Piscine dans le parc. Bon accueil d'Hector, le berger des Pyrénées.

À voir. À faire

La Terre des Bisons : *6855, chemin Parkinson,* ***Rawdon.*** *• terredesbisons.com • Tlj 10h-17h (fermé lun-mar oct-mai). Entrée : env 10 $; forfait famille env 32 $; réduc ; gratuit moins de 5 ans.* La famille Toupin-Demontigny élève wapitis et bisons depuis des lustres. Du coup, elle a conçu ce tout petit musée, pas inintéressant, qui permet de faire le tour des grands mammifères d'Amérique du Nord et notamment du bison. Quelques bêtes reconstituées, une vidéo, et, pour compléter, une balade dans les champs pour approcher les troupeaux. Sympa, mais pas donné. Petite boutique de produits locaux.

Arbraska : *4131, rue Forest Hill,* ***Rawdon.*** *• arbraska.com • Tte l'année, tlj juil-août et déc-mars ; w-e et j. fériés seulement avr-juin et sept-oct (plus certains autres j.), horaires selon activité. Parcours dans les arbres : durée env 3h ; adulte 44 $, réduc.* *Arbraska,* c'est une bande de joyeux drilles qui vous proposent de grimper aux feuillus de jour comme de nuit, de vous laisser glisser sur une tyrolienne, d'escalader une via ferrata et de partir jouer les Indiana Jones en forêt, un GPS à la main, pour résoudre des énigmes. Bref, tout un tas d'activités marrantes à faire en famille. Être au moins 4 pour permettre d'ouvrir un départ avec un guide. Éviter les créneaux horaires de 11h et 13h si on peut.

SUR LA ROUTE D'OTTAWA

Le parc national d'Oka : *2020, chemin Oka, à* ***Oka.*** *Résas : ☎ 450-479-8365. • sepaq.com/pq/oka • Accès de Montréal par l'autoroute 15 Nord (ou la 13 Nord), puis la 640 Ouest. Centre d'accueil du parc à 1,5 km avt le village d'Oka. Entrée : 9 $/j. ; gratuit jusqu'à 17 ans ; réduc.* À 45 mn de Montréal, une belle forêt pour une journée de balade à agrémenter d'un pique-nique et d'une baignade en été. Bien sûr, vous ne serez pas tout seul... Jolie plage surveillée au bord du lac (cafétéria et restos sur place). Nombreuses activités à faire selon les saisons : rando, canoë-kayak, location de vélos (y compris des *fat-bikes* en hiver), ski de fond nocturne sur sentier éclairé et randonnées à raquettes... Animations enfants et adultes en saison. Possibilité de camper sur place (voir « Où dormir ? » à Montréal). Enfin, pour ceux qui voudraient traverser la rivière des Outaouais pour se rendre sur la rive d'Hudson, en face, pas besoin de faire des kilomètres (pas de pont), il suffit de prendre le traversier d'Oka *(de mi-avr à mi-nov, tlj 6h-22h, départ ttes les 15 mn ; • traverseoka.ca •).* En hiver, quand la météo le permet, on peut traverser en roulant directement sur l'eau gelée.

POMPES FUNÈBRES

Félix Leclerc, le père de la chanson québécoise, l'auteur du célébrissime Moi, mes souliers, *vécut toute sa vie sans quitter des yeux le E qu'il avait chipé sur la sépulture d'Antoine de Saint-Exupéry. Il est désormais enterré au cimetière de Saint-Pierre-de-l'Île-d'Orléans. Sur sa tombe, pas de fleurs mais une montagne de souliers qui ne cessent de fleurir...*

La maison de Félix Leclerc : *186, chemin de l'Anse, à* ***Vaudreuil-Dorion.*** *• maisonfelixleclerc.org • Accès de Montréal par l'autoroute Félix-Leclerc, sortie 35. De mi-juin à début sept, tlj 10h-18h. Hors saison, ven 17h-21h, w-e 11h-17h (16h dim). Fermé de mi-déc à début mars. Entrée : 8 $; réduc.* Le grand homme qui fut, à ses débuts, auteur de théâtre, vécut dans cette villa du milieu du XIXe s, posée sur le bord du lac des Deux-Montagnes, de 1945 à 1966. C'est ici qu'il composa ses plus grands succès, dont le fameux *Petit Bonheur* ou encore *Moi, mes souliers.* À l'époque (1959-1961), ses potes Brel et Brassens vinrent même lui rendre visite. Un hommage empreint de nostalgie qui nous replonge dans le quotidien de l'auteur.

Le parc Oméga : *à peu près à mi-distance de Montréal (110 km) et d'Ottawa (80 km). Sortie 210 de l'autoroute 50, à* ***Montebello.*** *• parcomega.ca • Ouv tte l'année. Horaires variables selon saison. Entrée : adulte 33 $, enfant 2-5 ans 14 $, 6-15 ans 26 $. Forfait « Omega La Nuit » : parcours pédestre illuminé de début août à mi-oct ; tarifs : adulte 25 $, enfant 18 $. Réduc de 5 $/voiture sur présentation de ce guide (hors autres promos).*
Un ***parc magnifique*** que parcourt un chemin de 15 km. Au programme : ***en liberté,*** des cerfs, des faons, des sangliers et derrière leurs vastes enclos, un orignal avec son amie la chèvre, des loups (le blanc de l'Arctique, le noir de l'ouest, et celui de l'est du Canada), wapitis, bisons, ours bruns (fans de... frites !)... le tout dans de superbes paysages. À toute heure de la journée, vous rencontrerez des dizaines d'animaux qui attendent paisiblement le long de la route que les visiteurs leur offrent des carottes (en vente à la boutique). Assez étonnant. De nombreuses animations autour des oiseaux (rapaces essentiellement) et des loups (commentaire passionnant qui explique les règles immuables et hiérarchiques des meutes). Un concentré de la nature, mais aussi de l'histoire du Québec : belle promenade pédestre autour du sentier des 1res Nations amérindiennes, avec totems illustrant chaque nation. Également un sentier de la colonisation qui relate les temps forts de l'histoire du pays depuis le passage de Champlain il y a 400 ans (poste de traite, ferme ancestrale...). Le ***poste de traite*** était une cabane où les colons échangeaient avec les Indiens de la verroterie contre des fourrures. On y expose la peau de la plupart des animaux qui furent à l'origine de la conquête du Canada. Ne pas manquer non plus la ***ferme*** et sa collection d'art populaire, accessible à pied ou en carriole.

L'OURS, CET INCONNU

Malgré son poids, l'ours grimpe aux arbres, et c'est un nageur hors pair. Pendant l'hibernation (3-4 mois), sa température baisse, et son rythme cardiaque diminue. Il a, à cette période, la particularité de ne pas perdre de poids. Omnivore, il adore le miel, et ce n'est pas une légende.

Plus d'une vingtaine d'hébergements différents sur place, avec ou sans salle de bains. Mise à disposition des équipements sanitaires et communautaires (cuisine, frigo, etc.). Au choix, des ***cabanes dans les bois*** *(200-270 $/nuit pour 2)* aux allures de conte de fées, des ***tipis*** *(dès 100 $ pour 2)* avec revêtements épais et poêle à bois, des ***tentes*** *(240 $ pour 2),* des ***lodges*** tout confort, et désormais les magnifiques ***chambres tout en bois, qui donnent sur l'enclos des loups.*** Très impressionnant d'être observé par la meute... Le soir, après la fermeture des lieux, on peut même découvrir par une grande passerelle les ours, les lions et les cerfs dans leur habitat naturel. Expérience riche et passionnante !

Le Bistro Montebello : *570, rue Notre-Dame, à* ***Montebello.*** *☎ 819-423-6900. Hors saison, tlj 11h-20h (21h jeu, 22h ven-sam) ; fin juin-début sept, tlj 11h-21h (22h jeu-sam). Le midi, plat du jour env 15 $, sinon 16-50 $; pizzas 12-24 $.* Petite façade discrète pour ce resto populaire, avec ses nombreuses salles chaleureuses en enfilade et toutes les spécialités affichées sur le grand mur du fond : soupes, poissons, viandes ou pizzas. Très bon rapport qualité-prix. Habitués et gens de passage s'attablent pour une cuisine raffinée et copieuse.

Le château Montebello : *392, rue Notre-Dame, à* ***Montebello.*** • *fairmont.com/montebello* • Cet hôtel incroyable fut ***construit dans les années 1930 par un club de milliardaires*** qui ne trouvaient rien à leur goût. Le gigantesque bâtiment construit grâce à 10 000 poutres de cèdre rouge et en forme d'étoiles à 6 pointes fut achevé en... 3 mois (mais bon, on avait utilisé les grands moyens, notamment 3 500 ouvriers). En 1981, l'hôtel accueillit le G7 avec Reagan, Thatcher et Mitterrand. Depuis 1970, c'est un hôtel de luxe racheté par des... Chinois. On peut aussi se contenter d'un dîner dans une salle assez extraordinaire ou profiter, en été, du buffet à volonté au bord du lac. Les sportifs utiliseront la piscine d'époque pour quelques dollars. Bon, les riches ont plutôt bon goût.

HOMMES, CULTURE, ENVIRONNEMENT

BOISSONS

Tout d'abord, se méfier des différences de vocabulaire. Les quiproquos abondent et sont souvent amusants... :
- ***breuvage*** désigne une boisson chaude ou froide, non alcoolisée ;
- ***boisson*** signifie boisson alcoolisée uniquement ;
- ***liqueur*** s'applique aux boissons gazeuses.

Vins

Comme souvent, ***les vins étrangers sont chers.*** Au resto, une bouteille de qualité moyenne coûte 35-55 $. Beaucoup d'établissements proposent un bon choix de ***vins au verre,*** pas donnés non plus : 8-15 $ (voire plus pour des crus d'exception). Certains restos n'ayant pas de licence pour vendre de l'alcool acceptent que vous veniez avec votre propre bouteille, surtout à Montréal ! La mention « ***Apportez votre vin*** » est alors apposée sur la vitrine. L'avantage, c'est que l'addition s'en trouve nettement plus légère. Si vous souhaitez acheter une bouteille, il faudra le plus souvent vous rendre dans les magasins de la *Société des alcools du Québec (SAQ)* ou de la *LCBO* en Ontario (*NB Liquor* au Nouveau-Brunswick, etc.). Ces entreprises détenues par les provinces ont longtemps eu le monopole de la vente d'alcool. Même si on trouve désormais des bouteilles chez les « ***dépanneurs*** », le choix reste cependant terriblement limité et médiocre. Un seul exemple : les SAQ de la ville de Québec ne proposent même pas les vins produits sur l'île d'Orléans voisine, où les blancs comme les rouges sont pourtant en net progrès. Un comble ! Pour trouver des références plus recommandables, beaucoup de restaurateurs passent par le circuit des vins d'importation privé. Un système parallèle plus cher, mais qui permet de proposer à la carte des sélections plus pointues ou plus personnelles. Ainsi, les restos branchés exploitent tous, ou presque, le filon des ***vins nature,*** très courus. Quant au quidam lambda, il pourra trouver la perle rare chez les ***bistrots-cavistes,*** où il est possible d'acheter des bouteilles à condition d'avoir mangé une bricole.
Le Canada produit du vin, essentiellement dans la ***région de Niagara Falls en Ontario*** et dans la ***vallée de l'Okanagan en Colombie-Britannique.*** Le 1er à s'être attaqué au marché dans le pays est un Allemand, installé au début du XIXe s en Ontario. Dans les autres régions, l'expérience vinicole n'est vieille que de quelques décennies. Longtemps décriés pour leur piètre qualité, les vins canadiens connaissent une véritable révolution depuis une trentaine d'années, avec une grande expansion de la surface plantée. Aujourd'hui, avec environ 7 000 ha, l'Ontario possède le vignoble le plus étendu du Canada (c'est aussi le plus gros producteur de vin de glace au monde !). Il est suivi par la Colombie-Britannique et ses 4 200 ha de vignes et enfin par le Québec qui compte pour le moment environ 1 000 ha de vignes. Mais ça évolue vite : d'ici 2030, la production devrait être multipliée par 5. Aujourd'hui, le Québec produit 2,3 millions de bouteilles par an, un chiffre largement insuffisant pour répondre à la demande. Pourtant, depuis 2016, ***la surface agricole dévolue aux vignes a augmenté de 30 %.***
Les ***vins québécois*** ne sont donc plus seulement une curiosité sympathique. D'ailleurs, le gouvernement les a fait entrer dans la cour des grands en 2018 en reconnaissant l'IGP (Indication géographique protégée) « Vin du Québec »,

impliquant le respect d'un cahier des charges strict tout du long de la production. Pourtant, peu de restos en servent, c'est dommage. Mais si vous avez l'occasion d'en goûter, vous noterez que les blancs ne manquent ni d'arômes ni de fraîcheur, tandis que certains rouges ont gagné en puissance et sont en nette progression (le cabernet franc est le cépage le plus courant). Pour se prémunir contre l'hiver glacial, certains vignerons ont même trouvé une astuce : des toiles spéciales protégeant la vigne du gel.
Côté ***vins d'Ontario,*** les cépages les plus représentés sont le riesling et le chardonnay. Le fleuron du vin canadien demeure néanmoins l'***ice wine (vin de glace),*** produit à partir de raisins qui ont gelé sur pied au début de l'hiver. L'évaporation concentre la teneur en sucre (il faut un plant pour faire un seul verre !) et donne un excellent vin liquoreux. Avis aux amateurs : les vendanges se font par - 8 °C et généralement de nuit... L'*ice wine* est vendu dans de belles bouteilles de 200 ou 375 ml : un cadeau remarquable... Mais également très cher : 30 à 100 $ la bouteille !

Bières

Le Québec est un gros producteur de bière. La tradition ne date pas d'hier : c'est l'intendant champenois Jean Talon qui, en 1668, produisit la 1re bière à Québec ! La *Molson Canadian,* quant à elle, trouve ses origines à Montréal au XVIIIe s. Elle se partage la plus grande part du marché avec la *Labatt Blue.* Toutefois, si vous êtes un amateur de houblon, ce ne sont pas ces brasseries industrielles qui retiendront votre attention, mais les ***microbrasseries locales,*** qui ont plus que jamais le vent en poupe et ont fleuri sur tout le territoire, même dans les coins les plus reculés.

LA BIÈRE D'ICEBERG

La brasserie indépendante canadienne Quidi Vidi *produit de la bière élaborée avec de l'eau issue d'icebergs des alentours de Terre-Neuve. Cette eau, dit-on, aurait parfois 25 000 ans !*

Puisqu'il est impossible de connaître toutes les références, on choisit plutôt sa bière en fonction de son type.
– La ***Lager*** est une bière fabriquée avec des levures qui réagissent à basse température et qui peut être brune, blonde ou ambrée. Quand elle est blonde, on l'appelle ***Pilsner.*** C'est une bière un peu passe-partout, faiblement alcoolisée et rafraîchissante.
– Les ***Ale,*** quant à elles (facile !), sont des bières de haute fermentation dont la teneur en alcool est généralement plus élevée. Un terme assez flou en définitive, qui englobe une large gamme allant de la ***Pale ale,*** un terme utilisé pour désigner des bières brassées avec des malts clairs et qui donnent généralement des bières ambrées, aux ***Indian Pale Ale*** (ou ***IPA*** ; voir encadré).
Les *Ales* sont aujourd'hui des bières très appréciées pour leur forte teneur en alcool, leur amertume prononcée et leur belle couleur orangée. Très tendance chez les hipsters.

INDIEN VAUT MIEUX QUE DEUX

L'Indian Pale Ale *ou* IPA *pour les intimes est certainement la bière la plus en vogue en ce moment. Bière de fermentation haute, elle ne doit pas son nom aux natifs nord-américains mais à la Compagnie anglaise des Indes qui en abreuvait dès le XVIIIe s les colons britanniques alors en poste en Inde. En échange, ces derniers expédiaient du thé vers Londres.*

– Citons encore les ***Porter,*** des bières anglaises à haute fermentation, lesquelles ont enfanté les ***Stout,*** des bières caramélisées, quasiment noires, que les vrais amateurs boivent pratiquement chaude afin d'en mieux révéler les arômes.

– Enfin, les ***bières d'abbaye*** sont gouleyantes et sucrées malgré leur forte teneur en alcool. Des mousses à l'origine fabriquées par les moines, principalement en Belgique. Dans tous les cas, les caractéristiques des bières (fruitée, amère, sucrée...) sont souvent décrites sur le menu.

Café

Finie l'époque du jus de chaussette. À Montréal, les ***coffee shops*** et autres ***micro-torréfacteurs artisanaux*** sont désormais monnaie courante, proposant tout un éventail de cafés élaborés avec des grains triés sur le volet : ***café filtre, expresso, cappuccino*** (expresso et mousse de lait légère dessus), ***latte*** (mousse de lait plus épaisse). Pratique, car on en trouve partout en ville, souvent avec un cadre chaleureux et une terrasse.

Curiosités

Voici quelques boissons à découvrir (ou non...) pendant votre voyage. Le ***Clamato*** est un jus de tomate relevé de jus de palourde (dont on sent à peine le goût, rassurez-vous) et d'épices, qui entre surtout dans la composition du *César,* équivalent canadien du bloody-mary. Le ***vin de bleuet*** (cousin de notre myrtille) se rapproche vaguement du porto. Le ***Caribou*** est un mélange fulgurant d'alcool fort et de vin, parfois allongé de sirop d'érable. Le Québec produit aussi des ***vins de miel*** ou de sureau (on a même goûté du vin de fraises !), ***cidres de glace...*** Santé !

Légalité

Les bars sont interdits aux moins de 18 ans, impossible donc d'aller boire un coup en compagnie de vos enfants. En général, on vous laissera quand même vous installer à l'extérieur s'il y a une terrasse (mais ça n'est pas garanti).

CANNABIS

Après avoir autorisé en 2000 son utilisation pour raison médicale, ***le Canada a légalisé la consommation et la culture du cannabis à des fins récréatives le 17 octobre 2018.*** Promesse électorale tenue par le jeune 1er ministre du Parti libéral, Justin Trudeau, qui avoue lui-même en avoir déjà fumé ! Le Canada est donc devenu le 1er État du G7 et le 2d pays au monde – après l'Uruguay – à prendre une telle décision au niveau national. Persuadé que le système répressif n'empêche pas les jeunes d'avoir accès facilement au cannabis, Trudeau affichait un objectif de sécurité et de santé publiques, avec l'ambition de soustraire la production et la distribution des produits au marché noir.
Selon la loi, ***seuls les adultes d'au moins 18 ans*** peuvent acheter, consommer et cultiver (4 plants par ménage) du cannabis, dont la possession personnelle est limitée à ***30 g.*** Et s'il est interdit de fumer un joint là où les cigarettes sont déjà proscrites, la loi interdit aussi le passage des frontières canadiennes – à l'arrivée et au départ – avec du cannabis, tout comme, naturellement, la conduite automobile sous son emprise. De plus, chaque province est libre d'apporter ses propres restrictions supplémentaires : augmenter l'âge minimal (à 19, voire 21 ans au Québec, la province la plus stricte), limiter les lieux publics où la consommation est permise, réduire la quantité autorisée (15 g)... La responsabilité de ces mêmes provinces pèse aussi sur la production et la vente des produits (en ligne ou dans des magasins publics et privés autorisés) dans la mesure où elles partagent avec le gouvernement fédéral une juteuse manne fiscale... Les ventes légales de cannabis ont rapporté 2,6 milliards de $ en 2020, soit le double des profits dégagés en 2019. En cause, l'épidémie de Covid-19 et son lot d'isolement et de stress. Des chiffres qui tendent à largement décroître depuis début 2021, particulièrement au Québec

où les restrictions à la consommation sont plus importantes que dans d'autres provinces (introduction des vaporisateurs et de certains produits comestibles par exemple). Et si en février 2021, les ventes légales supplantaient pour la 1re fois le marché noir, ce dernier reste très compétitif en affichant des prix plus attractifs.

CINÉMA

Le cinéma apparaît à Montréal en 1896, mais la production et la diffusion des films étant gérées par les majors américaines, il faudra attendre la création de l'***Office national du film,*** en 1939, pour qu'apparaisse une véritable production locale.
En 1960, c'est la naissance du cinéma direct, une spécialité québécoise. Captant en direct, hors des studios, la parole et le geste, il s'intéresse aux problématiques sociales. Leurs auteurs s'opposent au cinéma américain de Hollywood autant dans la forme qu'au niveau du contenu. En 1963, sort ***À tout prendre,*** de ***Claude Jutra,*** une autofiction avant la lettre et un portrait réaliste du monde intellectuel montréalais des années 1960, considérée comme le ***1er film moderne du cinéma québécois*** et l'un des plus inventifs. Un prestigieux prix Jutra sera d'ailleurs créé en 1999, en hommage à ce grand réalisateur, pour récompenser chaque année les meilleurs films québécois.
Le ***cinéma de fiction*** pure, quant à lui, profite de l'élan de liberté créé par la « Révolution tranquille » pour s'épanouir. *Seul ou avec d'autres,* réalisé en 1962 par ***Denys Arcand, Stéphane Venne*** et ***Denis Héroux,*** ouvre la voie à ce genre. Denys Arcand, né dans les environs de Québec, est d'ailleurs l'une des figures marquantes de ce cinéma-là et tourne, au milieu des années 1960, *Les Montréalistes,* un moyen-métrage sur les fondateurs de Montréal. Les années 1970 sont marquées à Montréal par d'autres cinéastes : ***Jean Pierre Lefebvre*** avec *Les Dernières Fiançailles* en 1973, ***André Forcier*** avec *Bar salon* en 1974, puis *L'Eau chaude, l'Eau frette* en 1976... Mais c'est surtout ***Gilles Carle*** que l'on retiendra de cette période, avec notamment *La Mort d'un bûcheron* (1973), un film âpre qui lancera la carrière de Carole Laure avec son interprétation marquante d'une jeune fille à la recherche de son père, qui se retrouve chanteuse topless dans un bouge de Montréal.
Des années 1980 à nos jours se développe un cinéma d'auteur qui commence à s'imposer dans les festivals internationaux avec des films emblématiques comme *Anne Trister,* de ***Léa Pool,*** l'histoire d'une jeune peintre qui quitte sa Suisse natale pour Montréal, et le fameux *Déclin de l'empire américain,* de ***Denys Arcand*** (complété par *Les Invasions barbares,* oscarisé en 2003, et *L'Âge des ténèbres,* en 2007). Entre-temps, Arcand réalise *Jésus de Montréal,* la passion du Christ revisitée, modernisée et transposée à Montréal de façon assez décalée et humoristique. Un film doublement primé au Festival de Cannes de 1989. 2 ans plus tard, citons le film collectif ***Montréal vu par...,*** un ensemble de 6 courts-métrages en hommage à la ville, inspiré du ***Paris vu par...*** de Godard, Rohmer et Chabrol des années 1960.
Depuis la fin des années 1990, une nouvelle vague de cinéastes, concentrée sur la modernité et la solitude urbaine, assoit l'originalité et la réputation du cinéma d'auteur québécois et glane une foule de prestigieuses récompenses : ***Denis Villeneuve,*** avec *Un 32 août sur Terre* (1998), *Maelström* (2000), le haletant *Prisoners* (2013, avec Hugh Jackman et Jake Gyllenhaal), *Sicario* (2015), *Blade Runner 2049* (2017) et plus récemment *Dune* (2020), sans oublier qu'il faisait partie du jury du Festival de Cannes en 2018 ; ***Jean-Marc Vallée*** (disparu en 2021) avec *C.R.A.Z.Y.* (2005), l'un des plus gros cartons au box-office québécois, puis *Dallas Buyers Club* (2013), *Wild* (2014), *Demolition* (2015) et *Sharp Objets* (2018, série TV) ; ou encore ***Philippe Falardeau,*** avec *La Moitié gauche du frigo* (2000), *Congorama* (2006), *Monsieur Lazhar* (2011), *Guibord s'en va-t-en guerre* (2015), *Chuck* (2017) et *My Salinger Year* (2020).

À partir des années 2010, le renouveau semble assuré par la consécration du Montréalais ***Xavier Dolan,*** un prodige qui, à 25 piges, remporte avec *Mommy* le prix du jury à Cannes en 2014 et le césar du meilleur film étranger en 2015, après s'être fait effrontément remarquer par ses 4 films précédents, à l'esthétique et au maniérisme assumés : *J'ai tué ma mère* (2009), *Les Amours imaginaires* (2010), *Laurence Anyways* (2012) et *Tom à la ferme* (2013). Depuis, saluons aussi le poétique *Juste la fin du monde* (2016), qui valut à Dolan d'être sacré meilleur réalisateur à Cannes en 2017 ! Sans parler de *Matthias et Maxime* (2019)... Par ailleurs, à partir de 1999, le ***mouvement Kino*** se développe. Créé à Montréal, il fait ensuite des émules dans le monde entier, le principe étant de « faire des films avec rien, faire mieux avec peu et le faire maintenant » !

Dans un autre registre, plus comique, citons *Bon Cop, Bad Cop* (2006), d'***Éric Canuel,*** la collaboration de 2 policiers montréalais et ontarien, à la suite de la découverte d'un cadavre à la frontière des 2 provinces ; *Starbuck* (2011), de ***Ken Scott,*** interprété par l'humoriste Patrick Huard dont le personnage, donneur de sperme, découvre qu'il est géniteur de 533 enfants ! Exporté dans le monde entier, ce film connaîtra un gros succès et 2 remakes, *The Delivery Man,* avec Vince Vaughn aux USA, réalisé par le même Ken Scott, et *Fonzy,* en France, en 2013, réalisé par Isabelle Doval et interprété par son mari, José Garcia. Été 2014 sort le blockbuster *Le Vrai du faux,* d'***Émile Gaudreault.***

Montréal occupe également une place importante dans le ***monde de l'animation et des effets spéciaux.*** *Jurassic Park* ou *Titanic* ont utilisé des techniques conçues dans cette ville. Plus récemment, plusieurs ***studios dédiés à la 3D*** ont été inaugurés, annonçant le maintien d'une technicité de pointe dotée d'un réel attrait économique en comparaison avec leurs voisins américains. Montréal sert aussi de ***lieu de tournage*** à de nombreux studios hollywoodiens, ses rues ressemblant à celles de New York et les coûts de production étant moindres.

– Possibilité de ***visionner un grand nombre de films québécois en streaming*** sur le site de l'*Office national du film du Canada* : • *onf.ca* •

CUISINE

Les spécificités à connaître

– Les « ***tables d'hôtes*** » au restaurant sont l'équivalent de nos menus. On choisit un plat principal de la carte auquel on ajoute un supplément (en général autour de 10-20 $ selon le standing du restaurant et le moment de la journée), ce qui donne droit à l'entrée et au dessert (et souvent au café). C'est très rentable.

– De nombreux restos adoptent la formule « ***Apportez votre vin*** ». On vient avec sa propre bouteille achetée généralement à la SAQ (*Société des alcools du Québec* : voir la rubrique « Boissons. Vins » plus haut) du quartier, ce qui a le mérite de ne pas alourdir l'addition. Une bouteille de vin achetée dans le commerce coûte en moyenne de 2 à 3 fois moins cher qu'au restaurant.

– ***Rappel, le pourboire*** (tip) ***est obligatoire*** (15 % minimum). Il peut être ajouté directement au moment de régler sur le terminal de cartes de paiement, avec votre consentement bien entendu.

CROTTE ALORS !

Pour écouler les surplus de lait dans les années 1960, on inventa ce drôle de cheddar caillé frais, vendu partout (même dans les stations-service !) dans des petits sacs en plastique, à grignoter comme des bonbons. Le « fromage en crotte » crisse étonnamment sous la dent... d'où son surnom de « squick squick ». Passé l'effet de surprise sonore, c'est pas si mal !

Spécial petits budgets

– Nombreux stands culinaires (« ***foires alimentaires*** » ou *food courts*) dans les souterrains de la ville et les immenses stations de métro. Toutes les cuisines du monde y sont servies à prix modiques. Loin d'être gastronomique, c'est néanmoins rapide et bien pratique par mauvais temps... À ne pas confondre avec les stands plus chics du ***Time Out Market*** (dans le *Centre Eaton,* un complexe commercial sur Sainte-Catherine), ou ceux du ***Central*** (angle Sainte-Catherine et Saint-Laurent). Ces halles gourmandes regroupent des enseignes variées mais pas forcément bon marché, comme les annexes de chefs de renom. Sinon, un autre plan pas cher : les dizaines de ***food trucks*** (« popotes roulantes » en v.f.) qui s'installent le midi dans le centre-ville pour nourrir les employés de bureau.

Dépanneurs

Ce sont des ***épiceries de proximité.*** Très pratiques, elles sont, comme chez nous, nettement plus chères que les supermarchés, mais ont l'avantage d'être ouvertes tard le soir et tôt le matin (généralement de 6h à 21-22h). Pour dépanner, quoi ! Certains dépanneurs de la chaîne *Couche-Tard* sont même ouverts 24h/24.

Le renouveau de la cuisine québécoise

Finie l'époque où la cuisine québécoise se limitait à quelques plats traditionnels roboratifs.
– Depuis le début des années 2000, on assiste à l'émergence d'***une nouvelle cuisine québécoise*** beaucoup plus sophistiquée que la cuisine classique. Montréal n'a plus rien à envier à New York, Londres ou Paris ! Une nouvelle génération de jeunes chefs bigrement talentueux et inventifs s'attache à sublimer les produits du terroir, de préférence bio : poissons et fruits de mer, agneau, gibier, légumes (enfin du vert !), fromages, baies de saison... Ils puisent ***leur inspiration dans le patrimoine culinaire du Québec et dans la cuisine traditionnelle amérindienne*** (Iroquois et Algonquins). Ainsi trouve-t-on, dans ces plats créatifs et plus légers, des produits comme des épices boréales, des baies rares, des bleuets sauvages, ou des herbes indigènes... Le résultat est souvent remarquable même si les prix de cette nouvelle cuisine sont logiquement plus élevés que la moyenne. À Montréal, les adresses les plus courues ont tendance à privilégier la formule des petites assiettes à partager. C'est ludique, mais gare à l'addition !
– La ***cuisine fusion,*** apparue sur la côte ouest canadienne dans les années 1990, est aussi dans l'air du temps. L'idée étant d'associer produits locaux et saveurs exotiques introduites par les communautés immigrées. Un métissage culinaire créatif et moderne, dominé par le sucré-salé et les notes méditerranéennes et/ou asiatisantes.
– La ***cuisine végétarienne*** et ***végane*** est également très répandue et bien plus imaginative qu'en Europe. Les quartiers du Mile End et du Mile Ex sont la vivante illustration de ce phénomène très branché. On veut bien manger mais on ne veut que du frais, du sain et du local : surtout pas de « malbouffe » ! L'option ***gluten free*** est presque toujours présente à la carte de ces restos tendance.
– ***Les cuisines ethniques :*** à ne pas confondre avec la cuisine fusion. Ici l'identité culinaire de chaque culture reste intacte, pas de métissage avec les autres cuisines ! Ville cosmopolite où près d'un tiers des habitants sont des immigrés, Montréal offre un choix impressionnant de restaurants (environ 6 000) de tous horizons. On y dénombre près d'une centaine de nationalités ! On peut se régaler aussi bien de fajitas mexicaines que de souvlakis grecs, de yakitoris japonais ou de *pad thai* thaïlandais, sans compter les cuisines haïtienne, éthiopienne, colombienne, chinoise, vietnamienne, coréenne, tibétaine... Et, contrairement à l'Europe, où les cuisines étrangères sont généralement adaptées au goût local, les restaurants montréalais servent des plats authentiques.

La cuisine traditionnelle québécoise

– ***Le petit déjeuner*** (« déjeuner » en québécois) **:** très copieux, il se prend volontiers à l'extérieur (du moins pour ceux qui ne logent pas en gîte). À l'image du breakfast américain, il s'agit d'un vrai repas, offrant une large variété de plats. Les ***œufs*** d'abord, au plat, brouillés, en omelette, etc., servis avec des toasts beurrés (on dit « ***rôties*** ») et des pommes de terre, du bacon et des saucisses. Mais, le top ce sont les ***œufs bénédictine,*** ils sont alors pochés, nichés sur un petit pain rond toasté et nappés de sauce hollandaise, accompagnés le plus souvent du jambon grillé ou du saumon fumé, mais on en trouve moult déclinaisons. Au Québec, beaucoup d'établissements mettent à l'honneur les produits locaux, comme les fromages du Charlevoix, ou les fameuses crêpes aux bleuets (quand c'est la saison).

– ***La poutine :*** rien à voir avec le dirigeant russe, c'est un des plats emblématiques du Québec. Il s'agit de frites (molles, assez souvent) sur lesquelles on ajoute du « fromage en crotte » fondu, le tout nappé de sauce brune. Si cette recette pour le moins riche ne fait pas l'unanimité, de nombreux restos ont à cœur de la revisiter avec des produits de qualité. On trouve désormais, par exemple, des poutines aux crevettes, au canard ou au homard, voire des poutines de légumes ! Et même, dans les fast-foods, du poutine-burger !

– ***La cuisine populaire nord-américaine :*** très présente, vous vous en rendrez vite compte. Comme aux États-Unis, le ***burger*** règne sans partage. Le choix de la viande est primordial. Le top est celui élaboré avec du bœuf de l'Alberta. Pour dévorer un bon burger, ce n'est évidemment pas dans les fast-foods de chaîne qu'il faut aller, mais dans les vrais restos et les pubs, qui les garnissent d'excellentes viandes tendres et fraîches. Un bémol cependant : la loi imposant des cuissons strictes aux restaurateurs pour les steaks hachés, les amateurs de viandes bleues seront déçus. C'est toujours servi médium (à point). Même les restos végétariens servent des burgers, en remplaçant la viande par des falafels par exemple. Dans le registre casse-croûte, il y a aussi les ***sous-marins*** (les *submarines* américains), de généreux sandwichs.

– ***Spécialités traditionnelles :*** on n'en trouve plus beaucoup à Montréal aujourd'hui... mais citons quand même la ***tourtière,*** réalisée à base de différentes viandes, parfois de gibier. On en sert notamment chez *Maamm Bolduc* ou à *La Binerie Mont-Royal* (voir « Où manger ? »). Et aussi les ***fèves au lard,*** les ***soupes*** de légumes, de *gourganes* (fèves), de palourdes (en chaudrée)... Les ***cretons*** (l'équivalent de nos rillettes), ou la ***cretonnade*** (à base de veau ou de volaille), le ***pâté chinois,*** sorte de hachis Parmentier auquel on ajoute du maïs. L'origine du nom correspond à une réalité historique : c'est le plat qui donnait le plus d'énergie aux nombreux travailleurs asiatiques qui construisirent la célèbre ligne de chemin de fer « transcanadienne ».

DUR DE LA FEUILLE

De par sa proximité avec les États-Unis et pour se démarquer de son imposant voisin, le Canada a réussi à imposer au géant américain McDo de modifier légèrement son logo de manière à ce qu'il fasse apparaître une feuille d'érable. C'est le seul pays au monde qui soit parvenu à faire céder le mastodonte !

Les produits de la mer

– ***Le saumon :*** frais, en tartare, fumé au bois d'érable, mais malheureusement presque toujours d'élevage – donc très gras, écologiquement et diététiquement très contestable !

– ***Les fruits de mer :*** mieux vaut choisir des restos spécialisés dans la cuisine de la mer pour éviter les préparations décevantes (fritures en tout genre).

On trouve des moules, souvent préparées à la marinière, des pétoncles ou des huîtres, mais généralement à des prix assez salés.
– Le ***homard,*** disponible toute l'année grâce aux viviers. Généralement cuit au court-bouillon, on le trouve souvent sous forme de *guédille* ou *lobster roll* (sandwich dans un petit pain à hot-dog), *mac & cheese* (macaronis gratinés agrémentés de chair de crustacé), poutine au homard...

DRÔLE DE BESTIAU !

Pour grandir, le homard mue. Il quitte sa carapace environ 22 fois dans sa vie. Sans armure, il est alors à la merci des prédateurs et se cache 15 jours dans les rochers, le temps que sa nouvelle carapace durcisse. Autre surprise, les pinces ne sont pas identiques : la plus grosse porte des « molaires » (pour broyer), et la plus petite a des « incisives » (pour couper). Quand le homard perd une pince, elle repousse (comme chez le crabe).

Fromages, sucreries, desserts

– ***Fromages :*** le Canada a hérité des traditions fromagères des 2 pays qui l'ont colonisé : pâtes fermes (style cheddar) du côté anglais, affinés à pâte molle pour l'influence française. Parmi les plus connus, citons le *Pied-de-Vent,* le *fleurdelisé* bio rappelant le roquefort, le *chèvre de Bouctouche,* ainsi que diverses tommes, comme celles du Charlevoix. La plupart sont disponibles dans les grands marchés publics de la ville, ceux de Jean-Talon et d'Atwater, par exemple.
– ***Crêpes, pancakes*** et ***pain doré (pain perdu),*** à napper de sirop d'érable. L'ensemble s'accompagne en général de fruits frais. Dans la plupart des restos servant le petit déj (certains ne font que ça), le café, servi à volonté, est inclus dans la formule.
– ***Les desserts :*** goûter à la ***tarte au sucre,*** la ***tarte aux pécanes*** (noix de pécan), au ***gâteau aux carottes*** et à la ***tarte aux bleuets*** (sorte de myrtilles) en saison. L'une des spécialités de Montréal est le ***pouding chômeur*** (voir encadré). Et enfin, les ***crèmes glacées molles,*** à tremper dans le chocolat et toutes sortes de sirops multicolores...

POUDING CHÔMEUR

Pendant la crise de 1929, les femmes d'ouvriers imaginèrent une recette à base de produits bon marché pour fabriquer ce gâteau au nom bizarre : farine, cassonade et eau. Plus tard, on utilisera du sirop d'érable. Bon et économique !

CURIEUX, NON ?

– ***Appellation des repas :*** le matin, on attaque la journée avec un bon ***déjeuner*** (et non petit déjeuner). À midi, c'est le ***dîner.*** Et le soir, on dit ***souper.*** Pour le « 4-heures » ? Bonne question !
– ***L'addition :*** au resto, les gens paient séparément, même dans les couples parfois (il n'est pas toujours bien vu d'inviter son ou sa partenaire). D'où la question quasi systématique du serveur (ou de la serveuse) au moment de l'addition : une seule facture ou plusieurs ?
– Les Québécois ne comprennent pas toujours qu'on puisse s'écharper pour des ***divergences d'opinion.*** Ils n'ont pas cette passion du débat franc et parfois brutal qui est un sport national chez nous ! Donc, un Français qui défend mordicus ses positions passera pour arrogant. De même, pas la peine de commencer à ***râler au moindre imprévu,*** vous resteriez face à un mur d'incompréhension. En bref, restez nature, ouvert et positif. Et n'oubliez pas qu'ici c'est vous qui avez l'accent !
– ***Mesures :*** depuis 1977, on compte en kilomètres, mais, en cuisine, les volumes sont toujours en tasses (240 ml). En revanche, on mesure toujours en pouce (2,54 cm). Il est bon de savoir qu'il y a toujours 12 pouces dans un pied. Vérifiez sur vous !

– ***Les déménagements du 1er juillet :*** ce jour férié (fête du Canada), les Québécois déménagent en chœur car c'est à cette date que se terminent les baux. Les camions bloquent les rues, on se balade avec son matelas, les frigos traînent au milieu du trottoir... C'est l'heureux festival de la récup, pendant que d'autres défilent dans les rues pour la fête nationale !

LE GRAND DÉMÉNAGEMENT

Le 1er juillet, plus de 200 000 ménages québécois changent de logement. Au XVIIIe s, le gouvernement décida que tous les contrats de location devraient s'achever le même jour. Cette tradition provoque un énorme bazar dans les rues et la vente du plus grand nombre de pizzas de l'année !

– ***Les « ventes de garage » :*** l'équivalent des *garage sales* (vide-greniers) américains. Ces ventes sont tellement courantes du printemps à la fin de l'été qu'elles sont devenues une sorte de tradition. Une belle occasion de fraterniser tout en faisant de bonnes affaires.

– La ***maison Dallaire Memoria*** est une société funéraire basée à Montréal qui a lancé le concept de « Deuil moderne et écolo ». Dans cette entreprise de ***pompes funèbres d'avant-garde,*** on trouve un café, une halte-garderie, des salons lumineux à la déco design, des salles multimédias pour des événements (conférences, expos, lancement de livres). La maison propose des services juridiques et psychologiques gratuits. Chez eux, le deuil écolo se traduit par des urnes funéraires en glace, des urnes botaniques, des cercueils 100 % biodégradables et même « l'aquamation » à la place de la crémation...

ÉCONOMIE

Mines, électricité, tourisme, automobile, bois d'œuvre et pâte à papier, pétroles bitumineux, télécommunications, bœuf de l'Alberta, homard de l'Atlantique... sans parler de la nouvelle et juteuse industrie du ***cannabis*** ; tous contribuent à la prospérité canadienne !

Le Canada occupe le 10e rang de l'économie mondiale avec un PIB par habitant de 46 300 US$. C'est un pays où il fait plutôt bon vivre. Comme partout, la pandémie est passée par là avec une nette contraction de l'économie : le PIB a chuté de 5,4 % en 2020, du jamais-vu. Cependant, grâce à un plan d'intervention économique d'envergure et une intense campagne de vaccination, ***la reprise est au moins aussi fulgurante que la récession.***

Pilier de la richesse canadienne, l'***immigration*** devrait être l'un des principaux leviers de la relance. Le gouvernement brigue plus de 1,2 million de nouveaux résidents permanents d'ici 2023, soit environ 400 000 par an (un chiffre atteint pour la dernière fois en 1913). L'objectif ? Stimuler la reprise économique à court terme et la croissance sur le long terme. Selon les économistes, l'immigration contribue à hauteur de 80 % à la croissance démographique du Canada (contre seulement 35 % aux États-Unis). Le Canada reçoit plus d'immigrants que tout autre pays. Il le fait en partie pour des raisons humanitaires, mais il bénéficie aussi de cette immigration qui lui procure des capitaux, des compétences diverses et exceptionnelles, de même que de la main-d'œuvre bon marché. L'immigration stimule l'économie. Et 62 % des immigrants accueillis au Canada possèdent un diplôme d'études postsecondaires alors qu'ils sont 25 % en France.

La manne pétrolière

Le Canada est aussi, et surtout, un pays de ***richesses naturelles ;*** elles ont permis aux Canadiens d'accéder à l'un des niveaux de vie les plus élevés du monde après la 2de Guerre mondiale.

L'***ALENA*** (Accord de libre-échange nord-américain), entré en vigueur en 1994 entre le Canada, les États-Unis et le Mexique, a créé une vaste zone de

libre-échange qui a lié encore plus fortement l'économie canadienne à celle des États-Unis. Mais c'était la ***bête noire de Donald Trump !*** En 2020, l'ACEUM (Accord Canada-États-Unis-Mexique) est ratifié pour protéger l'économie des États-Unis, selon les dires de l'ancien président, dont le nationalisme est aussi économique. Il faut dire que ces derniers absorbent les trois quarts des exportations canadiennes, tous secteurs confondus ! C'est en fait l'énergie qui permet d'atteindre ce chiffre : entre le pétrole et le gaz naturel de l'Alberta, sans oublier l'électricité produite dans le Grand Nord québécois, le Canada évite à la machine US de trop dépendre du Moyen-Orient. Et cela ne devrait pas changer de sitôt : ***le Canada doit son rang de 4e producteur et exportateur de pétrole dans le monde au fait qu'il possède la 3e plus importante réserve pétrolière du globe,*** avec notamment les abondants stocks dits « non conventionnels », soit des gisements de pétrole et de gaz situés dans les ***sables bitumineux d'Alberta.*** Le pétrole issu des sables bitumineux est l'***un des plus sales au monde.*** L'extraction d'un baril de pétrole en Alberta génère au moins 3 fois plus de gaz à effet de serre que la production pétrolière « classique ». En 2019, la production pétrolière atteignait environ 5,6 millions de barils par jour. Une croissance fortement ralentie en 2020 à cause du Covid, retombée à son niveau le plus bas depuis 2016.
Depuis les années 2000, c'est d'ailleurs cette province très libérale qui tirait le PIB national vers le haut. Au Québec, il y a du pétrole mais la production, encore au stade des balbutiements (dans la région de Gaspésie et du Bas-Saint-Laurent), se heurte aux défenseurs de l'environnement.

Le cas québécois

La santé économique du Québec suit celle du Canada dans son ensemble, avec des exportations principalement tournées vers les États-Unis (environ 70 %). La Belle Province représente à peu près 19 % de l'économie canadienne, avec un PIB par habitant de 42 000 US$ (2019), inférieur à celui du reste du Canada. Le taux de chômage (4,5 % en 2021) est inférieur à celui de l'Ontario (6,4 %, proche du niveau national) et à celui de la Colombie-Britannique (5,6 %). La province a retrouvé son niveau d'avant la pandémie quand les autres régions affichent toujours des chiffres bien moins favorables.
Les ***ressources naturelles*** du Québec et des Provinces maritimes jouent un rôle essentiel dans l'économie, en particulier les secteurs des mines et de l'hydroélectricité. La province figure même parmi les principaux producteurs mondiaux de fer, de zinc, de nickel, d'argent et d'or. Les exportations d'aluminium et d'alliages viennent au 1er rang. Le Québec est le ***4e producteur mondial d'aluminium*** avec près de 3 millions de tonnes produites chaque année (90 % de la production canadienne). Mentionnons aussi l'industrie forestière, l'agriculture et la pêche. De plus, le Québec a développé une ***industrie de pointe,*** en particulier dans les domaines des biotechnologies (marines, entre autres), de l'industrie pharmaceutique, de l'aéronautique et du multimédia. Sans oublier le tourisme, qui représentait environ 2,5 % du PIB de la province avant la crise du Covid.

La puissance montréalaise

La force de Montréal, c'est sa qualité de vie. Ce n'est pas forcément ici que l'on garantit les meilleurs salaires, comparé à d'autres grandes villes nord-américaines comme San Francisco, mais les études démontrent que les jeunes talents ne sont plus seulement préoccupés par leur niveau de rémunération. Dynamique et attractive (50 % des Montréalais ont moins de 39 ans), la région de Montréal est le ***2e pôle économique du Canada.*** Elle représente à elle seule la moitié des richesses produites dans la province, crée la majorité des emplois et profite d'une bonne vitalité économique. Depuis les années 1960, elle a été supplantée par Toronto en tant que capitale financière, mais elle conserve toutefois des atouts de choix dans le domaine des industries de pointe : informatique, aéronautique, biochimie, pharmaceutique... Parmi les grosses compagnies possédant leur siège social à Montréal, citons *Bell* (télécommunications), *Air Canada, Rio Tinto Alcan* (secteur minier), *SNC-Lavalin* (ingénierie), l'*Agence spatiale canadienne* ainsi que de nombreuses banques. Autre poids lourd, *Bombardier* (construction de trains, d'avions, etc.). On est loin des débuts de la Nouvelle-France, où Montréal était avant tout la capitale... de la traite des fourrures !

Il faut dire que Montréal ne manque pas d'atouts. Située à seulement 63 km de la frontière américaine, elle profite grandement de la proximité de cet immense marché. Le taux d'imposition sur les entreprises figure parmi les plus bas d'Amérique du Nord (alors même que le taux d'imposition général est l'un des plus élevés !). Montréal compte également une main-d'œuvre qualifiée et souvent bilingue. Enfin, autre atout, le tourisme, avec plus de 11 millions de visiteurs chaque année. Point noir au tableau : le ***taux de chômage*** de Montréal, d'environ 5,7 % en 2022, est un peu plus élevé que dans le reste de la province. Autre difficulté, le ***coût du logement.*** Un tiers des ménages montréalais consacrent plus de 30 % de leurs revenus à leur loyer (un taux qui tombe à 15 % pour l'ensemble du Québec).

MONTRÉAL, CAPITALE DES JEUX VIDÉO

Montréal est dans le peloton de tête pour le développement des jeux vidéo, après le Japon et la Californie. Installée depuis 1997 dans le quartier de Mile End, la société Ubisoft *est aujourd'hui leader dans ce domaine. Elle emploie près de 3 700 salariés. Le jeu* Assassin's Creed Origins, *inventé par le Québécois Patrice Désilets, s'est vendu à près de 100 millions d'exemplaires dans le monde, sans parler des autres opus de la série !*

ENVIRONNEMENT

Avec 19 grands parcs représentant près de 2 000 ha de verdure, ***Montréal est indubitablement une ville verte.*** Mieux, la mairesse Valérie Plante (ça ne s'invente pas !) a validé le projet de création d'un grand parc urbain de 3 000 ha pour délimiter et protéger les espaces naturels de l'ouest de l'île ! Aujourd'hui, les 2 poumons de Montréal sont le ***parc du Mont-Royal*** (près de 2 km²) au nord-ouest du centre, et le ***parc Jean-Drapeau*** (2,6 km²) au milieu du fleuve Saint-Laurent, formé par l'île Sainte-Hélène et l'île Notre-Dame. Les ***quais du Vieux-Port,*** depuis leur réaménagement, sont propices aux balades urbaines et aux pique-niques, tout comme l'adorable ***parc La Fontaine,*** avec ses 2 paisibles lacs artificiels séparés par une cascade, ou le Jardin botanique, qui est l'un des plus grands du monde.

Une étude a révélé que, de toutes les agglomérations canadiennes, ***Montréal est celle où l'on utilise le moins sa voiture et le plus les transports en commun.*** Et, pour ne rien gâcher, 2 entreprises se disputent désormais le marché florissant de la voiture en libre-service, hybride ou électrique. Ajoutez à cela ***800 km de pistes cyclables.*** Une ville où on respire bien, même si la qualité de l'air demeure inférieure à celle de Toronto et de Vancouver.

Quelques réponses du Québec aux problèmes environnementaux

Une décision positive : depuis 2012, ***le Québec a renoncé au nucléaire.*** En 2017, le gouvernement a adopté un vaste plan qui vise à réduire de 40 % le pétrole consommé dans la province d'ici à 2030. Pourtant, la ***consommation de produits pétroliers*** n'a de cesse d'augmenter malgré l'électrification de certains transports et le développement des biocarburants. Le Plan pour une économie verte prévoit de mettre en circulation 1,5 million de ***véhicules électriques*** sur les routes avant 2030, et d'interdire la vente des véhicules neufs à essence à partir de 2035. L'éthanol et le gaz naturel devraient être disponibles dans les stations-service, pour alimenter une partie du parc automobile. Un des objectifs majeurs du plan est de contraindre les cimenteries et les usines d'aluminium de cesser d'utiliser du charbon, et de choisir une source d'énergie moins polluante. Rien ne dit encore que ces engagements seront respectés. En 2018, les véhicules électriques et hybrides représentaient moins de 3 % des ventes de voitures neuves. Enfin, un autre projet consiste à construire un ***méga-parc solaire*** de 100 mégawatts pour alimenter la province en électricité.

GÉOGRAPHIE

Connaissez-vous le point commun entre Singapour, Hong Kong et Montréal ? Ces 3 villes sont situées sur une île ! Délimitée par le ***fleuve Saint-Laurent*** au sud et la rivière des Prairies au nord, l'île de Montréal, avec près de 500 km² (environ 50 km de long pour 16 km de large), est la plus grande de l'archipel d'Hochelaga. Car elle n'est pas toute seule : plus de 200 îles constellent le fleuve Saint-Laurent à l'endroit où ses eaux rejoignent celles de la rivière des Outaouais.

Située au sud du Québec, à la même latitude que Lyon ou Venise (mais pas avec le même climat !), Montréal trône en plein cœur de la vallée du Saint-Laurent. Son point culminant, vous l'apercevrez de pratiquement partout en ville : c'est le mont Royal, avec ses 233 m, qui a d'ailleurs donné son nom à la ville.

Les quartiers de Montréal

Montréal forme une mosaïque de nombreux quartiers très distincts, avec cependant des frontières qui se recoupent parfois, des zones d'influence qui se superposent, des flux sociaux et culturels qui s'entrecroisent.

Le boulevard Saint-Laurent est l'axe historique nord-sud de Montréal. Il divise la ville en 2 parties : ouest et est. De part et d'autre de ce long boulevard, une même rue peut porter le terme Est ou Ouest dans son intitulé. Faites attention car ces rues sont très longues : bien vérifier s'il s'agit de la section est ou ouest avant de vous lancer. Du sud au nord, moins de problèmes, tous les numéros partent du fleuve Saint-Laurent.

YUL : UN DRÔLE DE CODE D'AÉROPORT !

CDG est le code de l'aéroport Charles-de-Gaulle à Roissy. Celui de Montréal est YUL. Le Y a été réservé dans les années 1930 pour les aéroports canadiens. Mais le UL ? Naguère, l'aviation royale canadienne utilisait les codes à 2 lettres des balises radio pour identifier les aérogares. Quand l'aéroport de Montréal ouvre en 1941, il devient YUL car le radiophare morse de Kirkland, près de Dorval, possédait la désignation UL !

Le boulevard Saint-Laurent marque une sorte de frontière imaginaire. À l'ouest, le quartier des affaires et *Westmount,* le secteur résidentiel de la bourgeoisie anglophone. À l'est, les quartiers francophones. Ces différences ont cependant tendance à s'estomper grâce aux colossaux travaux de rénovation opérés en centre-ville, au brassage des populations et à l'immigration nouvelle, notamment de Français, qui sont de plus en plus nombreux depuis quelques années à venir tenter leur chance ici.

- ***Le Vieux-Montréal :*** au sud, c'est le quartier historique, où les 1ers colons se sont installés au XVIe s. Autrefois ceint de remparts (rasés en 1817), il s'étend entre les rues McGill, Saint-Antoine, Berri et de La Commune. Vous y passerez forcément lors de votre séjour, car c'est le quartier le plus touristique de Montréal. Toujours très animé, envahi par les piétons, il fait bon s'y promener à la recherche des vestiges du passé. Le Vieux-Montréal est bordé par le Vieux-Port, brillamment réaménagé et plein de belles surprises.

– ***Le centre-ville (ou Downtown) :*** c'est l'Amérique des gratte-ciel, le quartier des affaires, des bureaux aux vitres étincelantes et des larges avenues commerçantes (notamment la rue Sainte-Catherine). Étendu au sud du parc du Mont-Royal, entre Atwater (plutôt anglophone) et la place des Arts (plutôt francophone), c'est un peu un quartier de transition entre les 2 communautés linguistiques. Il abrite aussi le petit quartier chinois et la prestigieuse université anglophone de McGill (la plus ancienne du Québec).

– ***La Petite-Bourgogne :*** ancien quartier ouvrier notoire tombé en décrépitude consécutivement à la fermeture du canal de Lachine en 1970, il connaît aujourd'hui un vrai renouveau. La rue Notre-Dame en est l'épine dorsale. On y trouve restos pour fines bouches, bars branchés et quelques boutiques de déco...

– ***Le Quartier latin :*** avec la rue Saint-Denis pour colonne vertébrale, c'est un quartier fortement étudiant et francophone, où la vie nocturne bat son plein tous les jours de l'année. Siège de l'UQAM (Université du Québec à Montréal) depuis les années 1970, il accueille une ribambelle de bars, de restaurants, de cinémas ainsi que de nombreuses animations de rue... Impossible de s'ennuyer ici !

– ***Le Village :*** il se résume à une portion de la rue Sainte-Catherine, entre les rues Saint-Hubert et Papineau, ainsi que les rues adjacentes. C'est, depuis le début des années 1980, le ***quartier gay*** de Montréal, connu pour son animation nocturne, ses nombreuses discothèques (pas seulement ouvertes aux homos, précisons-le), ses cabarets drag-queens, ses saunas pour hommes et ses bars à l'ambiance décontractée.

– ***Le Plateau Mont-Royal :*** les maisons à 2 ou 3 étages dotées d'un escalier de fer en façade sont typiques de ce vaste quartier familial résidentiel situé au nord du centre-ville. L'avenue du Mont-Royal en est l'artère principale : bordée de commerces à touche-touche, c'est l'une des rues les plus indiquées pour le shopping (pardon : le « magasinage » !). Autrefois pauvre et ouvrier, ce Plateau devenu branché et bobo est habité par les classes moyennes francophones. C'est d'ailleurs ici que beaucoup de Français s'installent lorsqu'ils franchissent l'Atlantique pour faire souche. Il abrite aussi de nombreux gîtes (chambres d'hôtes), bars et restaurants.

– ***Le Mile End :*** partie nord-ouest du Plateau Mont-Royal, dont il ne se différencie guère à 1re vue. Naguère paupérisé et délaissé, il s'est métamorphosé en quartier alternatif et branché dans les années 2000, avant de se boboïser ces dernières années. Ce serait un peu l'équivalent de *Brooklyn* à New York. Mile End concentre d'excellents restos, bars, boîtes de nuit, friperies vintage mais aussi de nombreuses start-up et labels de musique pointue. C'est un quartier très cosmopolite et bilingue, où vivent notamment les communautés portugaise, grecque et juive.

– ***Le Mile Ex :*** au nord du Mile End, coincé entre Beaubien au sud, la Petite-Italie à l'est, Talon au nord et les voies ferrées à l'ouest. Cet ancien quartier ouvrier se refait une santé avec tous ceux qui considèrent que le Mile End est devenu trop cher (hausse des loyers catastrophique ces dernières années !) et cherchent de nouvelles friches pour laisser libre cours à leur créativité. C'est le quartier le plus à la mode en ce moment, célèbre pour ses restos, ses bars, ses fêtes de rue et son ambiance relax et fraternelle. Quant au nom Mile Ex : c'est la contraction du Mile End et de Parc-Extension !

– ***Rosemont-la-Petite-Patrie :*** immense arrondissement qui occupe le nord-est de la ville. À l'ouest du quartier, on trouve la « ***Petite-Italie*** », nommée ainsi suite à 2 vagues d'installation d'ouvriers italiens, au XIXe s, puis dans les années 1950-1960. Intéressant pour ses trattorias, ses églises, et le marché Jean-Talon.

– ***Outremont :*** à l'ouest de l'avenue du Parc, c'était une municipalité indépendante jusqu'à sa fusion avec Montréal en 2002. Quartier huppé peuplé surtout de francophones ; on y trouve des boutiques chics et des restos haut de gamme.

– ***Westmount :*** au sud-ouest du parc du Mont-Royal, il a préféré garder son indépendance et c'est donc une municipalité à part entière. Un peu l'équivalent d'Outremont pour les anglophones, mais encore plus bourgeois, avec des maisons victoriennes cossues, précédées d'un gazon à l'anglaise. C'est en fait l'une des villes les plus riches du pays.
– ***Hochelaga-Maisonneuve :*** situé à l'est de la ville, le long du Saint-Laurent, il est tout l'opposé. Ancien quartier ouvrier francophone, il s'embourgeoise peu à peu mais reste assez populaire. C'est là que se trouvent le Parc olympique et le Biodôme.
– ***Côte-des-Neiges – Notre-Dame-de-Grâce :*** au nord-ouest du parc du Mont-Royal (dont il administre une partie), c'est l'arrondissement le plus peuplé de Montréal. Il abrite l'université de Montréal, plusieurs collèges et l'École polytechnique : beaucoup d'étudiants dans les parages, donc !

HISTOIRE

Les 1ers peuplements

On date la ***1re présence amérindienne sur l'île de Montréal à environ 4 000 ans.*** Plutôt nomade d'abord, elle se concentre dans ce qui deviendra le Vieux-Montréal, du fait de sa situation idéale, sur la rive du Saint-Laurent. Puis, dès l'an 1000, des tribus s'y sédentarisent, notamment les Algonquins. Partageant leurs activités entre la pêche (plutôt l'été) et la chasse (plutôt l'hiver), tous ces peuples amérindiens sont animistes, perpétuent leur culture ancestrale par la tradition orale et sont convaincus de la nécessité d'un équilibre entre l'homme et la nature.
Entre les années 1000 et 1535, Montréal – ou plutôt ***Hochelaga*** comme elle était à l'époque appelée – est habitée par les ***Iroquois du Saint-Laurent,*** une nation sédentaire adepte de soupe de maïs et de maisons longues. La future place Royale est alors le centre économique du village.

L'arrivée des 1ers Européens

Jacques Cartier, originaire de Saint-Malo, vient à 3 reprises au Canada avec pour mission très officielle de « découvrir certaines îles et pays où l'on dit qu'il doit se trouver une grande quantité d'or et d'autres riches choses ». C'est lui qui prend possession du Canada au nom du roi de France, en 1534, et fonde la colonie de la Nouvelle-France.
À son 2e voyage, ***en 1535, Jacques Cartier pénètre l'estuaire du fleuve Saint-Laurent*** (fleuve qu'il appelle ainsi car on célébrait cette fête le jour de sa découverte !), qu'il remonte jusqu'au village d'Hochelaga, où il est chaleureusement accueilli par les quelque 1 500 Iroquois qui y vivent. Le Malouin appelle la colline qu'il découvre *mont Réal* (mont Royal) en l'honneur de son roi.

ET TOC !

En 1541, Cartier croit découvrir dans les falaises de Québec or et diamants. Il fait charger à ras bord l'une des caravelles et... prend le large, sans attendre son compagnon de voyage, Jean-François de Roberval, parti explorer le Saguenay. Au retour, l'or se révélant être de la pyrite et les diamants du quartz, toute l'Europe se moque... Une expression apparaît même : « Faux comme diamants du Canada » !

La fondation de Montréal

Déjà explorée par Jacques Cartier, donc, et ***Samuel de Champlain,*** un jeune voyageur devenu géographe royal, l'île de Montréal doit attendre ***1642,*** avec l'arrivée des Français ***Jeanne Mance et Paul de Chomedey, sieur de Maisonneuve,*** pour accueillir ses 1ers habitants européens. Ce noble Champenois a en effet été choisi par la « Société Notre-Dame de Montréal pour la conversion des Sauvages de la Nouvelle-France » (on n'a pas résisté au plaisir de vous citer le nom en entier !), afin de peupler et de faire prospérer la nouvelle concession achetée par cette société catholique. Le village d'Hochelaga n'existe pourtant plus, les Iroquois du Saint-Laurent ne sont plus là, mais la région est toujours peuplée de diverses nations autochtones. De Maisonneuve s'implante, en compagnie d'une cinquantaine de colons, autour de l'actuelle place Royale, à l'endroit précis ou se dresse désormais le musée d'Archéologie de Pointe-à-Callière. En hommage à la Vierge, ***il baptise l'endroit Ville-Marie*** et plante un crucifix au sommet du mont Royal pour marquer son nouveau territoire.

Les colons entreprennent ensuite la construction d'églises, d'un fort, d'une chapelle et d'une maison commune. Ils s'arment et se blottissent entre les remparts, dans l'actuel Vieux-Montréal. ***En 1645, Jeanne Mance inaugure l'hôtel-Dieu,*** l'un des plus anciens hôpitaux d'Amérique du Nord. La petite communauté se réduisant comme peau de chagrin sous les coups des Iroquois, de Maisonneuve retourne à Paris pour recruter une centaine de colons. La colonie embryonnaire réussit à grandir suffisamment pour décourager les attaques ennemies et assurer sa pérennité. Le commerce de la fourrure peut alors prospérer, malgré les tensions franco-anglaises et la poursuite des hostilités avec les Iroquois. En 1685, les colons construisent le ***séminaire de Saint-Sulpice,*** le plus vieil immeuble de Montréal encore debout aujourd'hui. Pendant 150 ans, les pères sulpiciens sont les propriétaires de l'île de Montréal.

PARLEZ-VOUS IROQUOIS ?

Un chef iroquois confia ses fils à Jacques Cartier, en qui il avait confiance, pour les ramener en France. Ces Indiens prononçaient souvent le mot iroquois kannat, *qui signifie « amas de cabanes ». Jacques Cartier, croyant que c'était le nom de leur pays, appela donc Canada cette terre où il avait planté le drapeau du royaume de France.*

En 1701, le gouverneur de la Nouvelle-France, ***Louis-Hector de Callière,*** reçoit à Montréal les représentants de 39 nations amérindiennes. La ***Grande Paix*** est signée en août, éliminant la menace iroquoise à Montréal et garantissant le respect de la neutralité par les Cinq-Nations iroquoises en cas de conflit franco-anglais. Un accord respecté jusqu'en 1760, soit la fin du régime français.

La Couronne britannique

Les Français ne sont pas les seuls à s'intéresser au Nouveau Monde, l'ennemi héréditaire est aussi sur les rangs.

Après quelques défaites, ***les Anglais prennent Montréal le 8 septembre 1760,*** au terme d'un long siège. Avec le traité de Paris en 1763, la France perd toutes ses possessions, excepté Saint-Pierre-et-Miquelon. Après 150 ans d'occupation, la Nouvelle-France est abandonnée. L'armée rentre en France, suivie par la plupart des notables et commerçants de la colonie, qui ne laissent derrière eux que les Français les plus démunis (une majorité, évidemment).

LES FILLES DU ROY

Pour peupler la Nouvelle-France, Louis XIV décida d'y envoyer des filles pauvres ou abandonnées. Environ 800 de ces orphelines firent la traversée en quête d'un mari et d'une vie meilleure. Le roi était leur tuteur légal et leur offrait donc une dot pour se marier ainsi que le voyage. La plupart étant citadines, certaines ne résistèrent pas aux dures conditions de la vie paysanne.

Sous occupation britannique, ***Montréal devient la capitale québécoise du commerce de fourrures,*** avec la fondation, en 1782, de la Compagnie de l'Ouest. Au début du XIXe s, la ville est en plein essor économique, développant peu à peu le commerce du bois et du blé.

En 1791, le Québec est divisé en 2 par l'Acte constitutionnel : le Bas-Canada (le Québec d'aujourd'hui, dont fait partie Montréal), à majorité francophone, et le Haut-Canada (l'Ontario actuel). En 1838, les 2 provinces se révoltent contre l'autoritarisme de Londres. Les patriotes du Montréalais ***Louis-Joseph Papineau*** proclament l'indépendance du Bas-Canada, mais commettent l'erreur de décréter aussi la séparation de l'Église et de l'État. La rébellion est rapidement écrasée.

En 1840, les 2 Canadas et leurs gouvernements respectifs sont réunis par les Anglais afin que les anglophones dominent les francophones. ***Le 1er juillet 1867, le Canada devient « dominion britannique »,*** une date qui marque officiellement la naissance du pays. Entre-temps, malgré les dégâts causés par l'incendie de 1852, Montréal continue son chemin : construction de nombreux chemins de fer, industrialisation croissante... La ville voit peu à peu apparaître une élite bourgeoise commerciale, financière et industrielle importante, encore majoritairement anglophone.

En 1931, le Canada acquiert l'indépendance et devient une monarchie constitutionnelle.

« Vive le Québec libre ! »

À partir de 1960, la société québécoise connaît une mutation très importante, un cocktail de modernisation politique et sociale qui sera baptisé la ***Révolution tranquille.*** Grands programmes énergétiques, industrialisation et dynamisme culturel font émerger le Québec sur la scène internationale. Parallèlement, alors que la libération des mœurs balaie l'influence de l'Église, se pose la question de l'indépendance. ***En 1967, le centenaire du Canada est fêté avec, en toile de fond, l'organisation de l'Exposition universelle de Montréal*** (50 millions de visiteurs, l'expo la plus populaire de l'histoire). En visite, le ***général de Gaulle*** lâche alors une petite phrase qui coupe le souffle du monde : « ***Vive le Québec libre !*** » De Gaulle, « figure respectable » de la politique internationale, soutient publiquement ce que certains considèrent comme une idée terroriste émise par de jeunes agitateurs. Cela dit, l'exclamation ne donne lieu à aucune participation concrète de la France à l'obtention de l'indépendance québécoise... ***En 1968, un dissident du Parti libéral, René Lévesque,*** journaliste influent de la TV québécoise, ***fonde le Parti québécois.*** En 1970, sa formation obtient 24 % de voix et quelques sièges. Au même moment, de jeunes Québécois, impatients et peu confiants dans les voies institutionnelles, créent le ***FLQ*** (Front de libération du Québec) et se lancent dans le terrorisme.

Trudeau et le FLQ

Entre-temps, ***en 1968, Pierre Elliott Trudeau devient 1er ministre*** (libéral) du Canada après avoir été un ministre très progressiste. Durant son séjour à la Justice, il décriminalise l'homosexualité et l'avortement, légalise le divorce, abolit la peine de mort... Un sacré palmarès pour ce Montréalais ! Favorable à une égalité linguistique, il reste cependant farouchement opposé à toute velléité d'indépendance. De leur côté, ***les membres du FLQ multiplient les actions terroristes.*** Ils enlèvent le commissaire aux Affaires britanniques, James Cross, et assassinent le ministre québécois du Travail, Pierre Laporte, durant la ***crise d'octobre 1970*** à Montréal. Le FLQ est déclaré hors la loi, puis Trudeau invoque la « loi des Mesures de guerre » et envoie 10 000 hommes au Québec procéder à plusieurs centaines d'arrestations sans mandat d'arrêt. Le choc émotionnel voit l'exode de beaucoup d'anglophones influents du Québec vers Toronto, qui supplante alors Montréal comme capitale financière du Canada.

Oui-oui, non-non...

Aux élections provinciales de ***1976,*** le Parti québécois l'emporte. ***René Lévesque institue alors le français comme seule langue officielle de la Belle Province.*** En 1980, il organise un référendum sur la « souveraineté-association » : mandat politique de négociation visant à assurer au Québec la maîtrise totale de son destin dans un État souverain, associé au Canada dans une sorte de marché commun. La proposition est rejetée. Le Parti québécois ne se décourage pas pour autant et, à l'occasion de son retour au pouvoir en ***1994,*** organise un nouveau ***référendum sur l'indépendance.*** La sécession échoue de (très) peu, avec 50,6 % de « non » pour 49,4 % de « oui ».
Cette quasi-victoire souverainiste jette un froid au Canada. Selon la Cour suprême, une « majorité claire » quant à une éventuelle sécession de la province obligerait le gouvernement fédéral à négocier. ***La « question du Québec » demeure bel et bien d'actualité.*** Et cela, malgré la déroute du Bloc québécois aux élections fédérales de 2006, qui hissent à la tête de l'État ***Stephen Harper*** (réélu en 2011), un anglophone, chef des conservateurs, évidemment hostile aux ambitions du Parti québécois. Sous sa férule, la TPS (taxe fédérale) baisse de 1 %, les engagements environnementaux du Canada sont soumis à rude épreuve, et le Québec est reconnu comme « ***une nation au sein du Canada uni*** ». Un symbole dissipé dans les mémoires, même s'il consolide une fois encore le sentiment d'un statut particulier de la province francophone, alors que ***la part du français, au Canada, ne cesse de diminuer,*** grignotée par l'immigration non francophone et le désormais faible taux de natalité des Québécois.

Du « Printemps érable » à l'austérité

Depuis la crise globale de 2009, la question sociale a pris le pas sur celle de l'indépendance. Dans la Belle Province, l'année 2012 est ainsi marquée par la grande ***grève étudiante contre la hausse des frais d'inscription à l'université*** prévue par le gouvernement libéral local de Jean Charest. 82 % d'augmentation étalés sur 7 ans qui mettrait fin au modèle d'université accessible à tout Québécois. L'opposition au projet se transforme en une crise sociale inédite surnommée le « Printemps érable ». Le 22 mars, on compte entre 100 000 et 200 000 manifestants à Montréal ! Aux étudiants montréalais (près d'un tiers d'entre eux) se joignent rapidement enseignants, associations et autres citoyens. Devant cette contestation grandissante, le gouvernement fait voter en mai la loi 78, restreignant le droit de manifester. Une loi autoritaire, donc, qui ne fait qu'attiser la colère des contestataires, le gouvernement préférant l'indifférence et la répression au dialogue : violences policières et arrestations se multiplient. Au mois de septembre, cette mesure et l'augmentation des frais de scolarité sont annulées par la ***nouvelle 1re ministre,*** l'indépendantiste ***Pauline Marois.*** Elle perd le pouvoir 2 ans plus tard au profit du ***libéral Philippe Couillard.*** Il met en place une politique de coupes budgétaires drastiques, qui s'additionnent à celles opérées par le gouvernement fédéral de Stephen Harper (battu par les libéraux aux élections d'octobre 2015). Tout au long de l'année, les ***manifestations*** d'opposition à cette politique d'austérité se multiplient à Montréal, jusqu'aux pompiers qui, pour dénoncer la rigueur qui les touche aussi, tapissent leurs véhicules d'autocollants « À votre service, malgré tout... ».

L'ère Denis Coderre

Les élections municipales de novembre 2013 changent la donne politique : c'est Denis Coderre, ex-député libéral, qui l'emporte. Présent sur tous les fronts, le nouveau maire entend redonner à la municipalité une crédibilité écornée par les scandales du précédent mandat. Il entame notamment le dialogue avec le gouvernement du Québec pour doter Montréal du statut de métropole et lui donner ainsi plus d'autonomie. Mais « l'omnimaire » ne parvient pas à régler le problème urgent de ***sécurisation des infrastructures routières*** (une cinquantaine de viaducs jugés dangereux). De nombreux aménagements sont à revoir, en matière de réglementation de la vitesse comme de partage des rues, très peu de pistes cyclables en site propre ayant été créées sous ce mandat.

Les élections municipales de novembre 2017 sont un dur revers pour Denis Coderre, qui se fait battre à plate couture par sa rivale Valérie Plante (du parti Projet Montréal). Cette dernière s'efforce depuis d'améliorer le réseau des transports publics et de renforcer la solidarité sociale.

Vers le repli sur soi ?

La fin 2017 voit la ***victoire de Valérie Plante à Montréal, 1re femme élue au poste de maire*** (et réélue en 2021). L'année 2018 est surtout marquée par la 42e élection générale au Québec. En octobre, suite au vote massif en faveur de la Coalition Avenir Québec portée par François Legault, le 1er ministre Philippe Couillard est sévèrement battu. C'est une surprise. Le nouvel homme fort l'a emporté en créant notamment une gigantesque polémique autour de l'immigration. Il entend réduire de 20 % le nombre d'arrivants toutes catégories confondues (économiques, politiques ou liées au regroupement familial). Mais ce qui a le plus marqué les esprits, c'est son projet d'imposer un test de valeurs et de connaissance de la langue française aux nouveaux venus après 3 ans sur le territoire. En cas d'échec, les candidats pourraient être expulsés. À Montréal, à la différence du reste du Québec, beaucoup d'électeurs avaient préféré soutenir le Parti libéral du Québec (le PLQ, celui de Philippe Couillard) ou Québec Solidaire (QS, un parti de gauche et indépendantiste).

Au niveau fédéral, les électeurs de l'île de Montréal ont contribué à la (courte) ***victoire de Justin Trudeau en octobre 2019,*** en reconduisant à leur fonction tous les députés sortants du Parti libéral dans leurs circonscriptions. Ce n'est en revanche pas le cas dans la couronne montréalaise, où le résultat des urnes est favorable au Bloc québécois.

MÉDIAS

Votre TV en français : TV5MONDE, la 1re chaîne culturelle francophone mondiale

Avec ses 10 chaînes, ses 14 langues de sous-titrage et sa nouvelle plateforme numérique TV5MONDEplus, TV5MONDE s'adresse à 353 millions de foyers dans 198 pays par câble, satellite et sur IPTV, et est présente dans plus de 3 millions de chambres d'hôtel. Vous y retrouverez de l'information, du cinéma, du divertissement, du sport, des documentaires...

Préparer votre séjour grâce à son site voyage • *voyage.tv5monde.com* • et en voyage, restez connecté avec les applications et le site • *tv5monde.com* • Demandez à votre hôtel le canal de diffusion de TV5MONDE et contactez • *tv5monde.com/contact* • pour toutes remarques.

Télévision

Presque tous les ***hôtels*** montréalais sont câblés ou proposent une ***réception via satellite.*** On peut donc y regarder des dizaines de canaux sur tous les thèmes, dont plusieurs américains.

La ***CBC*** *(Canadian Broadcasting Corporation),* appelée ***SRC*** *(Société Radio-Canada)* en français, chapeaute les chaînes nationales de TV et de radio bilingues. C'est la plus sérieuse dans le traitement de l'information. ***ICI Radio-Canada Télé*** (*CBC Television* en anglais) connaît une bonne popularité au Québec. C'est

toutefois ***TVA*** qui est le réseau généraliste le plus populaire. Citons encore ***Télé Québec,*** une chaîne publique éducative et culturelle, et le réseau privé *V*.
Si vous voulez découvrir le monde canadien vu par les ***Amérindiens,*** ne mar quez pas l'***Aboriginal Peoples Television Network,*** dont une (petite) partie d la programmation est en français. Les actualités et les émissions culturelles so particulièrement intéressantes.

Radio

À Montréal, c'est la ***chanson francophone*** qui est à l'honneur sur les ondes ave l'obligation de diffuser au moins 65 % de chansons en français.

Presse

À Montréal, ***La Presse*** *(● lapresse.ca ●),* plutôt fédéraliste, dominait le panoram de l'édition depuis plus de 1 siècle, mais, crise de la presse papier oblige, il s'e définitivement tourné vers le numérique et propose son application *La Presse*- Désormais, c'est un tabloïd bourré de pub, ***Le Journal de Montréal*** *(● journald montreal.com ●),* qui est le plus diffusé... Mentionnons aussi ***Le Devoir*** *(● ledevo com ●),* le seul quotidien d'information francophone indépendant du Canada, pl tôt intello et de tendance autonomiste très respecté malgré son lectorat modest Sa devise : « libre de penser ». ***Montreal Gazette*** *(● montrealgazette.com ●)* est principal pour le lectorat anglophone du Québec et le plus ancien (fondé en 1785 Citons également l'hebdomadaire culturel gratuit ***Voir*** *(● voir.ca ●),* qui traite parfo de sujets politiques et sociaux avec une irrévérence rafraîchissante. Côté mag zines, le bimensuel ***L'Actualité*** *(● lactualite.com ●)* réalise le tour de force d'être u média sérieux et l'une des revues les plus lues au Québec (après *TV Hebdo* et mensuel féminin *Coup de pouce*).

PERSONNAGES

Histoire et politique

– Bien entendu, il nous faut commencer par ***Jacques Cartier,*** marin malouin parti sur ordre de François Ier à la découverte d'un passage vers l'Asie. Il prend possession du Canada à Gaspé en 1534, au nom de son roi ; au cours d'un 2e voyage, il remonte le Saint-Laurent assez loin.

– ***Louis-Joseph Papineau*** (1786-1871) **:** né à Montréal, il est le symbole du nationalisme québécois. Élu député en 1808, ses qualités d'orateur le propulsent en 1815 à la présidence du Parti canadien (qui deviendra en 1926 le Parti patriote) et à celle de la Chamb d'Assemblée. Souverainiste convaincu, il fait valoir les droits de la communau francophone par la négociation et la non-violence. Une insurrection ratée, laquelle il ne participe pas activement, le conduit à fuir aux États-Unis puis France. Il sera amnistié à son retour.

– ***Thérèse Casgrain*** (1896-1981) **:** toute sa vie, cette Montréalaise s'est batt pour les droits des femmes, mais aussi des consommateurs. Elle a d'ailleurs diri le mouvement pour le vote des femmes au Québec, une lutte de plus de 20 a

CARTIER ET LA POTION MAGIQUE

Bien des marins arrivant en Amérique mouraient du scorbut, faute de viande et d'aliments frais. Un jour, un chef indien confia à Cartier le remède : la décoction de l'écorce d'annedda. En repartant en France, le marin malouin oublia de communiquer le secret de la potion. Pendant des années, le scorbut continua à tuer bien des matelots.

ouronnée par le succès en 1941. En 1951, cette engagée prend la tête du Parti ocial-démocratique québécois, ce qui fait d'elle la 1re femme à la tête d'un parti olitique au Québec.

Pierre Elliott Trudeau (1919-2000) **:** ministre de la Justice en 1967 puis er ministre du Canada de 1968 à 1979 et de 1980 à 1984. Sous ses divers ıandats, le divorce est légalisé, l'homosexualité et l'avortement décriminasés, la peine de mort abolie. Beau palmarès pour ce Montréalais défenseur 'es libertés individuelles et d'une démocratie respectueuse des particularités ulturelles et religieuses. Souvent considéré comme le plus grand 1er ministre anadien, il est l'architecte du Canada officiellement bilingue et d'un certain ationalisme. Fédéraliste acharné, il a été l'ennemi juré de l'indépendantiste ené Lévesque.

Justin Trudeau (né en 1971) **:** avec son élégance décontractée, à la Kennedy ou bama, ce quadra tout feu tout flamme, fils de Pierre Elliott, entend pourtant se émarquer de l'Oncle Sam, notamment en ce qui concerne l'écologie. Une sorte e super-héros de la politique et des temps modernes. 1er ministre depuis 2015, a été réélu de justesse pour un 2d mandat en octobre 2019. Sa popularité tend éanmoins à se déliter sous le coup de controverses multiples, alors que sa politique environnementale, notamment, peine à convaincre.

lusique et cinéma

Norma Shearer (1902-1983) **:** née à Montréal, cette jeune fille comprend rapiement que le succès l'attend aux États-Unis. Après quelques rôles de figuration, consécration et l'oscar de la meilleure actrice arrivent en 1930 avec *La Divorée,* de Robert Leonard. Elle est ensuite Juliette dans le *Roméo et Juliette* de eorge Cukor (1936), Marie-Antoinette dans le film éponyme de Van Dyke (1938), mémorable dans le superbe *Femmes* (1945) de Cukor.

Oscar Peterson (1925-2007) **:** né dans la Petite-Bourgogne, quartier d'ouvriers oirs anglophones de Montréal, ce virtuose du piano, véritable stakhanoviste de nstrument, devient pro dès l'âge de 14 ans. Reconnu par ses pairs comme un strumentiste d'exception, il accompagne les plus grands : Louis Armstrong, Ella tzgerald, Billie Holiday...

Leonard Cohen (1934-2016) **:** né dans une famille juive du quartier de Westount à Montréal (et enterré là-bas aussi), l'auteur du bel *Hallelujah* si souvent pris est surtout connu chez nous comme auteur-compositeur et interprète, ais il est aussi poète et romancier. C'est en effet par l'écriture qu'il s'est abord fait connaître dans le Canada anglophone des années 1950-1960. La ligion, la solitude et la sexualité ont été les thèmes centraux de ses textes. ystique, Leonard s'est retiré de 1994 à 1999 dans un monastère bouddhique California. Pendant ce temps, son agent lui aurait confisqué (volé) ses oits d'auteur, soit l'équivalent de 50 millions de dollars ! Il ne les a jamais cupérés. En 2018, sa chanson *You Want it Darker* est considérée comme la eilleure interprétation rock par le Grammy Award, qui lui attribue ce prix à re posthume.

Robert Charlebois (né en 1944) **:** dans les années 1960, ce Montréalais est au rang des anticonformistes de la chanson québécoise. Humour, provocation improvisation se mêlent au rock et au joual *(Lindbergh),* ce qui fait scandale à poque. Il s'est beaucoup assagi avec les ans *(Je reviendrai à Montréal)* tout en rdant une place importante dans le cœur des Québécois.

Céline Dion (née en 1968) **:** succès mondial pour cette Québécoise d'origine, e à Charlemagne, une bourgade des environs de Montréal. Au Québec, elle t à la fois l'objet d'un culte populaire et d'un mépris de la part de détracteurs ui lui reprochent des chansons trop commerciales. Ses succès en France ont mmencé après sa victoire à l'Eurovision en 1987 (elle représentait la Suisse). Et is il y eut *Titanic,* et vous connaissez la suite... Célìiiiiiiiiiiine !

– ***Marie-Josée Croze*** (née en 1970) **:** née à Montréal, cette actrice commence sa carrière dans *La Florida* (1993), de George Mihalka, l'histoire d'une famille québécoise qui se lance dans l'hôtellerie en Floride. Viennent ensuite *Maelström* (2000), de Denis Villeneuve, et *Les Invasions barbares* (2001), de Denys Arcand (prix d'interprétation féminine à Cannes). Elle vit aujourd'hui à Paris, où elle mène une carrière prolifique : *Ne le dis à personne* (2006), de Guillaume Canet, *Le Scaphandre et le Papillon* (2007), de Julian Schnabel, *Je l'aimais* (2009), de Zabou Breitman... En 2015, elle joue dans *Everything Will Be Fine,* de Wim Wenders, film mélodramatique tourné au Canada.

– ***Le Cirque du Soleil*** **:** les Québécois tirent beaucoup de fierté de cette institution fondée en 1984 par ***Guy Laliberté,*** qui n'a absolument rien à voir avec le cirque traditionnel. Les costumes et acrobaties sont spectaculaires, les décors fériques, et la musique aux influences multiculturelles, interprétée en live, joue un rôle important dans la mise en scène. Pas d'animaux sur scène car considéré comme de l'esclavage. La troupe se produit aujourd'hui dans le monde entier, les 1 300 artistes qu'elle emploie sont recrutés aux 4 coins de la planète, notamment parmi les champions olympiques. Pour le plus grand bonheur de 180 millions de spectateurs !

LES ÉTOILES DU CIRQUE

Peut-être avait-il un nom prédestiné ? Le 30 septembre 2009, Guy Laliberté, fondateur du Cirque du Soleil, a été le 7e civil de l'histoire et le 1er clown à s'offrir un séjour dans l'espace pour 35 millions de dollars à bord du vaisseau Soyouz TMA-14. *Une étoile parmi les étoiles !*

– ***Xavier Dolan*** (né en 1989) **:** jeune prodige du cinéma québécois, ce scénariste-réalisateur-acteur est remarqué pour chacun de ses films (un par an) dans les festivals majeurs, où il glane de prestigieuses récompenses, depuis son 1er long métrage, *J'ai tué ma mère,* en 2009, alors qu'il venait juste d'avoir 20 ans. *Mommy*, mélo électrisant sur l'amour inconditionnel d'une mère courage pour son fils délinquant, lui a valu le prix du jury à Cannes en 2014 et un césar en 2015. Avant d'être sacré meilleur réalisateur à Cannes en 2017 pour *Juste la fin du monde* (2016). Ses films dépeignent avec fougue le quotidien des paumés et des *borderlines.* À l'instar de nombreux autres artistes, Dolan habite toujours le Mile End, le Brooklyn de Montréal.

– ***Arcade Fire*** **:** formé en 2003-2004 à Montréal, ce groupe de rock connaît un succès critique instantané avec un 1er album, *Funeral,* qualifié de « coup de génie » par un certain David Bowie. Rien que ça ! Leur marque de fabrique, c'est l'utilisation d'instruments oubliés sur fond de rock. Mais c'est en concert qu'Arcade Fire se démarque, électrisant son public par ses prestations scéniques énergiques. En 2017, le groupe a sorti son 5e album : *Everything Now*. Et le 6e ne devrait plu[s] tarder...

Écriture et peinture

– ***Émile Nelligan*** (1879-1941) **:** né à Montréal, Nelligan est reconnu comme l'u[n] des poètes les plus originaux de la littérature québécoise. Poète maudit, sort[e] de « Rimbaud québécois » souffrant de schizophrénie, il fut interné à l'âge d[e] 20 ans et restera en hôpital psychiatrique jusqu'à sa mort. Son œuvre, inspirée [à] la fois du symbolisme et des grands romantiques, est en rupture totale avec les courants de son époque. Il a depuis plus de 1 siècle inspiré de nombreux auteurs dans des domaines aussi variés que la chanson, le cinéma, le théâtre ou les arts plastiques.

– ***Jean-Paul Riopelle*** (1923-2002) **:** né à Montréal, l'un des 1ers « automatistes », un groupe de peintres non figuratifs influents au Québec. Il est aussi signataire du *Refus global* en 1948, un manifeste anticonformiste qui marque l'histoire du Québec. Jean-Paul Riopelle est le peintre canadien le plus réputé sur le pla[n]

international. Ne pas manquer son monumental *Rosa Luxemburg* au musée des Beaux-Arts de Montréal. Une place porte son nom à Montréal.
– ***Michel Tremblay*** (né en 1942) **:** amoureux de la culture populaire, écrivain phare de la communauté homosexuelle, il donna ses lettres de noblesse au « joual » (l'argot montréalais). Auteur d'une vingtaine de romans et de près de 30 pièces de théâtre, il est connu notamment pour les 6 tomes des *Chroniques du Plateau Mont-Royal,* le quartier où il passa son enfance.
– ***Dany Laferrière*** (né en 1953) **:** né à Haïti, Dany Laferrière quitte Port-au-Prince alors qu'il est menacé de mort par les « tontons macoutes » du dictateur Jean-Claude Duvalier. Il s'exile en 1976 à Montréal. C'est dans cette ville effervescente qu'il achète sa machine à écrire *Remington,* sur laquelle il écrit une dizaine de romans, dont *Comment faire l'amour avec un Nègre sans se fatiguer.* En 2013, il est le 1er écrivain québécois à entrer à l'Académie française. « Le pays m'a conquis par le froid », dit-il. « Montréal est la ville la plus énergique et la plus cultivée d'Amérique du Nord en été. »

Sciences et sports

– ***Hubert Reeves*** (né en 1932) **:** le plus populaire des astrophysiciens est un Montréalais pure souche, même s'il possède la double nationalité française et canadienne. C'est aussi un écrivain connu pour ses qualités de vulgarisateur : selon lui, le savoir est fait pour être partagé. Son arme, des métaphores simples et savoureuses qui permettent à tout un chacun de mieux comprendre l'Univers. Qui ne se souvient pas de ses fameuses interventions télévisées lors de la « Nuit des étoiles » ? Pour lui, les étoiles vont sauver le monde !
– ***Jacques Villeneuve*** (né en 1971) **:** le fils de Gilles Villeneuve fait ses débuts dans la Formule 1 en 1996 et remporte 4 Grands Prix dès sa 1re saison. L'année 1997 est celle des prouesses : Jacques devient champion du monde et le 1er Nord-Américain à remporter ce titre. Depuis 2013, il est consultant pour Canal+ et a repris la compétition en 2014.

POPULATION

Le Québec – province la plus peuplée du Canada après l'Ontario – compte près de 8 600 000 habitants (soit environ 23 %). Les quatre cinquièmes des Québécois vivent en zone urbaine, et presque la moitié d'entre eux dans la région de Montréal (« le Grand Montréal »), qui compte désormais plus de 4 millions d'habitants (l'agglomération en tant que telle compte environ 2 millions d'habitants).

> **NOM DE NOM !**
>
> *Pour le fun, petit hit-parade des noms au Québec. En tête depuis la création du Canada : les Tremblay (environ 81 000, plus de 1 % de la population québécoise, 13 % de celle de Charlevoix), suivi des Gagnon (presque 0,8 %) et des Roy, Côté, Bouchard, Gauthier, Morin, Lavoie, Fortin et, en 10e position, c'est Gagné !...*

Comme beaucoup de grandes villes d'Amérique du Nord, ***Montréal accueille des immigrants du monde entier*** dans un savoureux et enrichissant brassage ethnique. Plus d'une centaine de nationalités sont présentes et se répartissent dans différents quartiers de la ville.
Selon une étude réalisée sur les origines ethniques des Montréalais, 26 % d'entre eux se déclarent d'origine française, 7 % d'origine italienne, après quoi viennent les Irlandais, les Anglais, les Écossais, les Haïtiens, les Chinois... Mais la majorité des habitants de Montréal se considèrent comme canadiens avant tout, c'est-à-dire que leurs familles sont installées au Canada depuis plusieurs générations.

RELIGIONS ET CROYANCES

Les religions chrétiennes sont fortement majoritaires, mais toutes les autres grandes religions sont représentées au Canada. Contrairement à leurs voisins américains, il y a une ***séparation très nette entre religion et vie politique.*** Les dirigeants évitent de parler de leurs propres croyances. ***Liberté de pratique et respect*** sont les maîtres mots. Au Québec, les dynamiques sont différentes mais le résultat est le même. Le clergé a joué un rôle déterminant dans l'histoire politique du Québec jusqu'aux années 1960, mais ce n'est plus le cas. Et si la plupart des Québécois se déclarent croyants, peu sont pratiquants. Presque tous les cultes sont représentés au Québec, avec toujours, comme en France, une large prédominance du catholicisme dit « culturel ». ***Protestants, musulmans, orthodoxes et juifs constituent les autres groupes minoritaires principaux.*** À Montréal, on retrouve le même foisonnement de religions – et leur même cohabitation – que dans le Canada anglais.

Les années 2000-2010 ont néanmoins vu une résurgence des débats sur les ***accommodements raisonnables.*** Quèsaco ? En gros, c'est une façon de répondre à des demandes venues d'une minorité qui n'incommodent pas la majorité. Un exemple : au début des années 2000, les cours de religion catholique sont supprimés au Québec pour ne pas contraindre les enfants issus des minorités à les suivre. Mais l'enseignement religieux n'est interdit dans les garderies que depuis 2011 !

LES « SACRES »

Vu l'héritage religieux des Québécois, les jurons sont souvent liés à l'église : tabarnak (ou tabarnaque), ciboire, calice, hostie... Autrefois, ces blasphèmes étaient souvent matière à procès. Avec la popularité de ces injures, les tribunaux ont fini par lâcher prise. Toutes les couches de la population utilisent ces sacres... Parfois même le clergé !

À d'autres occasions, des jugements interdisent aux élus de commencer une réunion par une prière. Mais de l'accommodement raisonnable à l'accommodement déraisonnable, il n'y a souvent qu'un pas... Ainsi, lorsque le directeur général des élections autorise les femmes portant le *niqab* (voile intégral) à voter sans se dévoiler, lorsque certains exigent le retrait des sapins de Noël des espaces publics pour ne pas contraindre les non-chrétiens à supporter ce symbole religieux « ostentatoire », les esprits s'échauffent. La plupart des cas litigieux ont récemment porté sur des symboles musulmans, mais les autres communautés sont aussi concernées. Les critiques se sont multipliées, certains estimant que les accommodements favorisent le communautarisme. Pour mettre les choses à plat, une commission de consultation a été créée : elle a conclu à une tendance au sensationnalisme des médias, désignés comme en partie responsables des controverses...

Quant aux ***Amérindiens,*** ils pratiquent ***les religions animistes de leurs ancêtres souvent métissées d'éléments de foi chrétienne.***

SPORTS ET LOISIRS

Le sport national du Canada est sans conteste le hockey sur glace. C'est encore plus vrai à Montréal, où le 1er match codifié de l'histoire a eu lieu en 1875 et se serait terminé par une bagarre : c'est dire si la tradition de la baston dans le hockey remonte à loin ! Les ***Canadiens de Montréal*** font l'objet d'une absolue vénération. Fondé en 1909, ce club est le plus ancien encore en activité sans interruption. Son palmarès est sans égal : avec 24 coupes Stanley, il est tout simplement le plus titré de la Ligue nationale de hockey. La période glorieuse des

Canadiens s'étend du milieu des années 1950 à la fin des années 1970. De cette époque, on retiendra, parmi les joueurs les plus emblématiques, les noms de Maurice Richard, Jean Béliveau ou Guy Lafleur.
La saison professionnelle, qui voit s'affronter équipes canadiennes et états-uniennes, se déroule d'octobre à mai et les matchs à domicile se jouent au ***Centre Bell*** (se reporter à la rubrique « À voir. À faire »). Si vous êtes de passage en hiver, ne manquez pas ce rendez-vous. Toutefois, les billets sont chers et vite vendus : il faut s'y prendre bien à l'avance. Sinon, pour retrouver l'esprit d'origine du hockey, assistez à un match d'amateurs, ne serait-ce que pour l'ambiance.
Concernant les autres sports, Montréal possède une équipe de ***football canadien*** (une version du football américain), les ***Alouettes de Montréal,*** qui évoluent au stade Percival-Molson, dépendant de l'université McGill. Le *soccer,* notre foot européen, gagne en popularité d'année en année. Avec plus de 180 000 licenciés, 2 fois plus que le hockey sur glace, le *soccer* est le sport d'équipe le plus pratiqué au Québec. Noter que 40 % des adeptes sont des femmes ! Ce sport est représenté par l'***Impact de Montréal,*** qui fait partie de la ligue suprême d'Amérique du Nord, la MLS. Le ***tennis,*** peu développé jusqu'alors au Canada, semble avoir le vent en poupe et créer des ambitions grâce à Milos Raonic (né en Yougoslavie), le seul joueur canadien à avoir intégré le top 10 du classement ATP...
Mentionnons enfin le ***Grand Prix du Canada de Formule 1,*** qui se dispute chaque mois de juin sur le circuit Gilles-Villeneuve, sur l'île Notre-Dame. Par chance, ce circuit est ouvert à tous pendant le reste de l'année : on peut librement le parcourir à pied, à vélo ou à rollers.
Pendant votre séjour, une multitude de choix vous seront offerts en matière de sports et loisirs, été comme hiver (consulter les rubriques « Adresses utiles. Loisirs », « À voir. À faire » et « Les environs de Montréal »).

VILLE SOUTERRAINE

L'une des grandes particularités de la ville. Ce réseau souterrain avec ses 32 km de galeries, est le plus grand au monde. Avec des hivers aussi rigoureux, pas étonnant que la ville se soit développée aussi en sous-sol ! Commencé au milieu des années 1960 à l'initiative du maire de l'époque Jean Drapeau et à l'occasion des travaux de la place Ville-Marie, poursuivi en parallèle avec la construction du métro, le Montréal souterrain répond au nom de « **RÉSO** ». Ce réseau de tunnels relie entre eux de grands centres commerciaux, près de 2 000 boutiques, environ 300 restaurants, 10 hôtels, des banques, des cinémas, la gare ferroviaire, des universités (McGill, UQAM...). Bref, une vraie ruche, dans laquelle circule quotidiennement et sans y prêter attention près d'un demi-million de personnes. Car ce sont évidemment les touristes qui sont épatés par cette démesure !
On y accède par l'une des quelque 200 entrées, parmi lesquelles 10 de stations de métro (repérables grâce au logo RÉSO), par la gare Windsor ou encore par les grands centres commerciaux de la rue Sainte-Catherine *(Centre Eaton, Place Montréal Trust...).*

les ROUTARDS sur la FRANCE 2023-2024

(dates de parution sur • *routard.com* •)

Découpage de la FRANCE par le ROUTARD

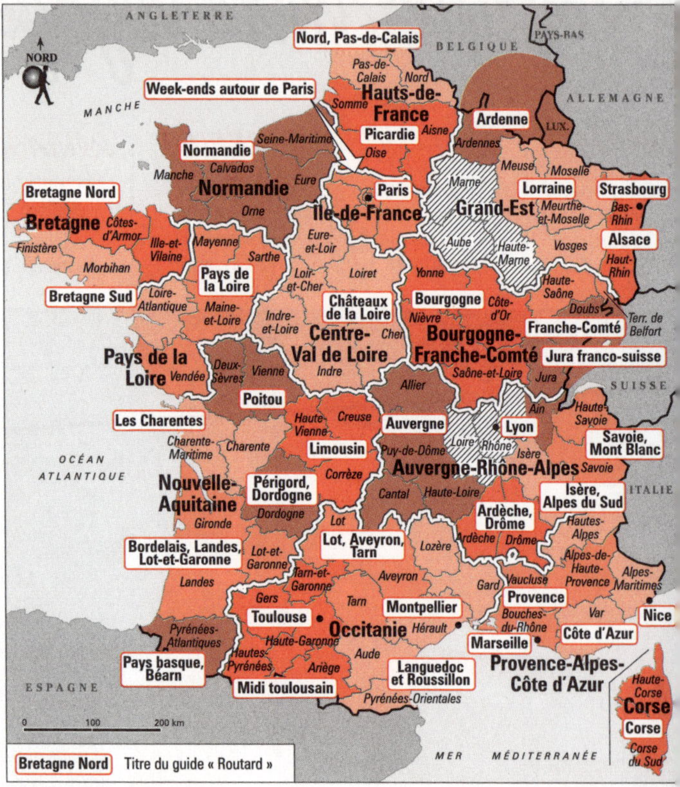

Autres guides sur la France

- Nos meilleurs campings en France
- Nos meilleures chambres d'hôtes en France

Autres guides sur Paris

- Paris
- Paris balades
- Restos et bistrots de Paris
- Le Routard des amoureux à Paris
- Week-ends autour de Paris

Le Routard à vélo

- EuroVelo6
- La Bourgogne du Sud à vélo
- La Flow Vélo
- La Loire à Vélo
- La Vélo Francette
- La Vélodyssée (Roscoff-Hendaye)
- Le Canal des 2 mers à vélo
- Paris Île-de-France à vélo
- ViaRhôna
- Les plus belles escapades à vélo en France

les ROUTARDS sur l'ÉTRANGER 2023-2024

(dates de parution sur • **routard.com** •)

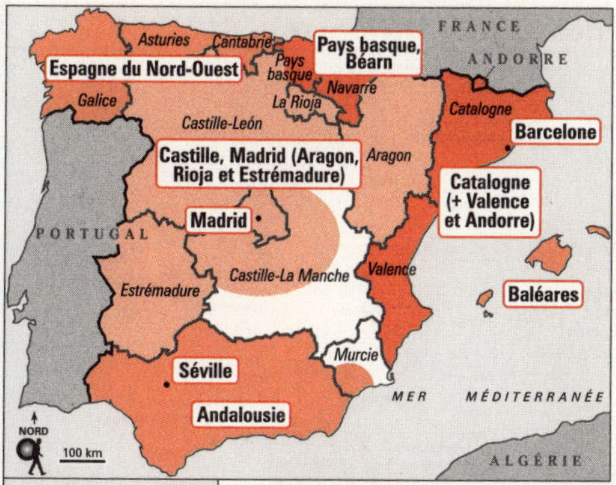

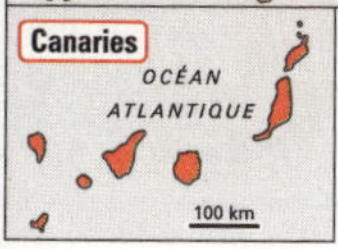

Découpage de l'ESPAGNE par le ROUTARD

Découpage de l'ITALIE par le ROUTARD

Autres pays européens

- Allemagne
- Angleterre, Pays de Galles
- Autriche
- Belgique
- Bulgarie
- Crète
- Croatie
- Danemark, Suède
- Écosse
- Finlande
- Grèce continentale
- Hongrie
- Îles grecques et Athènes
- Irlande
- Islande
- Madère
- Malte
- Norvège
- Pays baltes : Tallinn, Riga, Vilnius
- Pologne
- Portugal
- République tchèque, Slovaquie
- Roumanie
- Suisse

Villes européennes

- Amsterdam
- Berlin
- Bruxelles
- Budapest
- Copenhague
- Dublin
- Lisbonne
- Londres
- Moscou
- Naples
- Porto
- Prague
- Saint-Pétersbourg
- Stockholm
- Vienne

les ROUTARDS sur l'ÉTRANGER 2023-2024

(dates de parution sur • *routard.com* •)

Découpage des ÉTATS-UNIS par le ROUTARD

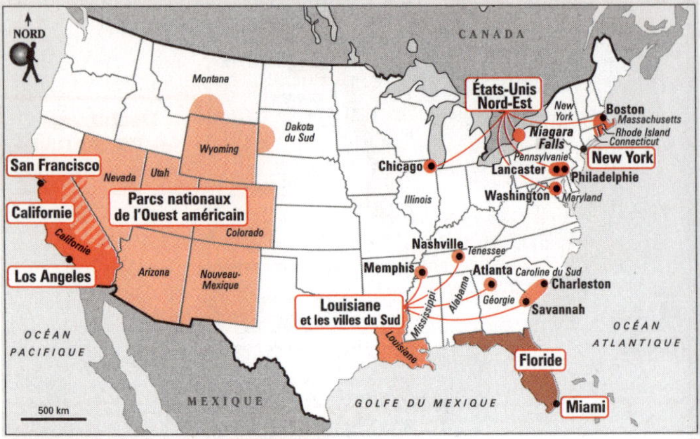

Autres pays d'Amérique

- Argentine
- Brésil
- Canada Ouest
- Chili et île de Pâques
- Colombie
- Costa Rica
- Équateur et les îles Galápagos
- Guatemala, Belize
- Mexique
- Montréal
- Pérou, Bolivie
- Québec et Ontario

Asie et Océanie

- Australie côtes est et nord + Red Centre
- Bali, Lombok
- Bangkok
- Birmanie (Myanmar)
- Cambodge, Laos
- Chine
- Hong Kong, Macao, Canton
- Inde du Nord
- Inde du Sud
- Israël et Palestine
- Istanbul
- Jordanie
- Malaisie, Singapour
- Népal
- Shanghai
- Sri Lanka (Ceylan)
- Thaïlande
- Tokyo, Kyoto et environs
- Turquie
- Vietnam

Afrique

- Afrique du Sud
- Égypte
- Kenya, Tanzanie et Zanzibar
- Maroc
- Marrakech
- Sénégal
- Tunisie

Îles Caraïbes et océan Indien

- Cuba
- Guadeloupe, Saint-Martin, Saint-Barth
- Île Maurice, Rodrigues
- Madagascar
- Martinique
- République dominicaine (Saint-Domingue)
- Réunion

Guides de conversation

- Allemand
- Anglais
- Arabe du Maghreb
- Arabe du Proche-Orient
- Chinois
- Croate
- Espagnol
- Grec
- Italien
- Japonais
- Portugais
- Russe
- G'palémo (conversation par l'image)

Livres-photos/Livres-cadeaux

- 50 voyages à faire dans sa vie (**nouveauté**)
- 52 escapades nature en France
- 52 villes coups de cœur en Europe (city trips)
- 52 week-ends coups de cœur en France
- 120 coins secrets en Europe
- 1 200 coups de cœur en France
- 1 200 coups de cœur dans le monde
- Cahier de vacances du Routard
- Expériences et micro-aventures en France (**nouveauté**)
- La France de Stéphane Bern
- La France à vélo (**nouveauté**)
- Nos plus belles balades et randos en France
- Road Trips Monde
- Road Trips en France
- Sacré : les 100 plus beaux sites de la planète
- Voyages
- Voyages : États-Unis
- Voyages : France
- Voyages : Italie

INDEX GÉNÉRAL

INDEX GÉNÉRAL

LISTE DES CARTES ET PLANS

Remarque importante aux hôteliers et restaurateurs

Les enquêteurs du *Routard* travaillent dans le plus strict anonymat. Aucune réduction, aucun avantage quelconque, aucune rétribution n'est jamais demandé en contrepartie. Face aux aigrefins, la loi autorise les hôteliers et restaurateurs à porter plainte.

Avis aux lecteurs

Le Routard, ce n'est pas comme le bon vin, il vieillit mal. On ne veut pas pousser à la consommation, mais évitez de partir avec une édition ancienne. Les modifications sont souvent importantes.

Les réductions accordées à nos lecteurs ne sont jamais demandées par nos rédacteurs afin de préserver leur indépendance. Les hôteliers et restaurateurs sont sollicités par une société de mailing, totalement indépendante de la rédaction, qui reste donc libre de ses choix. De même pour les autocollants et plaques émaillées.

Avec routard.com, choisissez, organisez, réservez et partagez vos voyages !

✓ Rejoignez la plus grande communauté francophone de voyageurs : **plusieurs millions d'internautes.**

✓ Échangez avec les routarnautes : forums, photos, avis d'hôtels.

✓ Retrouvez aussi toutes les informations actualisées pour choisir et préparer vos voyages : près de 300 guides destinations, une centaine de dossiers pratiques et un magazine en ligne pour découvrir tous les secrets de votre destination.

✓ Enfin, comparez les offres pour organiser et réserver votre voyage au meilleur prix.

Les **Routards** *parlent aux* **Routards**

Faites-nous part de vos expériences, de vos découvertes, de vos tuyaux et de vos coups de cœur. Aidez-nous à remettre l'ouvrage à jour. Indiquez-nous les renseignements périmés. Faites profiter les autres de vos adresses nouvelles, combines géniales... On adresse un exemplaire gratuit de la prochaine édition à ceux qui nous envoient les meilleurs courriers, pour la qualité et la pertinence des informations.

Quelques conseils cependant :

– Envoyez-nous votre courrier le plus tôt possible afin que l'on puisse insérer vos tuyaux sur la prochaine édition.

– N'oubliez pas de préciser l'ouvrage que vous désirez recevoir, ainsi que votre adresse postale.

– Vérifiez que vos remarques concernent l'édition en cours et notez les pages du guide concernées par vos observations.

– Quand vous indiquez des hôtels ou des restaurants, pensez à signaler leur adresse précise et, pour les grandes villes, les moyens de transport pour y aller. Si vous le pouvez, joignez la carte de visite de l'hôtel ou du resto décrit.

En tout état de cause, merci pour vos nombreux mails.

122, rue du Moulin-des-Prés, 75013 Paris

● ***guide@routard.com*** ● ***routard.com*** ●

Routard Assurance *2023*

Enrichie au fil des années par les retours des lecteurs, *Routard Assurance* reste l'assurance voyage référence des globe-trotters. Tout y est inclus, même la **Covid** : frais médicaux, assistance rapatriement, bagages, responsabilité civile… Avant votre départ, contactez *AVI* pour un conseil personnalisé. À la recherche d'une attestation Covid ? Vous la recevrez automatiquement après chaque souscription. Besoin d'un avis médical, d'une prise en charge dans un hôpital ? Le plateau d'Assistance *AVI* dispose d'un vaste réseau médical à travers le monde disponible 24h/24 pour une réponse en temps réel. De simples frais de santé en voyage ? Téléchargez vos factures depuis l'espace assuré *AVI*, ils vous remboursent sous une semaine. *Le Colisée Gardens, 10, av. de l'Arche, CS 70126, 92419 Courbevoie Cedex.* ☎ *01-44-63-51-00.* ● *avi-international.com* ● Ⓜ *La Défense.*

Édité par Hachette Livre (58, rue Jean-Bleuzen, CS 70007, 92178 Vanves Cedex, France)
Photocomposé par Luminess SAS (561, rue Saint-Léonard, CS 40003, 53101 Mayenne Cedex, France)
Imprimé par Dupliprint (Quai n° 2, 733, rue Saint-Léonard, BP 3, 53101 Mayenne Cedex, France)
Achevé d'imprimer : octobre 2022
Collection n° 13 - Édition n° 01
56/8415/9
I.S.B.N. 978-2-01-720619-4
Dépôt légal : novembre 2022

PAPIER À BASE DE FIBRES CERTIFIÉES